吉田民人 著

社会情報学とその展開

吉田民人論集編集委員会 編

keiso shobo

社会情報学とその展開

目　次

I　社会情報学の構想

I

社会情報学の構想

第1章　学問的創造の条件
——技法・主体・文化

1-1　はじめに

『学術の動向』七月号は、二〇〇二年三月東京と京都で開催されたノーベル賞一〇〇周年記念国際フォーラムの成果を「創造性とは何か」として特集した。それに触発されて、私自身の〈研究現場の体験〉にもとづく学問的創造のための条件を書き記してみたい。

創造性に関する学術的研究はあえていえば今なお揺籃期にあり、こうした経験知の率直な公開が一つのデータを提供しうるかもしれないと考えるからである。日本学術会議の会員諸氏がみずからの学問的創造に関する体験的なく〈暗黙知〉をみずから〈形式知〉に変換するこの種の営みを通じて、創造性問題の多角的な究明に貢献されることを期待したいと思う。本章はそのための捨石ないし呼び水である。

企業における〈暗黙知〉と〈形式知〉の相互変換は、わが国が世界にはじめて発信した経営理論として評価の高い野中郁次郎・竹内弘高の〈組織的知識創造〉の核心である。それは科学者コミュニティないし科学者アソシエーションの経営管理論としても、きわめて有効だと考えられる。

以下、学問的創造のための〈技法〉、〈個人的・主体的条件〉および〈文化的・社会的条件〉という三つの項目に分けて、私自身が研究実践を通じて身につけたささやかな暗黙知を形式知に変換してみたい。利根川進は前述のフォーラムで〈創造も模倣から〉という一見逆説的な発言をしたが、それは創造の模倣や創造者の模倣、要するに、創造のための諸条件の模倣を意味していた。

1-2　学問的創造の技法

この条件については、私が生涯親しんできた一つの技法に限定したい。まず、二、三の実例を挙げてみよう。かつて日本の社会科学界に大きな勢力を揮った〈マルクスの史的唯物論〉の基本命題は、生産力の維持・発展に矛盾するようになった生産関係は階級闘争を通じて生産力の維持・発展に照応するようなものへと変動する、と表現されていた。生産力、生産関係、矛盾と照応、階級闘争などがキーワードである。

他方、当時、マルクス主義に対抗するとされた〈社会学的構造―機能理論〉は、システムの機能的要件、システム構造、負機能と正機能、社会的勢力と利害状況、協力・競争・闘争などの社会過程、といったキーワードで構成されていた。だが、それは構造変動を扱えなかった。

私はまったく異質で敵対するとされたこの二つの理論に架橋し、機能主義的な変動理論を構築した。日本型構造―機能主義といわれるものの一つである。すなわち、矛盾と照応を負機能と正機能に等値し、生産力、生産関係および階級闘争をシステムの機能的要件、システム構造および社会過程の、それぞれ特殊ケースと解釈することによって、社会システムの機能的要件の充足に負機能するシステム構造は、社会的勢力の布置と利害状況に媒介されながら、協力・競争・闘争などの社会過程を通じてシステムの機能的要件の充足に正機能するようなものへと変動する、という構造変動のロジックを提案したのである。史的唯物論と構造—機能理論の一定の同型性に着目して、前者の変動ロジックを後者の変動ロジックへと転写ないし一般化したわけである。

その後〈プログラム科学〉に転じた私は、マルクス主義から得たこの着想の要諦を、システムの一定の機能的要件（史的唯物論の生産力はその一例）の充足を促進または阻害する一定の構造プログラム（史的唯物論の生産関係はその一例）と定式化している。河野博忠論文（『学術の動向』二〇〇二年六月号に所収）でいう〈生産力と生産関係〉も、これと類似の同型性にもとづく概念転用と命題転用にほかならない。

もう一つ、前記のフォーラム二日目の開会の辞で私が述べた事例はこうである。一連の音素が一定の意味に対応する語を形成し、一連の語が一定の情報に対応する文を形成する。他方、一連の塩基が一定のアミノ酸に対応するコドンを形成し、一連のコドンが一定の情報に対応するタンパク質を形成する。この〈音素→語→文〉および〈塩基→アミノ酸→タンパク質〉という言語現象とＤＮＡ現象が共有する〈少数の素子的パタンの組合せの、そのまた組合せによる多数のパタンの効率的形成〉——その典型が0と1の組合せによるディジタル計算機で実用化されたパタン形成である——、すなわち、この場合〈二重分節〉という両者の同型性が生命記号論（biosemiotics）、ひいては記号進化論（evolutional semiotics）を成立させた。一九六〇年代後半のことである。

この人文学的記号論の越境的一般化に媒介されて、生体の秩序を規定するゲノム、社会秩序を規定する慣習や法、精神的秩序を規定する様式や技法、そして計算機情報処理の秩序を規定する計算機プログラムなどが共有する〈一定の記号集合による秩序形成〉という同型性が、〈プログラム〉という新たなコンセプト、すなわち物質界の〈法則〉に対置される生物界・人間界の〈新たな秩序原理〉の構想を生み出すことになる。

以上の事例はいずれも、異なる事象の間に気づかれた何らかの同型性を拠りどころにして、新命題や新概念を創造している。この暗黙知は〈同定にもとづく編集〉、あるいは簡潔に〈同定と編集〉と表現することができる。今それを形式知に変換するなら、同定を通じて、⑴既知の事象Xの構造および／または作用を未知の事象Yに転写する、ときとしてさらには、⑵事象Xの構造／作用とそれからのメタファーで転写されたそれとは異質の事象Yの構造／作用とを包摂する上位の何らかの全体像を構想し、その上位の全体像の中で改めて相互に異質な事象Xと事象Yとを位置づけなおす、ということになる。それがここでいう〈編集〉の具体的中身である。同型性のもっとも明確なケースが〈数学的構造〉の同型性である。この〈同定と編集〉による創造に際して留意すべきポイントを、以下三つばかり指摘してみたい。

執念と偶然との合作：一つは、創造を促す〈同定〉が〈単なる偶然〉ではなく〈主体的に選択された偶然〉だということである。〈存在すると想定された社会法則なるものと慣習・法との関係〉に悩み続けた身であればこそ、〈存在しないと分かった生物法則なるものとゲノムとの関係〉をめぐる知見（との偶然の出会い）から学びうるのである。研究者は、主体的に選択された研究プログラムの路線上に訪れる偶然性から、そしてその種の偶然性からのみ創造することができる。そうでなければ、見れども見えずである。リンゴの落下と重力の発見というニュートン伝説に象徴される〈思いがけない発見やその能力〉は、お伽噺の主人公に因んでSerendipityと呼ばれているが、それはパストゥールの指摘のとおり、用意された心にだけ訪れる。その意味で創造は〈執念と偶然との合作〉であり、執念を一定とすれば、幅広いチャンスがあればあるほど、偶然との出会いによる創造も増加する。学際的知識や異分野交流が要請される所以にほかならない。

概念づくり：ついで〈編集〉に関するポイントは、〈辞書づくり〉と〈概念づくり〉の区別である。諸領域に散在する既成概念の共通項を抽出するという常套的な研究プログラムは、要するに〈辞書づくり〉の作業であり、既成の知識を超えるのはむつかしい。つまり、学問的創造の起点の一つは〈概念づくり〉にあるが、それは一般に自然言語や日常言語の使用法を逸脱することになる。直線は曲線の、常数は変数の、恒等式は関数の、空集合も単元集合も集合の、それぞれ特殊ケースであるとする数学言語は、自然言語・日常言語の用法を逸脱している。だが〈概念づくり〉の場合、それと同類の逸脱や一般化がむしろ通例である。

自然選択・性選択・市場選択などの事後的な〈外生選択〉は、事後的・事前的な〈内生選択〉、すなわち主体選択と同様、〈選択〉であるし、〈突然変異と自然選択〉によるDNA情報の設計は、〈自由発想と主体選択〉による言語情報の設計と同様、〈設計〉の特殊ケースである。この種の越境的に拡張され一般化された〈設計〉概念は、〈設計は主体を必要とする・設計はシンボル記号による・設計は事前的設計である・設計は合理的行為である〉等々の自然言語の語感を払拭しなければ、構想も理解もできない。理系学術と文系学術の基礎範疇の統合は、この種の常識破りの〈越境的一般化〉を不可避・不可欠としている。〈学術領域〉とは、吉川弘之の至言によれば、〈共有された学術言語の領域〉なのである。

日本の学術界は、領域にもよるが、これまで概して概念づくりの経験と実績に乏しく、すでに創造されて定着した概念の輸入に特化してきた。けれども、言語使用に伴う一切の社会的拘束力は、もともと恣意的な言語使用法が、一定の時点の一定の人びとによって共有された結果にすぎない。〈社会的に恣意的な使用法〉から〈社会的に拘束的な使用法〉へと熟する言語使用の二つのフェーズの識別は、学問的創造の要の一つである概念づくりにとって欠かすべからざる前提である。そのフェーズの移行が運良く実現するにしても二桁、三桁の年月を要することもあるだろう。だが、素朴な反造語論は、〈学問的伝承〉とは区別される〈学問的創造〉にとって無自覚の敵でしかない。

喫緊の概念づくり：ところで、二一世紀の学術に要請される最重要の概念づくりは、学術史上実に長年月を費やしてようやく確立・定着した〈物質・エネルギー〉とその〈変換・循環〉の概念づくりの後を受け、理系のゲノム科学や文系の言語論的転回、そして文理にまたがる計算機科学という二〇世紀後半に固有の知の創造に促されて、物質・

エネルギー的世界に対置・並置すべき〈情報〉とその〈変換・循環〉の概念づくりであるとするのが一つの有力な見解であろう。科学史の学習効果は、その要請を意外に早く実現してくれるかもしれない。

「新しい学術体系」と並んで今期日本学術会議の中心的課題である「日本の計画」は、相互に関連する望ましい〈物質循環〉と望ましい〈情報循環〉とが同時に実現されたとき、そしてそのときに限って社会は進化性を獲得する、という吉川弘之会長の大胆かつ創造的な提案を受け入れる方向にある。時間的・空間的・定性的な情報循環といった新コンセプトは、今後一層の展開と彫琢を期待されることになるだろう。

ちなみに、〈同定〉という表現はかつて湯川秀樹が創造的思考の根底を指して使用した言葉である（「同定の理論(1)」『創造』一号、雄渾社、一九六八年）。同様の主張は市川亀久弥の提唱になる日本出自の創造性理論、すなわち〈等価変換の理論〉（Theory of equivalent thinking）の根底をも支えている（『創造性の科学』日本放送出版協会、一九七〇年；湯川秀樹・市川亀久弥「同定の理論(2)」『創造』五号、雄渾社、一九六九年、ほか）。学問的創造の技法が〈同定と編集〉に尽きるとはいえないにせよ、それが広く自覚的・無自覚的に採用されている技法であることに疑いはない。

ただし、副次的技法の一つとして、記憶の役割に言及しておきたい。先行知識の幅広い学習と記憶は、創造の視点からすれば整理・体系化された〈脳内索引〉ないし〈知識利用のための知識〉の獲得のためであり、この脳内索引としての知識は、情報過多の時代にますます要求されている。これこそが基礎的素養の役割、すなわち先行知識を学習・記憶することの意義にほかならない。計算機による研究支援システムが一層発達したとしても、脳内索引としての知識はその効力を失うことはないだろう。異分野の知識の細部までを記憶する必要はない。創造のためには、脳内索引にもとづいて外部記憶を有効に活用できればよいのである。

1-3　学問的創造の個人的・主体的条件

実験する習慣、観測する習慣、観察する習慣、調査する習慣、あるいは読む習慣や書く習慣、等々、〈知の習慣〉は、意外な主張と思われるかもしれないが、研究者にとって決定的な意義をもっている。とりわけ〈考える習慣〉を学問的創造の個人的・主体的条件としてまず冒頭に掲げたい。単なる思考ではなく思考する習慣こそが、学問的創造にとって不可欠である。第二に、権威にはむかう勇気をもち、学問的な対立や孤立を恐れてはならない。〈対立耐性と孤立耐性〉は学問的創造に欠かせない資質である。創造は対立と孤立をかならず引き起こすからである。第三に、最大・最高の教師は、恩師でも先達でも先輩でもなく、研究対象それ自体であると心得なければならない。例えば、社会科学者にとっての最大・最高の教師は歴史的・社会的現実そのものであり、学史上のいかなる大学者でもない。権威に対するこの〈さめた心情〉は外見上倣慢と紙一重であるが、これなくして創造はできない。

第四に、絶対にコピーしないと覚悟すべきである。文献の渉猟は、適当なテーマ探しのためではなく、先行研究の不在を確認したり、異質な世界との出合いを実現するためのものでなければならない。文献渉猟は、とりわけ前述のSerendipityのためにこそある。したがって第五に、学問的流行を作る側にまわっても決して追う側にまわってはならない。第六に、先行知識の学習は、知識それ自体のための学習ではなく、課題解決のための学習でなければならない。したがって、あくまで課題関心に沿った学習が要求される。一般に〈創造的な研究者〉は〈学識豊かな研究者〉とは異なるタイプの研究者である。第七に、学問的創造は、子どものような好奇心と感性を必要としている。そのためには〈遊びとしての研究〉や〈レクリエーションとしての研究〉、あるいは〈ホビーとしての研究〉といった心性を保持し続けることが望ましい。

第八に、そして最後に、課題またはその解に徹底して執着しなければならない。それは外見上頑固と紙一重であるが、心情的にはこの確信なくして創造は覚束ない。創造の成功は死屍累々の百に一つ、万に一つの賭けであるが、課題や解への確信が全人格的なものであれば、敗れたとしても悔いはない。全人格的な確信に恵まれるためには、(1)研究のすべての局面で〈課題解決〉ではなくて〈課題設定〉という姿勢を貫く、(2)課題設定に当たっては自発性と自立性が絶対に必要である、(3)コア的課題と周辺的課題とを弁別し、解決の意義や波及効果の大きいと見られる課題を選択する、等々の条件が満たされなければならない。他人によって設定された課題の解決ではなく、みずからが自発的・自立的に選び取ったコア的課題へのコミットメントであればこそ、課題とその解への揺るぎなき確信が生まれるのである。この〈課題への確信というハート〉が前述した〈同定と編集というヘッド〉と結びつくとき、学問的創造が成就するのである。

1-4　学問的創造の文化的・社会的条件

文化的・社会的条件のまず第一は、〈創造文化〉の構築である。創造行為を高く評価する理念や思想、感性や情操、倫理や制度などを確立しなければならない。横並び主義で出る杭の打たれる日本の場合、この〈創造文化〉はまったくといってよいほど未成熟である。例えば、ときとして傲慢や頑固と紙一重の創造的挑戦を許容する風土が是非ともほしい。創造は差し当たり非同調と逸脱であり、定常的社会や社会的連帯の攪乱要因であることを受け入れなければならない。〈創造文化〉はこの種の寛容や忍耐とセットをなしている。

第二に、創造的挑戦者の側でもまた、一般の社会的忍耐によってみずからが支えられていることを自覚すべきである。要するに、挑戦者は学問的孤立にめげず、学界は挑戦者による攪乱を許すという相互連関が恒常的に成立するような文化的・社会的風土が必要なのである。この相互連関は、師弟関係においてもっとも良く実現されなければならないが、それはもっとも困難なことである。

したがって第三に、師弟関係のしがらみが倫理的にも重視される現下の日本的風土のもとではとりわけ、恩師への日常的な学問的配慮を排除しうる研究環境が是非とも必要である。大学Xの大学院生（博士課程院生）の大半が大学Xの卒業生（修士課程修了生）ではなく、大学Xの教員の大半が大学Xの大学院卒業生（博士課程修了生）ではない、という構造は、多様な知的環境との接触による Serendipity という意味以外に、この研究の自立性と自律性の確保という観点からしても望ましい。つまり、前述のヘッドにとってもハートにとっても望ましい。

第四に、すでに海外で評価の定着した業績——その典型が古典である——を受け入れて活用するという学問的姿勢にとどまらず、国内的・国際的に評価の定まらぬ新しい学問的提案を各自みずからが発掘し吟味し評価する習慣と慣行と制度、とりわけそのエートスやメンタリティを確立しなければならない。学説の自律的な〈採択淘汰能力〉の社会的・文化的形成である。そのためには、創造に挑戦する同輩や後輩に対する無関心や黙殺の克服と、感情抜きの客観的なまなざしとが必要になる。前述のフォーラム第七部の平野寛会員も「日本人が、自らの手で若手・中堅研究者の新しい芽を先んじて評価し、国内外に広く紹介する」ような自前の評価システムの重要性を訴えている（特集「創造性と日本の社会」『学術の動向』二〇〇二年二月号）。日本の大学や研究機関に宛てたノーベル賞候補者の推薦依頼に対して回答がはかばかしくない、というカロリンスカ研究所（ノーベルによって指定された生理学・医学賞の選考機関）のアニタ・アペリア教授の厳しい指摘（有本建男「ノーベル賞の選考に積極的な参加を」『学術月報』二〇〇一年八月号）も、〈創造文化〉の未成熟と通底している。それを単に多忙やましてや妬みといった問題に矮小化すれば、有本審議官のいう「日本の研究評価の貧しさ」なる事態の本質——〈創造文化〉の未成熟の一環——を見逃すことになる。

最後に、むろん筆者を含めて日本学術会議の会員にもっとも求められることは、若い世代の創造性を抑圧しないということである。学問的創造のための文化的・社会的条件の整備にもっとも大きな責任を負っているのは、われわれ会員世代の研究者である。傲慢に耐えよ。生意気に耐えよ。学問的に寛容であれ。だが日本の現状は、創造的な若手研究者が、その異端の学問によるばかりではなく、その異端の人柄によって排除されるということがないとはいえない。お互い肝に銘じたいものである。

なお、〈個人的・主体的条件〉に関連する拙文として「私の青少年問題／逸脱から創造的破壊へ――ある家庭内暴力者の生涯」『青少年問題』二〇〇二年八月号（第四九巻八号）、財団法人・青少年問題研究会がある。

第2章　情報・情報処理・情報化社会

2-1　自然科学の術語と社会科学の術語

じつは今日の社会情報学部創設記念のシンポジウムは、何を勘違いしてか、主に学生さんたち相手のものだと思って準備して参りました。考えてみれば夏休みですね。けれども、このように研究者の方々にお聞き頂くということですので、予定をいくらか変更し、「情報」や「情報処理」のカテゴリーをどう捉えるか、という基礎的な問題に絞ってみたいと思います。ですから多分、シンポジウムの表題にある社会情報学には辿りつけない。だが、その辺は気楽に考えさせて頂くということで、ご了承下さい。

最初にお断りしておきますが、今日の話は必ずしも専門の社会学者としてのものではありません。では、どんな資格で発言するのかといえば、素人思想家、素人哲学者、あるいは、将来構築できるかもしれない情報学のためのアイディアを練っている人間としてお話しようというわけです。

もう一つ前置きしておきたいのは、自然科学の方から見ますと、人文社会科学系の学者、とりわけ理論屋というのは言葉の使い方に結構シヴィアだし、あるいは神経質だし、概念論議をよくやります。だから非常に馬鹿げたことをしていると思われるかもしれない。分子生物学者に「遺伝情報」という概念、つまり、ジェネティック・コードやジェネティック・インフォメーションという概念について、一体誰がいつ決めて使っているのかと聞いたのですが、ジェネティック・コードについては明確な定義があるが、ジェネティック・インフォメーションの方は、ただ便利な言葉だからということで、別に厳密な定義もなく使っているという返事でした。それでお困りになることはないのかと聞くと、いやそんなことはない、研究者の間でジェネティック・インフォメーションが何を指しているか判然としているから、別に問題はないということでした。要するに、自然科学の場合は対象となるモノがはっきりしていて、記号論的にいうと指示対象を共有しやすいということです。だからレトリカルな表現であっても、十分誤解なく伝わるというわけです。

ところが、社会科学ではなかなかそうはいかない。たとえば、国家といっても触わることはできない。DNAは小さくてもとにかく顕微鏡を見れば分かる。しかし、国家はそうではない。したがって人文社会科学者にとって言葉がもつ意味というのは、自然科学者にとってのそれとは大きく違うわけです。自然科学者にとっての言葉は、記号論的にいうと、内包というより外延、言葉が指示する対象そのものに意味があります。たとえば、コップという言葉には、それで水を飲む器とか、誰かに投げつけるささやかな凶器とか、鑑賞すべきガラス工芸品とか、いろいろな「内包的意味」が考えられますが、自然科学者にとっては、そんなことは関係なくて、物体として、つまり一つの物的対象としてはっきりとしているわけです。もっぱら言葉の「対象的意味」が問題になる。だから言葉にこだわる必要が始からないんです。しかし、社会科学だと、たとえば同じ民主主義という言葉を使っていても、人によって意味が違いうるわけです。どうしても用語の問題に鋭敏にならざるをえないゆえんです。

2-2　自然言語と科学言語

その際いつも問題となるのは、自然言語とのギャップということです。たとえば「情報」という用語は、日常的によく使われています。そういう自然言語として使われる「情報」と、学術用語としてわれわれが使う「情報」とでは違う。自然科学では超ミクロと超マクロ、つまり感覚器官で直接キャッチできる範囲以外の世界を扱うことが多くて、全体として見れば、研究対象に対応する自然言語が存在しないケースが多い。たとえば「素粒子」に対応する言葉は、自然言語のなかにはない。それに対して社会科学の場合は、等身大の科学と私はよくいうんですが、たとえば「地位」にせよ「役割」にせよ、「家族」にせよ「国家」にせよ「民主主義」にせよ、学術用語として使用される言葉のほとんどが、あらかじめ自然言語のなかに存在するのです。こうして社会科学者は、自分の使っている学術用語と自然言語との相違に敏感にならざるをえない。「地位」という言葉を例にしてみますと、社会学者がテクニカル・タームとして使う「地位」には男性というカテゴリーも女性というカテゴリーも入るし、老人というカテゴリーも若者というカテゴリーも含まれます。ascribed status といわれる地位概念です。けれども、自然言語では男性や女性、老人や若者などのカテゴリーは「地位」ではない。心理学には「行動」という術語がありますが、たとえば、われわれが「デモに参加する」のは自然言語でも「行動」ですが、「暗算する」のは、通例「行動」ではない。しかし、心理学では暗算も「行動」なのです。「GNP」のように社会科学で構成された概念が日常用語になったケースもありますが、概してそういうケースは珍しく、一般には、自然言語が社会科学の術語に転用される。その転用に際して、何らかの意味のズレが起こりやすいわけです。もう一つ例を挙げれば、「記号」という言葉です。言語は、自然言語の文脈では「記号」ではないが、記号論では、典型的な「記号」だということになります。

「情報」についても同じことがいえる。以下の話では、国語辞典に載っている、皆さんがふつう考えておられる「情報」とは違った意味で、つまり自然言語としての「情報」を拡大解釈した形で、「情報」の概念を用います。少し先取りしてみますと、自然言語としての「情報」は、「認識」および「コミュニケーション」という二つの概念と不可分に結びついている。「認識」という含意とコミュニケーションという含意からなるのが自然言語の「情報」です。そうした自然言語の「情報」概念と私が構成する「情報」概念との間には、大変大きなギャップがある。自然言語とまったく無関係では困りますから、自然言語の「情報」が私の構成する「情報」の特殊ケースとして位置づけられるようには工夫してありますが、両者はずいぶん違う。

いま自然言語と無関係では困るといいましたが、このように自然言語を離れた概念を構成するとき、研究者としては二つの途がある。一つは自然言語を拡大解釈または縮小解釈していく方法です。たとえば「記号」という概念は自然言語を拡大解釈して作られています。社会学的権力論では、「買収」も「ゆすり・たかり」も「アメとムチ」という角度から見れば、「政治権力」と構造的に同型だということになる。一定の利益つまり「アメ」の獲得と一定の服従行為とが交換され、一定の損害つまり「ムチ」の回避と一定の服従行為とが交換される、という相互行為の構造だけに着目すれば、両者は同じものではないかということになります。こうして権力という自然言語の拡大解釈が促される。とにかく等身大の学問である人文・社会科学の場合、自然言語を拡大解釈したり縮小解釈したりして――多くの場合拡大解釈ですが、縮小の方もないわけではない――学術用語を作り上げるという慣行が、一般に定着しているということです。

もう一つの途は、自然言語の転用という戦略を断念して、独自の記号表現を工夫するというものです。私がこれからお話する「情報」の概念は、なまじ自然言語の「情報」を拡張したと考えて頂くより、むしろ、まったく新たに「情報」という概念を作ってしまうやり方だと受け止めて頂いた方が、かえって誤解がないかもしれない。私の日頃の授業のノリでいきますと、これを今から「ガチャランコ」と命名する。いや「ビビタ」にしようか、などと冗談をいっていいます。（笑い）とにかく、以下に展開される「情報」概念は、その種のまったく人為的に構成されたコンセプトだとご了解頂きたいということです。

ところで、その「情報」の概念については、私が二十数年前に「情報科学の構想」という論文を書いたときに自問自答した質問が、今でも妥当するんです。じつに単純素朴な設問ですが、「遺伝情報」と「自然言語の情報」との関係をめぐって、次の三つの立場のどれを取るか、というものです。第一に、両者の関係には余り関心がないという立場。第二に、「遺伝情報」というのは単なるアナロジーで「自然言語の情報」とは無関係だとする立場。それから第三に、この二つの概念は、あるいは結びつくかもしれないという立場。当時の私の答え、というより今でもこれは一つの賭けなんですが、私は第三の立場に与したわけです。国語辞典に載っている「情報」概念と分子生物学者のいう「遺伝情報」とは結びつくかもしれない、と。おそらく皆さんのなかにも、私と同じ立場の人もあれば、単なるアナロジーだよ、そんな風に日本語を混乱させて貰っては困る、といわれる方がいるかもしれない。

現に日本の分子生物学の草分けとして著名な渡辺格先生は、「遺伝情報」というより「遺伝指令」といった方が誤解がなかったかもしれないと発言されています。じじつＤＮＡというのは「情報」ではなくて「指令」や「命令」の役割を果している、といった方が分かりやすい。ですから、必ずしも遺伝情報＝認識というようなことではないわけです。遺伝情報の作用には、「生化学反応の最終生産物が識別されて、ポジティヴ・ネガティヴなフィードバックが働き、酵素の合成や触媒活性がオン・オフする」という過程が介在していますが、基本的には生物システムの一定の、いわば設計図として、認知現象というより、むしろ指令現象なのです。私が個人的に分子生物学の第一線で活躍している人たちに聞いてみても「情報」という概念をあまり気にしていない。文科系の人が気にするのは分かるが、われわれの間では全然問題ない、というんです。先にも触れましたが、概して「遺伝情報」という言葉を使ったことの意味を、それほど深刻には受け止めていない。「ジェネティック・コード」についてははっきりした定義があるわけですが、「ジェネティック・インフォメーション」については余り神経質に考えておられない。

2-3　三つの刺激源――学問的創造の芽

他方、人文・社会科学の研究者の多くは先ほどの第一の立場でして、「遺伝情報」と「自然言語でいう情報」との関連などには余り関心がない。人文・社会科学の研究者には大きく三つのタイプがあり、むろんそれらをミックスしている人もいますが、第一は、自分と同じ分野のカレントな仕事に鋭敏な人、第二は、人文社会科学の他の分野のカレントな仕事に鋭敏な人。これは、たとえば社会学を例にとれば、現象学や哲学者ヴィトゲンシュタインの言語ゲーム論や言語学・人類学の構造主義、その他、文科系の新しい学問的潮流に鋭敏で、それを咀嚼して取り入れようというオリエンテーションの強い人です。そして第三のタイプが自然科学の分野の成果に敏感な人です。近代経済学の数理モデルが物理学の成果を利用したものであることは周知の事実ですし、最近の例でいえば、プリゴジンやハーケンの自己組織、あるいはヴァレラのオートポイエシスの概念などを積極的に導入しようという研究スタイルがそれに当たります。この刺激源の三つのタイプは、自然科学者についても、ある程度妥当するのではないかと考えています。文科系のいわゆる「構造主義」の成果を分子生物学に取り込もうという柴谷篤弘氏や池田清彦氏の「構造主義生物学」は、第三タイプの逆の事例といっていいでしょう。

ところで、自然科学の成果が気になる人たちの間では、二〇世紀の中葉以降、全自然科学を通じてもっとも重要なパラダイム革新は何であったかといえば、それは、やはり――少なくともその一つとして――DNA情報の機能とその解読からスタートした分子生物学の登場ではないのか。おそらく二一世紀になれば、科学史的にそうした評価が下されるのではないかと思います。そうだとすれば人文・社会科学の研究者のなかにも、ＤＮＡ情報の意義と解読が人文・社会科学に与えるインパクトに関心をもつ人が現れるわけで、じつは私もそのタイプの一人なんです。かといってその方面の知識があるわけでもないんですが、とにかくムードというか勘というか、分類学的な生物学に対して演繹的な生物学を可能にした分子生物学の成立に大変惹かれました。分子生物学が登場したのは一九五〇年代ですが、その基礎がほぼ固まった直後、つまり一九六〇年代の後半に、私は非常に大きな影響を受けた。もちろん当時は、教科書にもＤＮＡとか遺伝情報のことは載っていなかった。今でいえばちょうど高温超伝導といったようなホットな話題として、文科系の研究者の間にも遺伝情報のニュースが伝わってきた。私は大変な衝撃を受けたわけです。

じつはその衝撃を倍加するようなファクターが私の側に二つあった。一つはそれ以前から記号論に関心があったということです。ですから「ＤＮＡのコード」といった記述に出会って、ええっという感じになる。もう一つはノーバート・ウィーナーの啓蒙的著作に親しんでいたことです。ウィーナーの『人間機械論』には「情報」という概念が、「物質」や「エネルギー」の概念とセットになって出てくる。つまりそこには、「情報」を「物質」や「エネルギー」と並ぶ抽象オーダーの基礎カテゴリーとして扱うというアイディアがある。そうしたウィーナーの自然観ないし自然哲学に影響を受けていたということです。これら二つのファクターが先にあって、それと遺伝情報のニュースとが結びつき、それ以降の私の社会学の仕事の根幹を形成することになったといえます。「情報」概念を科学的な構成概念として構築・確立したいというのが、ここ三〇年くらいにわたる、私の一貫したテーマの一つだったということです。

そこで一九六七年に「情報科学の構想」という長い論文を発表したのですが、発表されて間もなく当時九州大学理学部に在職された北川敏男先生の目に止まり、やはりこのような研究会にお招き頂いたことがあります。ただ社会科学の分野では、私の情報概念に積極的な興味をもつ人は僅かの例外を除いて殆どいないといっていいでしょう。というのは、社会学でもその後「意味世界」や「意味空間」の概念を用いて、私のいう人間レヴェルの「情報空間」に関するかぎり、ほぼ同等のことを処理することができるからです。「意味」の問題は、現在、社会学でも重要なテーマになっていますが、これら「意味学派」の人たちは「情報」という概念を使わずに、事実上、私が意図しているのと類似ないし同様の問題を扱っているという事情があります。

こうした学界の状況には、二つの視点からのコメントが必要でしょう。一つは、理科系において大きな比重を占め始めた情報諸科学との関連が絶たれてしまっているということです。遺伝情報という表現はもとよりですが、生体情報や感覚運動情報という術語も当然のことになっています。これらの自然科学系譜の情報概念と人文・社会科学者が用いる「意味」概念や「情報」概念との関係は、目下のところ、ほとんど問題にされていません。自然科学の情報概念はシャノン流通信理論の「情報量」の概念だけだという、しばしば自然科学者自身にも見受けられる誤解も、この断絶に一役買っているようです。自然科学者の使用している「情報」概念は、いまや「情報量」の概念をはるかに越えているのですが、自然科学者自身が、このことに無自覚だと思われてなりません。先ほど指摘したとおり、情報概念の指示対象が明確で、いわばタンジブルなために、この概念の内包が主題化されにくいのだと思われます。

もう一つは、情報化社会の現場では、自然言語としての「情報」概念ではとても把握しがたいような「情報化」の進行を前にして、事態をどう理解すればいいのか、一種の理論的な戸惑いがあるということです。産業社会の「情報化」のテンポに文科系の研究者の「情報」理論が追いついていないということです。簡単な事例を挙げますと、ある日本の大手印刷会社は「ワン・ソース、マルティ・メディア」というスローガンを掲げていますが、今まで紙に印刷されるにすぎなかった国語辞典が、フロッピー・ディスクとかCD－ROMとか、紙以外の媒体に「印刷」されるように変ってきた。じつは「印刷」というイメージをとおに超えてしまってるわけで、自分たちの仕事は一体何なのか、ということになる。何となくモノを扱う産業とは違う、というわけで一応情報産業という位置づけになるわけですが、新聞産業や放送産業に比べてどこがどう違うのか。いま一つはっきりしない。ところが、そこに「情報処理」の一つのフェーズとしての「情報の担体変換」あるいは「情報の媒体変換」という概念を導入してみると、一つの「情報」がいろいろな担体ないしメディア（媒体）によって担われるという事態が、はっきりと見えてくる。「印刷」は情報の「担体変換」の先駆的な一例だったというわけです。要するに、「情報」概念の学問的検討は、文科系の学問の内部ではそれほどの緊要性も感じられませんが、一方、自然科学の現状と、他方、情報化社会の現状とが、人文・社会科学系の研究者による「情報」現象と「情報」概念の本格的な検討を迫っている、ということではないでしょうか。

2-4　情報の定量的定義と定性的定義

そこでまず「情報」の定性的定義と定量的定義ですが、「情報」が果して「物質」や「エネルギー」と並ぶ科学的構成概念として定着しているかどうかというと――それはノーバート・ウィーナーの願望であり、また私の願望ではあっても――一般の自然科学者の方から見れば、そうじゃないよということになるのかもしれないわけです。少なくとも若干の方々が、ああなるほど、それなら単なるアナロジーではなくて、われわれが使う自然科学の概念として認めていい、ということになれば、市民権を得られる可能性が出てくるわけです。そのもっとも大きなきっかけになったのがシャノン以来の「情報量」の概念の提唱であって、「情報」が量として計測できるということから「情報」概念は自然科学の術語の一つとして認知されたわけです。だが、どんな概念でも定量的な定義の背後に暗黙ないし明示的な定性的定義がある。じゃあ「情報量」の場合、それは何かとなれば、私は「可能なすべてのパタンの集合のなかから一定のパタンを選択・指定・表示すること」と定義しうる認知的、指令的、評価的な「情報機能」が、シャノン流の「情報量」概念の背後にあると理解しています。これは「認知」機能ばかりではなく、「指令」機能も「評価」機能も、「差異化しうるもののなかからの、すなわち可能なパタンのなかからの、すなわち可能なオールターナティヴのなかからの、選択・指定・表示」という作用を共有しています。認知、指令、評価の作用を一括して「情報機能」ないし「情報作用」と命名するなら、この「情報機能」の定性的定義を基礎にして、パタンの生起確率に着目するビット情報量の考え方が成立したわけです。

ところが、私が問題にしたいのは、そうした意味での定性的定義以外の定性的定義が可能ではないかということなんです。一方に、「パタンの集合のなかからの一定のパタンの選択・指定・表示」という自然科学的なシャノン流の定義で捉えられた「情報」があり、他方に、自然言語として使われる「情報」概念があるわけですが、私はそのどちらでもない第三の途を選びたい。それが今日のこれからのテーマになるわけです。時間がないので、結論だけを申しあげますが、どんな科学的構成概念も研究対象や研究目的に応じて自由に構成できる。情報に関連する研究対象もいろいろあるわけですが、一つの事例として四つくらいのタイプの研究対象ないし研究目的を考え、それに対応する「情報」概念――最広義、広義、狭義、そして最狭義の情報――を定義してみてはどうかという提案です。

2-5　最広義の情報――ウィーナー思想の発展的継承

まず、第一は自然哲学です。すなわち、この世界を、この自然をどう捉えるかという問題を立てる人にとって「情報」とは何なのか。それは「物質」や「エネルギー」の「パタン」のことだということになります。じつは「物質」や「エネルギー」の概念によって、それが担うパタンをも含意させるというのが、これまでの伝統的な自然観でしょう。その「パタン」の側面を物質やエネルギーから分析的に区別して、最広義の「情報」と名づけようというわけです。ここに「社会情報学部創設記念シンポジウム」と書かれていますが（ホワイトボード上方の張紙を指さす）、これを「物質とその空間的なパタン」と捉えるわけです。その種の考え方は、じつは、すでにアリストテレス哲学にあった。ご承知のように「質料」と「形相」。つまり、素材とその形、形とその素材という考え方は、西欧哲学の源流にあった。そのアリストテレスの「質料」カテゴリーはいち早く「物質」や「エネルギー」の概念として近代科学の基礎カテゴリーに取り入れられたわけですが、その「形相」カテゴリーは、長い間近代科学とは無縁であった。この「形相」概念に対応するものをもっとも広い意味での「情報」と命名して——もちろん厳密には一致しませんが——、近代科学に取り込もうと考えたのが、ノーバート・ウィーナーだった、と解釈しうるでしょう。

素人自然哲学者としての私の立場からすれば、最広義の「情報」とは「物質・エネルギーの時間的空間的・定性的定量的なパタン」というふうに定義されることになります。これは二十数年前の私の定義ですが、その際「パタン」は「秩序―無秩序の視角から捉えられた物質・エネルギーの属性」と規定されていました。それ以来ずっと「パタン」の概念で「情報」を定義することにしています。このパタン概念に関連するものとして、ソシュール言語学の「差異」の概念があります。それからG・スペンサー＝ブラウンという数学者がいますが、彼の場合も「区別」(distinction)とか「区別を設ける」(draw a distinction)という、ちょうど「差異」に近いような概念を自分の思想体系の根源をなすカテゴリーとして採用しています。かりに「差異」の概念を無定義の基本語として採用するなら、「パタン」は「相互に差異化された〈差異特性の集合〉」と定義できるでしょう。「差異」とか「区別」とか「パタン」というのは、私の情報学のもっとも根元的なカテゴリーだといえます。

かつてソ連や東ドイツの学者の間で「情報」概念を生命の登場以降の自然に限定すべきか、それとも生命以前の世界にも拡張して適用すべきかが議論されたことがあります。一方は、「情報」現象は生命の誕生以降の世界に固有のものだという了解であり、もう一方は、いや「情報」は生命以前の段階にも見られる全自然史的な現象だという了解です。最近「自己組織システム」とか「自己組織性」という言葉がよく使われますが、私の場合、生命以降の進化段階の自然に見られる「情報学的自己組織性」と生命の誕生以前の進化段階の自然に見られる「非情報学的自己組織性」

ないし「物理化学的自己組織性」とを区別します。プリゴジンやハーケンのいう自己組織性は元来「物理化学的自己組織性」だと捉えるわけです。この自己組織性をめぐる二つの立場は、かつてのソ連・東ドイツで争われた情報をめぐる二つの立場といわば相同です。

私自身は、生命以後の世界に固有の情報現象を重視していますが、それは、単に私の認識関心がそこにあるからというにすぎません。自然進化史的な目で見れば、その先行形態を指摘できるのですから、生命の誕生の以前・以後を問わず全自然史を貫徹する「パタン」現象一般を、最広義の情報として押えておきたいわけです。

じつは、この最広義の定義に類似した用例が、すでに日常用語のなかにも忍び込んでいる。ファッション産業では、原価のなかに占める「素材コスト」と「情報コスト」を比較すると、「情報コスト」が「素材コスト」をはるかに上回るということがあります。つまり、ネクタイの生地そのものは高くないが、そのデザイン料が高いというわけです。この「情報コスト」の「情報」は最広義の情報概念です。いいかえれば、ファッション産業が情報産業だというときの「情報」は、まさに最広義の意味で用いられている。この藍色はいかなる情報を伝えるのか、といった用語法ではないんです。そうではなくて「情報コスト」にいう「情報」は、何らの意味とも対応しない「色」そのもの、「パタン」そのものに言及しているわけです。

2-6　「記号—意味」現象の誕生——広義の情報

つぎに問題にしたいのが、生命の誕生以降の全自然史を貫徹する広義の情報概念です。自然哲学とは異なる研究対象や研究目的のための定義です。最広義の情報の定義では、この紙に「社会情報学部創設記念シンポジウム」とあるのも物質・エネルギーとそのパタンという了解になる。今こうやって私が話をしているのも、空気の振動という音響エネルギーの側面とその振動のパタンという最広義の情報の側面とに分けられます。いずれも「記号とそれが表示する意味」、あるいは「意味とそれを表示する記号」といった捉え方にはならない。したがって、最広義の定義によれば、宇宙に存在するあらゆる事象は、いかなる人間的事象といえども「物質・エネルギーとそれが担うパタン」、あるいは「パタンとそれを担う物質・エネルギー」という二つの側面を有することになります。数学者の抽象的思考も、神経細胞とその興奮のパタンだということです。どのような物質・エネルギーも一定のパタンを担ってしか存在しないし、どのようなパタンも一定の物質・エネルギーに担われてしか存在しません。アリストテレスのいう「質料」と「形相」は切っても切れない関係にある。じつはアリストテレスは「神」を、まったく「質料」をもたない「形相」と考えていたのですが、現代科学の立場からすれば、それは認められない話です。

ところが、この「物質・エネルギーとそれが担うパタン」ないし「パタンとそれを担う物質・エネルギー」という自然の一元的構成が、生命の誕生とともに姿を変えることになる。一元的構成が二元的構成に変貌するのです。つまり、一方で、パタンを生成したり、表示したり、保持したり、変容させたり、消滅させたり、あるいはパタンを制御したりする、いわば「パタン関連機能」を固有の役割とする物質・エネルギーの「パタン」が誕生し、他方で、この「パタン関連機能」に特化した物質・エネルギーの「パタン」によって、そのパタンが生成されたり、表示されたり、保持されたり、変容したり、消滅したり、あるいはそのパタンが制御されたりするパタンをもつ「物質・エネルギー」が、やはり特化するのです。このパタン関連機能に特化した「パタン」を私は「広義の情報」と名づけ、そのパタンが制御されることになる「物質・エネルギー」を「広義の資源」と呼んでいます。

地球上に登場した広義の情報現象の最初の事例がＲＮＡとＤＮＡであり、広義の資源の最初の事例がタンパク質であったというわけです。もっとも、タンパク質は酵素タンパク質として生体内化学反応の触媒としても機能しますから、そのかぎりで広義の情報現象を担っていますが。要するに、生命の登場以前の自然を構成する「物質・エネルギー＝パタン」一般が、生命の登場とともに、「パタン関連機能を担う物質・エネルギー＝パタン」と「パタンを制御される物質・エネルギー＝パタン」へと二極分解を起こしたのです。パタンの生成、表示、保持、変容、消滅、制御などのパタン関連機能をかりに「パタンの表示機能」で代表させるなら、「表示パタン」と「被表示パタン」という二項関係を設定することができます。私は前者を「記号」の、後者を「意味」の、それぞれ進化史的元型であると位置づけているわけです。

以上の議論は、いわば共時的なものですが、通時的にはつぎのように起こりました。生命以前の進化段階の自然に見られる物理化学的作用ないし物理化学的反応の進行は、パタン（最広義の情報）論的視角からすれば、物質・エネルギーの、作用前ないし反応前のパタンが、その作用ないし反応をつうじて、作用後ないし反応後のパタンに変換された、と記述することができます。この一般的な「パタン変換」が、生命の登場以後、「表示パタンの被表示パタンへの変換」と「被表示パタンの表示パタンへの変換」という二つのタイプのものに分化します。私は前者を「指令」作用の、後者を「認知」作用の、それぞれ進化史的元型と考えているわけです。具体的には、DNAの塩基配列パタンからタンパク質のアミノ酸配列パタンへの変換を「指令」作用の元型、また酵素タンパク質の基質特異性、すなわち特定の基質を識別する酵素の働きを「認知」作用の元型であると位置づけるわけです。

こうして生命以降の自然は「意味をもった記号集合」すなわち「有意味の記号集合」と定義される広義の「情報空間」と、それによって制御される広義の「資源空間」とから構成されるという図式ができあがります。生命以後の自然の進化史は、相互に規定しあう「情報空間」と「資源空間」との展開であったということになります。生命以降の存在を全体として捉えようという認識目的をもった科学者にとっては、この広義の「情報」概念が大変有効なものになってきます。核酸情報、酵素情報、ホルモン情報、そして神経情報。神経情報も皮質下神経情報から始まって、知覚情報や言語情報などの皮質神経情報にいたるまで、じつに様々の進化段階の情報現象が視野に入ってくる。以上はすべて生物システムの内部の情報現象――私のいう「内記号」が担う情報――、生物システムの外部ではフェロモン情報やリリーサー情報、人間レヴェルではジェスチャーなどの慣行性シンボル、イコンなどの映像性シンボル、そして外言語、などによって担われる情報が存在する。これらはいずれも「外記号」が担う外部情報です。

このように、あらゆる進化段階の生物にかかわる情報現象を、すべて「広義の情報」として扱うわけです。高分子情報、神経情報、電子情報などの呼称は、情報を担う物質・エネルギーつまり「記号担体」の相違に着目した命名です。高分子が情報の担体であった段階、神経細胞が情報の担体であった段階、そして現在、人間の高度情報化社会は、情報の多様な電子担体・電子メディアを開発してきた。それらの全体を指して広義の情報現象と呼んでいるわけです。それは広い意味での「生命」哲学者の視点というべきでしょうか。進化には、周知のとおり、宇宙の進化、生物の進化、社会の進化という三つの大きな段階ないし累層がありますが、そのうち生物以降の自然の進化の全体像に関心をもつ人の視点といってもいいでしょう。この広義の情報概念において、「遺伝情報」と自然言語の「情報」との接続の可能性が、ほの見えてまいります。

2-7　伝達と認知――狭義・最狭義の情報（１）

この後につづく第三の、つまり「狭義の情報概念」が、まさに私の考える「社会情報学」のものだといえます。「社会情報学」をどれだけ広く解しても、核酸情報や酵素情報やホルモン情報までを「情報」と呼ぶ必要はないでしょう。そこで広義の情報に人文・社会科学レヴェルのものという限定を付したものが、狭義の情報ということになります。しかし人文・社会科学レヴェルのものといっても、私が念頭においているのは大変広い意味のもので、自然言語でいえば、ほぼ「意味の世界」とオーヴァラップするようなものをすべて、情報現象と呼んでいます。この狭義の情報概念を定義するには、私が「最狭義の情報概念」と規定している、自然言語の「情報」との関連を手掛かりにするのが効果的なようです。

「最狭義の情報概念」、つまり自然言語にいう「情報」の第一の特徴は、「伝達」される有意味の記号集合という含意です。この「伝達」という限定をまず取っ払い、「貯蔵」される有意味の記号集合、「変換」される有意味の記号集合、へと拡張するわけです。換言すれば、「伝達」という「情報処理フェーズ」にある記号集合に限定せず、「貯蔵」や「変換」という「情報処理フェーズ」にある記号集合をも「情報」に含めるわけです。情報処理のフェーズについては後にお話することになります。

自然言語としての情報の第二の特徴は、「認識」や「認知」の機能を果す有意味の記号集合という含意です。この「認知」機能という限定をやはり取り払い、「指令」や「評価」の機能を果す有意味の記号集合へと拡張するわけです。それぞれを認知情報、指令情報、評価情報と命名するなら、自然言語の情報は認知情報に限定されているということになります。ここで「指令」というのは「他者への指令」ばかりでなく、「自己への指令」をも意味しています。たとえば「意思」や「意図」を「自己への指令情報」と捉えてみてはどうか、ということです。

以上のことを身近な例で説明してみますと、次のような三つのメッセージ（「有意味の記号集合」の一例）が私から皆さんに伝えられたとして、私から皆さんに「情報の伝達」があったといえるのはどのケースかという質問をしてみたい。第一のケースは「一九九一年八月一九および二〇日の二日間、札幌学院大学社会情報学部において、情報に関するシンポジウムが行われる」。第二のケースは「そのシンポジウムに必ず出席しなさい」。そして第三のケースは「そのシンポジウムは面白かった」。おそらく伝統的な日本語の語感でいえば、第一ケースは「情報」の伝達ですが、第二ケースは「命令」の伝達、そして第三ケースは「情報」の伝達ともいえるでしょうが、むしろ「意見」（評価ないし価値判断）の伝達です。「コミュニケーション」という概念には、「認知」機能を果す記号集合（情報）の伝達、

「指令」機能を果す記号集合（命令）の伝達、「評価」機能を果す記号集合（意見）の伝達のすべてが含まれますが、「情報のコミュニケーション」という表現は、本来、認知機能を果す記号集合の伝達だけを意味している。「明日はお天気だ」というのは「情報」の伝達ですが、「明日九時に来い」というのは「命令」の伝達であって「情報」の伝達ではない、というのが通例の用語法でしょう。

けれども、今日、若い世代では、これらのすべてが「情報の伝達」と理解されることが少なくない。つまり「認知情報の伝達」ばかりでなく、「指令情報の伝達」も「評価情報の伝達」も、すべて「情報の伝達」だという了解がすでに成立し始めています。もちろん、この際、「指令情報（命令）についての認知情報の伝達」や「評価情報（意見）についての認知情報の伝達」と了解されているのだ、とメタ的に解釈することもできますが、やはり「情報」という語の使用機会の増大とともに、パロールがラングを変えつつあると見た方が当っているのではないか。「情報」という自然言語の意味そのものが変化しつつあるわけです。もちろん「X課長は、きわめてエネルギッシュで構想力があって、アイディアマンで実行力があって……」というメッセージは「認知」情報なのか「評価」情報なのか、といった両義的なケースはありますが、少なくともわれわれが「社会情報」という場合には、「認知」の役割を果す文章、「評価」の役割を果す文章、「指令」の役割を果す文章のすべてを「情報」概念に含めてしまってはどうかということです。ちなみに「神経情報」という術語には、上向性の「感覚情報」つまり神経性の認知情報も、下向性の「運動情報」つまり神経性の指令情報も含まれています。

2-8　単用性・外シンボル性・決定前提への影響——狭義・最狭義の情報（2）

自然言語としての情報の第三の特徴は「単用的」ということです。例えば「建物Xの前で昨日自動車事故があった」、

「建物Xの前で過去三年の間に五回自動車事故があった」、「建物Xの前は自動車事故の多いところだ」、この三つの文はこの順序で抽象度が上がってますが、これに対応して、情報の「単用性―耐用性」という分類軸を設定してみてはどうか。最初の文は「ニュース」ですが、最後の文は強いていえば「知識」でしょう。同様にして「明日、九時に来なさい」、「明日から三ヵ月、毎日九時に来なさい」、「明日から君がこの会社を退職するまで、毎日九時に来なさい」。最初の文は「命令」ですが、最後の文の趣旨は職務規定に書かれている。それをわれわれは「規範」と呼んでいます。要するに、情報機能の発揮される回数に着目して、一回きりしか情報としての機能しない記号集合と何回も情報機能を発揮する記号集合とを対比するわけです。私は前者に近いものを「単用情報」、そして後者を「耐用情報」と名づけています。

ニュースと命令は単用情報、そして知識と規範は耐用情報だということになる。先ほど、自然言語としての「情報」は認知機能を果すものに限定されているといいましたが、自然言語の「ニュース」は情報ですが、自然言語の「知識」は、ふつう情報とは区別されている。つまり、自然言語の情報には「単用的」という限定が付されている。これも取っ払おうというわけです。同じことは「評価」についてもいえます。「今日のX課長の話は面白かった」という単用性の評価と「X課長の話はいつも面白い」という耐用性の評価との別です。報道と教育の別も、単用情報のコミュニケーションと耐用情報のコミュニケーションとの別です。もちろん新聞も囲記事などで耐用情報を提供することがありますが基本的にはニュースに代表される単用性の認知情報の提供を第一の役割としています。この単用情報と耐用情報の区別は、消費財と耐久財の区別に対比できるでしょう。

自然言語の情報の第四の特徴は、それが「外シンボル性」の記号集合に限定されることが少なくないという点です。たとえば、私は「知覚」を「内シグナル性の認知情報」と捉えたいのですが、自然言語では「知覚」はふつう「情報」ではない。私はまた、「記憶されているニュース」を「内シンボル性の認知情報」と規定しますが、これも自然言語では必ずしも「情報」とはいわない。なぜなら、個体間「伝達」という情報処理フェーズへの限定が、「内記号」情報を排除して「外記号」情報への限定――生物個体の外部に担体をもつ記号が「外記号」、内部に担体をもつ記号が「内記号」です――を引き起こすということです。

自然言語の情報の五番目の特徴として、「意思決定への影響」があります。意思決定に対して影響を及ぼす記号集合と及ぼさない記号集合、あるいは意思決定に対する影響が明確な記号集合と明確でない記号集合を区別するという語感があります。それぞれ前者のみを「情報」とするわけです。データをインフォメーションに変換する、あるいは同じことを分野によってはインフォメーションをインテリジェンスに変換するということもありますが、いずれも意思決定との関連が不明確な記号集合、つまり「情報」でないものを、何らかの形で構造化し直して、意思決定との関連が明確な記号集合、つまり「情報」に変換することを意味しています。「情報エージェント」に対してわれわれが問いかけて、答えが返ってきます。自分の意思決定に大きな影響を与えるからコストがかかってもそれを手に入れようとする。その際意思決定への影響がなければ、「情報」を入手したとはいわないでしょう。H・サイモン流にいえば、「決定前提」を規定する記号集合としての「情報」と「決定前提」を規定しない記号集合としての「非情報」という使い分けです。

以上の拡大解釈をまとめてみますと、自然言語としての「情報」概念を、第一に、情報処理の伝達フェーズに置かれた記号集合以外に貯蔵フェーズと変換フェーズに置かれた記号集合にまで拡張する。第二に、認知的な機能を果す記号集合以外に指令的・評価的な機能を果す記号集合にまで拡張する。第三に、単用的な記号集合以外に耐用的な記号集合にまで拡張する。第四に、外シンボル性の記号集合以外に外シグナル性・内シンボル性・内シグナル性の記号集合にまで拡張する。第五に、決定前提を規定する記号集合以外にそれを規定しない記号集合にまで拡張する。

このような拡大解釈を施した上で、核酸、ホルモン、皮質下神経系、フェロモン、リリーサーなどで担われる情報、つまり人文・社会科学でふつう主題化されないような情報現象を除けば、ほぼ私の考える「〈人間〉社会情報学」の対象となる情報現象を網羅できると思われます。その中核には、内シンボル・外シンボルという記号形態によって担われる「シンボル性情報空間」としての、いわゆる「意味世界」や「意味空間」が位置しますし、さらにそのシンボル性情報空間の中核には、内言語・外言語で担われる「言語情報空間」が位置するという構図になります。

2-9 「ガチャランコ」――命名の自由

ところで、そこまで拡大解釈するなら、やはり「情報」という日本語を使うべきではない、というご意見が出ようかと思います。もちろん異論のない適切な用語が見つかれば、大賛成です。「情報」ではなく「記号」や「記号集合」を充てたらどうか、という選択もありえます。だが、ここで立ち入る余裕はありませんが、それはそれで問題が多い。他方、人工言語が無難だという選択も考えられます。たとえば、以上のように拡大解釈された何ものかを「情報」と呼ばずに、極端な話「ガチャランコ」と命名する。今度、X書店から『ガチャランコの社会理論』という本を出しますということになってもいいんです（笑い）。けれども、先にも別の文脈で触れたとおり、一方、自然科学系の「情報」諸科学の展開、他方、高度「情報化」社会の進行、という二つの要因が、今までに試みたような「情報」概念の拡張的定義を受け入れさせる方向へと作用している、と判断しています。ただ、私としては「記号内容」こそが問題であって、その「記号表現」にこだわる気はありません。本当の話、私の認識が伝わりさえすれば、「ガチャランコ」でもいいんです（笑い）。

ある中学の若い国語の先生に「〈明日はお天気だ〉、〈明日は九時に来なさい〉、〈Xキャスターのニュース解説は面白い〉の三つのコミュニケーションがある。あなたはそのうちどれを「情報」の伝達としますか」という国語のテストをしたとして、どう採点しますかと、お聞きしたら、全部に○をつけるのを正解にする、ということでした。それだけこの先生の言語感覚はすぐれて情報社会化しているということなんですね（笑い）。もちろん、鋭敏な、というか在来の正統的な言語感覚をおもちで「情報」と「命令」と「意見」を一緒にするのはけしからんという人もいるでしょうが、先ほど指摘したとおり、「情報」という自然言語に関しては、いまパロールがラングを変えつつあるのではないでしょうか。

2-10 「情報変換」の視点――情報処理の五つのフェーズ

さて、次のテーマは、あと残り時間も僅かなんですが、「情報処理」とは何かという問題です。「情報処理」という日本語は、コンピュータを始めとする情報処理機器による機械情報処理を意味することが多い。だが、私の定義する情報処理はそれよりもっと広いものです。生物の脳では神経性情報処理が行われますし、それから今、このシンポジウムで、われわれは社会的情報処理を行っています。生命以降の進化段階にあるシステムは「広義の情報」を不可欠の構成要因としていると先にいいましたが、そうした生命以降のシステムは、その「広義の情報」の伝達・貯蔵・変換、つまり「情報処理」なしには存立できません。このシンポジウムにおける福村先生のご報告では「処理」と「記憶」、「録画」と「録音」、「収集整理」と「収集処理」とを区別するという枠組みが提示されましたが、それとはやや異なる視点から、「情報処理」を眺めてみたいと思います。

まず「広義・狭義の情報」にかかわる一切の過程や営みや操作のすべてを包摂する、もっとも包括的な概念を構成し、それを「情報処理」（information processing）と名づけることにします。もちろん「情報」概念の場合と同様、適切な用語があれば、「情報処理」以外の記号表現を選んでも構いません。要は、もっとも包括的な上位概念がほしいというだけのことですから。そして「広義・狭義の情報」にかかわる一切の過程や営みや操作を、「変換」という視覚から捉えてみようというわけです。この「変換」操作には、つぎの五つのフェーズを措定することができる。以下、順序不同でお話してみます。

情報処理の第一フェーズは、情報の時間変換、時間軸における情報の移動です。すなわち情報の「記録・保存・再生」という三つの下位フェーズからなる情報の貯蔵現象にほかなりません。情報貯蔵は個体内貯蔵と個体外貯蔵（または個体間貯蔵）に二分されますが、「記憶」は神経性認知情報の個体内貯蔵だという位置づけになります。周知のように「記銘・把持・想起」は「記憶」の三局面とされていますが、それぞれ、私の定義した情報貯蔵の「記録・保存・再生」という三つの下位フェーズに対応しています。他方、書物やフロッピー・ディスクや光ディスクによる情報貯蔵は、いうまでもなく個体外情報貯蔵の事例だということです。

第二のフェーズは、情報の空間変換、空間軸における情報の移動です。すなわち情報の「発信・送信・受信」という三つの下位フェーズからなる情報の伝達現象にほかなりません。情報伝達も個体内伝達と個体間伝達（または個体外伝達）に二分されますが、通例の意味でのコミュニケーションはもちろん個体間伝達を意味しています。ただ、コミュニケーションの概念は、とくに人間を対象にした場合、発信意思の存在する場合に限定されることも少なくない。「盗み聞き」はコミュニケーションではないのです。この日常的コミュニケーション概念をひと先ず一般化しておき、その後、研究課題の必要に応じて限定された定義を導入していくわけです。他方、末端の受容器から中枢神経系をへて末端の効果器へと神経情報が移動するのも、ＤＮＡ情報の一部を写しとったメッセンジャーＲＮＡがリボソーム、つまりタンパク質合成工場へと移動するのも、個体内情報伝達の事例に数えられます。

2-11　狭義の情報変換――担体変換・記号変換・意味変換

ついで情報処理の第三、四、五のフェーズは狭義の情報変換です。第三フェーズは情報の「担体変換」。情報を担う、より正確には記号を担う物質・エネルギーを「記号担体」(モリスのいう sign-vehicle) と名づけていますが、情報の担体変換とは、情報の記号面と意味面を変えることなく、あるいは記号面と意味面の変化を捨象して、その担体面だけを変えると了解されたかぎりでの、情報変換です。コピーや印刷ですが、新しいタイプの記号担体とそれに伴う担体変換の技術開発によって、情報のじつに多様な物質・エネルギー的な存在形態が登場しています。先に挙げた広辞苑のCD-ROM形態といった事例です。

第四の情報処理フェーズは情報の「記号変換」です。情報の意味面を変えることなく、あるいは意味面の変化を捨象して、その記号面だけを変えると了解されたかぎりでの、情報変換と定義できるでしょう。その際、担体面の変化は問いません。書き言葉と話し言葉の相互変換、平仮名と片仮名の相互変換、仮名と漢字の相互変換、そして異なる言語の間の相互変換、つまり翻訳などを例として挙げることができる。変ったところでは、知覚情報から言語情報への変換、つまり目で見たこと耳で聞いたことを言葉で表現する変換も、知覚記号から言語記号への変換として、記号変換の一種です。情報貯蔵と情報伝達では、その「記録」と「発信」のフェーズで、それにつづく「保存」と「送信」に有利な記号形態――ノイズの影響を受けにくいなど――への変換が行われ、その「再生」と「受信」のフェーズで元の記号形態へと再変換されますが、これも記号変換の事例です。通信理論でいう encoding と decoding にほかなりません。

現実には、担体変換や記号変換に際して、意味――とりわけ含意された意味――の変化を伴うことも多い。絵画の複製や写真化、知覚情報から言語情報への変換、あるいは翻訳といわれる異なる言語間の記号変換、とりわけ詩の翻訳などでは、意味の変化はむしろ常態というべきかもしれない。だが、担体変換や記号変換という概念は、その意味の変化を捨象して構成されているわけです。いずれにせよ、人間の大脳にしかできなかった類の記号変換が、自動翻訳を始めとして、つぎからつぎへと技術革新の対象にされていることは周知のとおりです。

重要なことは、先に例示したような諸現象の同質性と異質性を、「担体変換」や「記号変換」という抽象的な理論語とその幾つかの下位概念を構成して同定することなのです。科学言語システムの役割は、自然言語システムでは見えない世界の秩序を見させることにあるわけです。情報学的には、それぞれの自然言語系がそれぞれ異なる世界秩序を構成しているわけですから、むしろ科学言語系は自然言語系が構成しない世界の秩序を構成する、あるいは自然言語系とは異なる世界の秩序を構成する、というべきでしょう。もちろん科学言語系は、自然言語系を完全に離脱しては成立できませんが。

情報処理の第五のフェーズは情報の「意味変換」ですが、これを私は非常に多義的な概念として用いています。情報の担体面と記号面の変化の有無にかかわりなく、少なくともその意味面を変化させる情報変換、と定義される情報の「意味変換」は、着想、演繹、帰納、計算、分類整理、連想、意思決定など、多様な情報処理を含んでいます。「意思決定」に関しては、通例の用語法なら、情報をインプットして意思決定をアウトプットすると表現するところですが、私の用語系では、「一定の指令情報、認知情報、評価情報のセットをインプットして、一定の指令情報ないし一定の行為プログラムをアウトプットする、情報の意味変換」と記述することになります。こうしてみると、（社会的）意思決定は、少なくとも社会科学の立場からすれば、（社会的）情報処理のもっとも重要なフェーズであるという位置づけになります。

以上が、私の考える「情報処理」の全容ですが、この枠組みで情報処理の「フェーズ」という語を用いるのは、情報の集合を「情報空間」と名づけた場合、情報空間を構成するすべての情報は、私の定義した情報処理の「五つのフェーズ」のどれかに置かれている、という解釈を導入したいからです。換言すれば、「情報空間」は「時間変換（貯蔵）・空間変換（伝達）・担体変換・記号変換・意味変換の五つの情報処理フェーズ」のどれかに位置する情報の集合であるという了解になります。自然言語は、このうち「伝達フェーズ」にある情報のみに着目したということになります。さらに換言すれば、「五つの情報処理フェーズのどれかを占める情報」の集合という「情報空間」の定義は、「情報空間を構成するすべての情報が占める五つの処理フェーズの集合」という「情報処理空間」の定義を導き、その結果、「情報空間」は同時に「情報処理空間」でもあるという了解を可能にしてくれるわけです。

2-12　情報化社会——その infrastructure

さて、もうこれで約束の五時になってしまいましたが、もう少しだけお話しをさせていただきます。次のテーマは「情報化社会」とは何か、ということです。工業化社会といえば、すぐ物質・エネルギーに関する技術革新というイメージが湧きます。じじつ「工業化社会」は、物質・エネルギー処理の技術革新をインフラストラクチャーとする産業社会です。工業化の到来を象徴するワットの蒸気機関は、熱エネルギーを力学的エネルギーに変換する技術革新です。それ以後、物質・エネルギーの多彩な変換技術、すなわち、物質・エネルギーの時間変換（貯蔵・保存）技術、その空間変換（交通・輸送）技術、その同質変換（同一の物質・エネルギー形態のもとでの変換）技術、その異質変換（物質・エネルギー形態の変換）技術、などの開発が相次ぎ、工業化社会を展開してきたわけです。核融合や高温超伝導など、いまなお物質・エネルギーの技術革新は話題に事欠きません。

それに対して、情報の時間変換・空間変換・担体変換・記号変換・意味変換という「情報処理の五つのフェーズ」

それぞれの技術革新をインフラストラクチャーとする産業社会が、「情報化社会」にほかなりません。自然言語としての情報からすれば、情報処理の技術革新はコミュニケーションの技術革新ということになりますが、それは情報空間変換の技術革新として、情報処理の全技術革新の一部にすぎない。情報化社会のインフラストラクチャーは、コミュニケーションの技術革新だけでは捉えきれないのです。コンピュータにコミュニケーションを加えた、いわゆるC&Cという定式でも、やはり不十分でしょう。実際のところ、Computer & Communication でいう「コンピュータ」は、情報の伝達フェーズ以外の四つの処理フェーズ、つまり情報の時間変換（貯蔵）・担体変換・記号変換・意味変換のすべてを含意せざるをえないようになってきています。

自然言語の「情報」概念は、厳密には先に見たとおり「伝達されて意思決定を規定する単用的な認知性外シンボル集合」といった内容のものですから、これをかりに「伝達される認識」と拡大解釈したところで、「物質・エネルギー」という概念ほど抽象度の高い、包括的なカテゴリーとは決していえない。工業化社会が物質・エネルギー処理の技術革新と結びついて、人類社会の一つの大きな発展段階ないし生産力段階を意味するというのは分かりますが、情報化社会が、それに匹敵する規模・水準で人類史を画するもう一つの発展段階ないし生産力段階であるとは、自然言語としての情報概念を前提にするかぎり、到底理解不可能なことです。「工業化」に匹敵するもう一つの産業化としての「情報化」という歴史認識は、それぞれを支えるインフラストラクチャーが、一方は「物質・エネルギー処理の技術革新」に、他方は私が定義した意味での「情報処理の技術革新」にある、という相関的認識なしには成立しないと思われます。この相関的認識の根底には、最広義の「情報」を「物質・エネルギー」と同一の抽象オーダーのカテゴリーとして定義した、N・ウィーナーの自然観が控えています。生命の登場以降のシステムの二つの構成要因である「資源空間」と「情報空間」の、人間レヴェルでのもっとも新しい進化段階が、それぞれ工業化と情報化であるという結論、これが「情報化社会」についての私の基本的認識です。

情報化社会を生きる人々は、その巨大な歴史的意義を実感していますが、社会科学の理論がその実感を表現できずにいるということではないか。研究者の理論が、社会の現実と生活の実感に追いついていないのです。研究者が「自然言語の桎梏」を脱しきれずにいるからではないでしょうか。私が構成する「情報」と「情報処理」の概念は、この桎梏を脱するための一つの試みにほかなりません。

このように考えてきますと、物質・エネルギー・情報という三題噺、あるいは物質・エネルギーと情報という二題噺にコミットする立場からすれば、人間社会の産業化は、資源空間の産業化としての工業化と情報空間の産業化としての情報化、この二つ以外にはありえないということになります。もちろん工業化と情報化は先進国でもなお進行中ですが、産業化の形態としては、工業化と情報化で完結するということです。その後考えられる人類社会のシナリオは、技術革新と経済成長を重視しない脱産業社会を選ぶか、それとも産業化の第二サイクルを選ぶか、あるいはそのミックス形態を選ぶか、といった問題になるでしょう。

「情報化社会」というのは工業化社会と並ぶ人類社会の画期的な発展段階ですが、それは「情報」や「情報処理」を、私がお話してきたような広い意味で理解しないかぎり捉えきれないということ、そして同時に、「社会情報学」もまた、それと同様の広がりをもった「情報」と「情報処理」を対象にせざるをえないということ、この二点をお伝えできればと願っています。シンポジウムの表題にかかげました肝心の社会情報学には入らずじまい、やっとその入り口に辿りついたばかりですが、決められた時間も超過してしまいましたので、この辺でひとまず終わらせて頂きます。

第3章　社会情報学の構想とその背景

——新しいDisciplineの誕生をめざして

3-1　新しい自然哲学の提唱——分子生物学の衝撃

3-1-1　ポストDNAの自然観

DNA研究を核とする分子生物学の展開は、人文社会系の諸分野で定着した言語現象の枢要性についての了解とも呼応して、伝統的な自然観に変革をもたらしつつある。①世界の根源的素材を「物質・エネルギーと、それが担うパタンとしての情報」に求めたウィーナー（Wiener, N.）の公理的洞察、②「秩序生成機能を担う情報形態」としてのDNAの誕生、すなわちプリゴジン（Prigogine, I.）やハーケン（Haken, H.）の「物理学的自己組織性」とは異なる「情報学的自己組織性」の登場、③DNAから言語にいたる「情報形態の進化」とそれに伴う「情報学的自己組織性の進化」——このような知見は、私見によれば「自然の自己組織性とその進化」というコンセプトに要約できるが、それは「自然の存在様式とその進化」および「自然の進化様式とその進化」という問題提起を含み、そのかぎりで、伝統的な哲学思想や進化思想の革新にもかかわるものだと思われる。

第一に「情報（後述する広義の情報）で組織されることのない物理化学的自然」、第二に「DNA情報で組織される生命的自然」、そして第三に「言語情報で組織される人間的自然」、この三つの、自然の段階ないし累層は、それぞれ、その「存在様式」と「進化様式」を異にしている。と同時に、物理化学的自然から生命的自然、生命的自然から人間的自然へと、自然の「存在様式と進化様式」そのものが進化してきた。この第三章では、DNA研究と言語研究が示唆する新たな自然哲学のコンセプトにそって、次のような了解からスタートすることにしたい。

3-1-2　秩序の三分法

宇宙の秩序、太陽系の秩序、熱力学系の秩序、生体の秩序、人間社会の秩序など、ビッグバンから人間社会にいたる自然進化の諸段階と、その結果生まれた自然の諸累層には、さまざまの動的、静的な秩序が観察されるが、それらの秩序のあり方に、生命現象が登場する以前と以後とでは、決定的な相違がみられる。生命の誕生以後の自然にみられる秩序の骨格は、遺伝コードや言語コードと結びついた一定の「秩序生成機構」のメカニズムを媒介にして形成されている。だが、生命以前の段階・累層の自然の秩序には、そうした秩序生成機構による媒介がない。この相違は「制御された自然」と「制御されざる自然」と名づけてもよいだろう。誤解をおそれず大胆な表現を用いるなら、「システムに妥当する変容不能の物理化学的〈法則〉として与えられる秩序」と「システム内蔵される変容可能な遺伝的・文化的〈規則〉をつうじて与えられる秩序」との相違である。いいかえるなら、DNAの誕生とともにはじまる生命以降の段階・累層の自然は、二層の秩序をもっている。秩序生成機構が提示する秩序（私のいう情報空間の秩序）と、それを媒介にして実現される事象それ自体の秩序（私のいう資源空間の秩序）との二層である。他方、生命以前の段階・累層にみられる秩序は、プリゴジンの自己組織性をも含めて、いわば事象それ自体の秩序のみである。

人文社会科学の言説では「自然的秩序と文化的秩序」という二分法が常識であったが、世界の秩序をまず「非情報学的秩序と情報学的秩序」に二分し、ついで後者を「遺伝的秩序と文化的秩序」ないし「DNA性の秩序と言語性の秩序」に二分するというのが、ポスト分子生物学の自然観なのである。少なくとも制御の有無という視角からするかぎり、生命の世界は、物理化学的世界から引き離されて、むしろ人間の世界に近づくことになる。生命的自然は、秩序プログラムを内蔵するという点で物理化学的自然とは異なり、秩序プログラムの作動が物理化学的であるという意味で人間的自然から区別される。「分子生物学 versus 社会情報学」という本章の発想の根底には、こうした秩序理解の転換があることを力説しておきたい。その転換は、いうまでもなく、DNA学が生命的自然の秩序の謎を解き明かしたからにほかならない。

3-1-3　秩序生成の基本メカニズム

この、DNAとともに出現した「秩序生成機構」は、次のような役割を担っている。第一に、「分節」機能、すなわち一定の「差異」の構成・組成をつうじて一定の「パタン」を構成・組成する作用、具体的には、遺伝コードや言語コードによる有限個または無限個のメッセージの組成可能性である。第二は、この分節機能によって組成されたパタンが事象のパタンを代替・表示する作用、具体的には、一定の遺伝メッセージや言語メッセージによる一定の秩序の代替・表示である。第三は、この分節機能によって組成可能なパタンの集合から一定のパタンを選択・指定する作用、具体的には、一定の遺伝メッセージや言語メッセージによる一定の秩序の選択・指定である。第四に、そのパタンの組成・表示・指定の営みが、指令機能と認知機能と評価機能とに分化している。こうして第五に、これら、パタンの組成・表示・指定の基本型となる指令・認知・評価の三機能を媒介にして、事象の秩序が生成するという仕組みである。

要するに、秩序生成機構は、①「差異」の組成をつうじて「パタン」を組成し、②「組成されたパタン」によって

「事象そのもののパタン」を表示し、③「組成可能なパタンの集合」から「一定のパタン」を指定し、④「パタンの組成・表示・指定」にもとづく「指令機能」と「認知機能」と「評価機能」を具備し、⑤「この指令・認知・評価機能」を媒介にして「事象そのもののパタン」を分節・組成する、という「自己組織」のメカニズムを担っているわけである。

ここで「パタン」とは「他と区別されたこと・もの」、あるいは「相互に差異化されたこと・もの」と定義され、アナログ型のパタンのみならず、ディジタル型のパタンをも包摂している。「差異」とは「関係自体」に、「パタン」とは「関係の項」に、それぞれ着目した概念構成である。こうした定義は、秩序生成機構の営みが、「こと」と「もの」との、そして「関係」と「関係の項」との、双方に関連することを表現したものにほかならない。「差異の組成をつうじてパタンを組成する営み」を簡潔に「分節」と称することにしたい。

3-2　科学言語の記号学──不毛な論争を回避するために

3-2-1　自然言語と科学言語

自然言語と科学言語がともに構成の産物であることは、今日、広く受け入れられるようになった。「科学的構成体」(scientific construct) という術語に、「自然言語は構成の産物ではない」という含意があると誤解してはならない。問題は構成の仕方であり、自然的構成と人為的構成との差にすぎない。

意図的・人為的に構成される科学言語は、自然生成的に構成される自然言語との関連を基準にすれば、次のように分類することができるだろう。①自然言語の記号表現 (signifiant) および／または記号内容 (signifié) そのままの流用、②自然言語の記号表現および／または記号内容の変形的 (組み合わせを含む) 応用、そして③自然言語の記号表現および／または記号内容とは縁のうすい言語創作、という三タイプである。詳細にみれば、ⓐ記号表現の流用＋記号内容の流用、ⓑ記号表現の流用＋記号内容の応用、ⓒ記号表現の流用＋記号内容の創作、ⓓ記号表現の応用＋記号内容の流用、ⓔ記号表現の応用＋記号内容の応用、ⓕ記号表現の応用＋記号内容の創作、ⓖ記号表現の創作＋記号内容の流用、ⓗ記号表現の創作＋記号内容の応用、ⓘ記号表現の創作＋記号内容の創作、の九タイプということになろう。人文社会科学の術語は、数学記号や論理記号を除けば、その「記号内容」において自然言語にない創作があったとしても、その「記号表現」においては、自然言語のそれを流用ないし応用するのが慣行である。

たとえば、「物質・エネルギーが担うパタン」というウィーナー的な「情報」は、「記号表現の流用＋記号内容の創作」というⓒの事例、また、欲求と利潤とを包摂しうる「システムの機能的要件」という社会学の術語は、「記号表現の応用＋記号内容の創作」というⓕの事例である。どちらも新しい「記号内容」を創作しているが、新しい「記号表現」を創作していない。なぜなら一つには、流用・応用された自然言語の記号表現がもつ記号内容と、新たに創作された科学言語の記号内容とのあいだに、一定の整合性を主張しうるからであるが、いま一つには、先に指摘した——詩的言語の場合とは異なる——言語使用の慣行があるからにほかならない。本章の術語もまた、その「記号内容」が創作の事例に属する場合でも、その「記号表現」については、自然言語のそれを流用・応用している。

3-2-2　「辞書づくり」と「概念づくり」

こうした科学言語の構成には、二つの代表的な手法を区別することができる。第一は、既存の記号内容（コンセプト）の発見・確定を特徴とする、いわば「辞書づくり」の手法であり、第二は、新しい記号内容（コンセプト）の発明・創作をめざす「概念づくり」のそれである。「情報」を例にとれば、前者は「情報」なる用語のあらゆる使用例を網羅的に収集し、それらのあいだに共通する内包を発見・確定しようとする立場である。それに対して後者は、現存する使用例からいちおう離れて、まず、「情報」なる用語に関連する事象の特性に着目して学問的に有効だとみられる記号内容（コンセプト・内包）を措定し、ついで、その記号内容にふさわしい記号表現を自然言語のそれを流用・応用しながら決定するという立場である。前者は「言語の内包の共通性」に立脚して「コンセプトの自然的構成」を尊重し、後者は「事象の特性の共通性」に着目して「コンセプトの人為的構成」を重視するという、まさに相反する立場にコミットしているわけである。むろん「辞書づくり」の手法には、自然言語としての使用例ではなく、科学言語としての使用例の悉皆調査というケースが含まれるが、そこでも、既成コンセプトの尊重・発見・確定という「辞書づくり」の特徴は貫かれている。その悉皆調査の結果を、事象そのものの特性にもとづく新たな概念づくり、のヒントにするというのであれば、それはもはや「概念づくり」の手法であって「辞書づくり」の手法ではない。

「辞書づくり」の手法は、哲学者ウィトゲンシュタイン（Wittgenstein, L.）の「家族的類似」の指摘をまつまでもなく、一般には、言語（ラング）の相違や同一の言語（ラング）の内部での地域や時代による相違のゆえに、共通する内包（記号内容）が存在するという保証がなく、また、かりに共通の内包が見出されたとしても、それはそれで既存の知識の枠をこえるのが困難である。他方、「概念づくり」の手法は、かりに成功すれば既存の知識の枠を突破しうる可能性があるが、それはそれで、人びとの支持、すなわち間主観性を得るのが容易ではない。というのも、「概念づくり」の手法が常識化している自然科学とは逆に、人文社会科学の場合、「辞書づくり」の手法が優勢だからである。

こうした長短があるにせよ、人文社会科学の用語法も、その基本術語については、「概念づくり」の手法に与するべきだろう。本章が採用するのも「概念づくり」の手法であるが、その際、上位概念―下位概念という概念体系の普遍―特殊構造を尊重し、その一環として、自然言語のコンセプト（下位概念）を科学言語のコンセプト（上位概念）を用いて記述しなおすという途を選びたい（たとえば3-4-3「日常的情報概念の定義」）。「辞書づくり」の手法との接点を重視するからである。

3-2-3　「記号内容」の妥当性と「記号表現」の妥当性

「辞書づくり」の手法では、たとえば「情報」という記号表現がまず先行し、その共通の内包（記号内容）が追究される。だが、「概念づくり」の手法では、「情報」という記号表現を手がかりに研究がスタートしたとしても、重要なのは、その結果構成されたコンセプト、すなわち人為的に構成された記号内容であり、そのコンセプトにどのような記号表現を与えるかは、付随的問題でしかない。換言すれば、後述する「パタン一般」や「一定のパタンの選択・指定」というコンセプトに、それぞれ「最広義の情報」や「情報機能」という記号表現を与えるかどうかは、まさに恣意でしかない（記号表現の恣意性）。そう命名してもしなくてもよい。最大の問題は、「パタン一般」や「一定のパタンの選択・指定」という人為的構成概念を有効なものとして受け入れるか否かなのである（記号内容の恣意性）。科学言語におけるコンセプトの受容と命名の受容、記号内容の受容と記号表現の受容とがまったく別のことがらであることに注意してほしい。科学言語の創作において肝要なのは、まず「記号内容の妥当性」であって、「記号表現の妥当性」ではないのである。科学言語の「定義の妥当性」というとき、一般には、「記号内容の妥当性」と「記号表現の妥当性」とがともに含まれているだけに、両者の自覚的識別が不可欠である。

科学言語と自然言語が深くかかわる人文社会科学の場合、このように、①自然言語と科学言語の関連についての誤解ないし理解不足、②科学言語をめぐる「記号内容の妥当性についての論議」と「記号表現の妥当性についての論議」の混同、という二重の記号学的な無理解が、じつに多くの不毛な論争を招いていることに注意したい。「情報」問題を、いわばその入り口でこじらせないためには、この種の記号学的な理解が是非とも必要である。以下の3-3で展開される基本術語の構築に先立って、「科学言語の記号学」に紙幅を費やしたのは、まさにそのためなのである。

3-3　「記号」と「情報」――基本術語系の構築（1）

3-3-1　記号機能 versus 情報機能

情報現象をめぐるターミノロジーには、周知のように、まだ定説といえるものがなく、3-1から3-3で述べた秩序生成機構にかかわる諸現象のそれぞれにどのような術語をあてるかも、論者によってさまざまであろう。ここでは、「辞書づくり」ではなく「概念づくり」の趣旨にそって、以下のような術語系を構築することにしたい。

まず第一に、秩序生成機構の中核には「コード」と「メッセージ」が位置するが、秩序生成機構の進化段階に応じて、さまざまのタイプのコードとメッセージが存在する。遺伝コードと言語コード、遺伝メッセージと言語メッセージは、その代表的な事例である。第二に、コードは「意味論的コード」と「構成論的コード」からなるが、両者があいまって有限個または無限個の「メッセージ」、すなわち有限個または無限個のパタンの組成を可能にする。第三に、秩序生成機構がコードとメッセージによって組成するパタンは、秩序生成機構が分節・組織する事象のパタン、を代替・表示するという「記号機能」を担っている。第四に、秩序生成機構による一定のメッセージの選択・指定は、組成可能なパタンのなかから一定のパタンを選択・指定するという「情報機能」を担っている。

記号現象と情報現象との相違については、このように、前者の本質を「パタンの代替・表示」および「代替・表示するパタン」に求め、後者の本質を「パタンの選択・指定」および「選択・指定されたパタン」に見出すという了解が、自然言語の語感からして、比較的支持のえられる見解であろう。理論の立場からしても、一方、「記号機能」が事象のパタンを代替・表示し、他方、「情報機能」が事象のパタンを選択・指定するという構造は、生命以降の自然に固有の秩序生成機構の二つの基本特性を、いわば公理的に表現したものといえるだろう。ちなみに、シャノン

(Shannon, C. E.) 以来の、不確実性にかかわらせた「情報量」の概念も、「選択・指定された一定のパタン」の生起確率を基礎にしたものであることを指摘しておきたい。

3-3-2　三タイプの記号＝情報機能

ところで、「パタンの代替・表示」と定義される記号機能、および「パタンの選択・指定」と定義される情報機能——この秩序生成機構の二つの密接不可分の営みを「記号＝情報機能」と総称するなら、それは、①「事象が担うべきパタン」を表示・指定する「指令機能」、②「事象が担うパタン」を表示・指定する「認知機能」、そして③両者の乖離を表示・指定する「評価機能」、という三タイプのものに分かれる。指令・認知・評価の三機能は、いずれも「パタンの代替・表示」と「パタンの選択・指定」という記号＝情報機能において等価であり、記号＝情報機能の三つの基本型と位置づけることができるだろう。すなわち「記号機能」にかぎらず「情報機能」もまた、「一定のパタンの選択・指定」という定義にしたがうかぎり、「認知」機能に限定されない。たとえば、人間社会の規範や制度（いずれも言語情報）の第一義的な記号＝情報機能は、遺伝情報のそれと同様、「認知」ではなくて「指令」である。

その際、指令・認知・評価の三機能が、神経性や言語性の記号＝情報機能に限定されていない点にも留意してほしい。たとえば、酵素タンパク質の基質特異性、すなわち酵素が特定の基質を識別する「化学的認識」ないし「分子的認識」は認知機能の進化史的プロトタイプであり、酵素タンパク質の合成とその触媒活性とを制御するポジティヴ・ネガティヴなフィードバックも、当該の酵素によって触媒される生体内化学反応の結果の「化学的ないし分子的認識」に依存している。指令・認知・評価という記号＝情報機能の具体的な形態は、記号形態＝情報形態の進化とともに進化する、と把握するわけである。

3-3-3　記号現象の諸相

記号機能については、さらに次のような術語を採用したい。すなわち、表示するパタンを「記号」、それによって表示されるパタンを「意味」、記号が表示する対象を「指示物」と名づける。「意味」は「対象的意味」と「記号的意味」とに分かれる。「対象的意味」とは「記号によって表示されたかぎりでの、指示物のパタン」であり、「記号的意味」とはそれ自体が「記号」であるような「意味」である。また、記号の物質・エネルギー的側面を「記号担体」と名づけるなら、それが生物個体の内部にある「内記号」とそれが外部にある「外記号」とを区別することができる。

日本語の「木」という記号を例にとれば、話し言葉や書き言葉としての「木」は外記号、その話し言葉の聴覚心像や書き言葉の視覚ないし触覚心像が「内記号」、木に関する各種の心像や観念（心像や観念はそれ自体一つの記号であるというのが私の記号学の了解である）が「記号的意味」、木そのものは「指示物」、そして指示物としての木からその物質・エネルギー的側面を捨象したもの、すなわち「木」と記号化される対象のパタンが「対象的意味」を表わしている。「知覚」（後述する内シグナル）や「心像」（後述する内シンボル）のように記号的意味をもたない記号は存在するが、対象的意味をもたない記号は存在しない。ちなみに、ソシュール（Saussure, F.）の術語系との関連にふれておくなら、その「記号表現」（signifiant）はここでいう「内記号」に、「記号内容」（signifié）は「記号的意味」に、また「記号」（signe）は「内記号とその記号的意味とのセット」にそれぞれ対応する。

3-3-4　シグナルとシンボル

このように定義された「記号」は、生命の誕生以後の自然に遍在する「シグナル」記号と人間レヴェルに特徴的な「シンボル」記号とに分かれる。「シグナル」は記号とその指示物とが因果的・相関的に結合する記号であり、DNAやホルモンや各種の知覚は内シグナル記号、またフェロモンやリリーサーは外シグナル記号である。他方、「シンボル」は記号とその指示物とが規約的にしか結合しない記号であり、アイコン（icon）と呼ばれる「知覚写像型」のシンボルと言語に代表される「知覚非写像型」のシンボルとに分かれる。ここで知覚写像とは人間の知覚の写像であって、他の動物の知覚の写像ではない。また視覚に限らず、五感のすべてを含意している。心像や内言語は内シンボル記号、写真や外言語は外シンボル記号である。なお、パース（Peirce, C. S.）にはじまる「アイコン」は、厳密には、知覚写像型の「外シンボル」と定義すべきかもしれない。なぜなら、写真や肖像画は知覚写像型の「外シンボル」としてのアイコンであるが、知覚写像型の「内シンボル」としての心像は、通例、アイコンに含まれないからである。

シンボル記号、とりわけ言語シンボルの誕生は、情報論的自然観を要とする新しい自然哲学の立場からすれば、DNAの誕生とならぶ画期的な出来事としなければならない。人間レヴェルの情報空間は、シンボル記号の登場とともに「指示物との因果的・相関的結合」から解放されて、すでにシグナル情報空間にみられた「現在」と「過去」のほかに、「未来」と「仮想の世界」を手に入れる。遺伝的秩序に対置される文化的秩序の到来であり、「DNA情報―外生選択（自然選択）」型の存在様式・進化様式に対比される新しい存在様式と進化様式、すなわち、私の「メタ進化論」の術語でいえば、「言語情報―内生選択（主体選択）」型の自己組織性の出現である。まさに「人間的世界」の登場にほかならない。

3-3-5　広義と最広義の情報

さて、先に提起した枠組みのなかで、記号と意味（対象的意味と記号的意味）とのセットに着目し、「意味をもった記号の系列」、あるいは「意味をもった記号の集合」を「広義の情報」と名づけよう。このように定義された「広義の情報」は生命の誕生以降の自然史にあまねく妥当する概念であり、DNA情報と言語情報、あるいは遺伝情報と文化情報は、その代表的な事例である。そして、表示するパタンと表示されるパタンとの別、あるいは秩序生成機構が提示するパタンと事象自体に見出されるパタンとの別、つまり記号的パタンと非記号的パタンとの別をとわず、パタン一般を「最広義の情報」と名づける。「有意味の記号集合」なる広義の情報概念が生命の誕生以降の自然に限定されるのに対して、ウィーナーに由来するこの「最広義の情報」は、物質・エネルギーと同様、ビッグバンから人間社会にいたる全自然史を貫徹して妥当する概念である。物質・エネルギーが存在するところ、つねにそれが担う空間的―時間的、定性的―定量的なパタンが存在し、パタンが存在するところ、つねにそれを担う物質・エネルギーが存在するからである。生命以後の自然に妥当する広義の情報現象は、自然に遍在するこのパタン一般が、「表示するパタン（記号）」と「表示されるパタン（対象的意味、すなわち表示されるかぎりでの、指示物のパタン）」とに二極分化したものにほかならない。

「パタン一般」というウィーナー的コンセプトは、「情報」現象を「パタンの選択・指定」および「選択・指定されたパタン」に限定せずに拡張解釈したことになる。ただ、生命以前の段階・累層の自然にみられるパタンも、それが人間の実践と認識によって選択的にパタン化されるかぎりで現象するという了解に立つなら、最広義の情報概念も、パタンの選択・指定という了解にまったく無縁であるとはいえない。

科学的構成概念の定義の妥当性、とりわけその記号内容の妥当性は、一般に、研究課題や研究目的との関連ぬきには考えられない。その観点からすれば、前述した広義と最広義の情報の定義は、もっぱら「自然史」や「自然哲学」の課題、あるいは「進化の進化を扱うメタ進化論」の目的にそったものであり、情報現象のもっとも包括的なフィールドを定めたものにほかならない。哲学者ならぬ社会科学者がこの種の普遍概念に興味を示さないのは、その制度的・職業的認識関心からして、当然のことなのである。だが、この包括的なフィールドのなかで、それぞれの個別科学が、情報をめぐって、それぞれ固有の定義を採用することになる。人間レヴェルの進化段階の情報現象を扱う人文社会科学の立場からすれば、たとえば「意味をもったシンボル記号の系列ないし集合」といった定義を採用することもできるが、これとて「状況や相手の行為を外シグナル記号として解読する」という人間レヴェルのシグナル情報を排除しているとの異論があろう。定義の妥当性は、要するに、課題との関連でしか判定できないのである。

３-４　「情報処理」――基本術語系の構築（２）

３-４-１　情報の各種の変換１

「情報」の定義と同様、「情報処理」の定義にも定説がない。「情報」概念が多くの研究者の関心を集めてきたのにくらべて、「情報処理」の概念、あるいはそれに代わる包括的概念の構想については、その原理的・体系的考察が、これまでむしろなおざりにされたといえるほどである。ここでは、私の年来の主張にそって、次のような枠組みを採用したい。すなわち、情報の「処理」を情報の「交換」ととらえ、情報の空間変換と時間変換、情報の担体変換と記号変換と意味変換、そして記号化変換と対象変換など、「情報変換論」を構築する、というアプローチである。なお、情報の担体変換と記号変換と意味変換の三つを、とくに狭義の変換と名づけることにしたい。その種の用語系では、情報処理は、伝達と貯蔵と変換、そして記号化と対象化から成り立つことになる。以下、「情報」とは、さきに「有意味の記号集合」と定義された広義のそれである。ちなみに、私のこの「情報変換論」は、物質・エネルギー処理における「エネルギー変換論」に触発されたものであることを付言しておこう。

(a)　空間変換

第一に、「情報の空間変換」とは、空間座標軸における情報の移動、すなわち「情報の空間移動」であり、「発信・送信・受信」の三フェーズからなる「情報伝達」にほかならない。それはさらに個体内伝達と個体間伝達に分かれる。日常用語としての情報伝達、いわゆるコミュニケーションは個体間伝達であるが、「伝達意思と被伝達意思の存在」、とりわけ「伝達意思の存在」を定義要件とすることが多い。たとえば「盗み聞き」や「表情を読む」のは「伝達意思を欠く情報伝達」であるが、日常的には、情報伝達とみなされない。受容器から効果器への神経情報の伝達、メッセンジャーRNAによる染色体からリボソームへの遺伝情報の伝達は、いずれも個体内情報伝達の事例であるが、日常用語としての情報伝達にはむろん含まれない。

多くの研究者が重視する「情報」概念の定義要件には、三つのものがあるが、その一つがこの「伝達」である。ちなみに、残り二つの定義要件が「認知」と「意思決定への影響」であり、情報学は、「辞書づくり」の手法によるかぎり、この「伝達されて意思決定を規定する認知」という日常的了解に閉じ込められがちである。「或ることがらについてのしらせ」という広辞苑の定義は、まさにこの「伝達される認知」を押えたものだといえるだろう。

たとえば、梅棹忠夫の「人間と人間とのあいだで伝達されるいっさいの記号の系列」（「情報産業論」一九六三年、『情報の文明学』中央公論社、一九八八年に所収）というかっての定義は「伝達」の枠を残して「認知」と「意思決定の規定」の枠をはずしたものであり、「情報にはおくり手もうけ手もない……情報はあまねく存在する。世界そのものが情報である」（「情報の文明学」一九八八年、同上『情報の文明学』所収）という氏のその後の定義は、「認知と伝達と意思決定の規定」のすべての枠をはずして一挙に広く、事実上、「パタン一般」という私の最広義の情報概念に接近している。他方、「dataからinformationへの変換」といった「意思決定への影響」を重視する定義は、「パタンの選択・指定」ないし「選択・指定されたパタン」という不確実性の低減にかかわる「情報機能」に着目する立場の事例であるが、その際かつての梅棹とは逆に、「認知」の枠を残して「伝達」の枠をはずしたと解しうるケースもある。いずれにせよ、「伝達」と「認知」と「意思決定の規定」という三つの桎梏から情報学をひとまず解放したいというのが、私の宿願ともいうべきものである。

(b)　時間変換

第二に、「情報の時間変換」とは、時間座標軸における情報の移動、すなわち「情報の時間移動」であり、「記録・保存・再生」の三フェーズからなる「情報貯蔵」である。それは個体内貯蔵と個体間貯蔵に二分される。「記憶」は、「記銘（＝記録）・把持（＝保存）・想起（＝再生）」の三フェーズからなる神経情報の貯蔵にほかならないが、DNA情報の貯蔵とともに、代表的な個体内貯蔵の事例である。個体間貯蔵の代表的な事例が、人間レヴェルの社会的貯蔵であることはいうまでもない。遺伝情報が個体内に貯蔵されて世代から世代へと伝達されるとすれば、文化情報は社会的に貯蔵されて世代から世代へと伝達される。Encodingを伴う「発信と記録」、noiseに悩まされる「送信と保存」、そしてdecodingを伴う「受信と再生」が、それぞれ、伝達と貯蔵の対応するフェーズであることを指摘しておこう。「発信・送信・受信」に関する通信理論の枠組みは、そのまま「記録・保存・再生」に関する情報貯蔵理論に転用できるのである。

3-4-2　情報の各種の変換2

(a)　担体変換・記号変換・意味変換

第三に、「情報の担体変換」とは、情報の記号面と意味面の変容がないかぎりでの、あるいは記号面と意味面の変容を捨象したかぎりでの、記号担体の変容である。「記号担体」とは、先にもふれたように、パタンとしての記号を担う物質・エネルギーであり、書き言葉を担う印字物質、話し言葉を担う音響エネルギーがその例である。コミュニケーション論でいう「情報メディア」は、「記号担体」のある種の社会的形態と把握することができるだろう。担体変換は、同質の記号担体へ変換する「同質担体変換」と異質の記号担体に変換する「異質担体変換」とに二分される。「コピー」が同質変換の事例であるとすれば、「書物の電子化」は異質変換の事例である。

第四に、「情報の記号変換」とは、情報の意味面の変容がないかぎりでの、あるいは意味面の変容を捨象したかぎりでの、情報の記号面の変換である。担体変換の有無は問わない。翻訳はその馴染みぶかい例であるが、話し言葉から書き言葉への変換、またその逆、片仮名から平仮名への変換、またその逆、仮名から漢字への変換、またその逆、などもすべて記号変換である。意外な例をあげるなら、目で見たことを言葉で表現するのも、視覚情報から言語情報への記号変換にほかならない。

第五に、「情報の意味変換」は、情報の担体面・記号面の変容の有無にかかわりなく、情報の意味面の変容に着目している。それはきわめて多様な形態を含んだ概念であり、連想その他の連合変換、分類や整理などの圧縮、推理や計算などの論理変換、診断その他のカテゴリー付与、いわゆるdataからinformationへ（あるいはinformationからintelligenceへ）の変形と呼ばれる価値付加変換、そして刺激と反応を媒介する「感覚神経情報（認知情報）から運動神経情報（指令情報）への変換」に見られるような、記号・情報機能のタイプの変換、などがその事例である。「意思決定」は、刺激と反応を媒介する情報変換の高次形態であり、一定のシンボルの認知・評価・指令情報をインプットして、一定のシンボル性の行為プログラム（行為の直列的・並列的ステップを規定する指令・認知・評価情報）をアウトプットする情報の意味変換にほかならない。また、多変量解析その他の数理解析は、dataからinformationへの「価値付加変換」に属するし、「洞察」や「着想」や「創造」も情報の価値付加変換の特殊ケースと位置づけることができる。

(b)　記号化と対象化

最後に、記号でない対象を記号にする「記号化変換」と記号を記号でない対象にする「対象化変換」がある。たとえば、情報の獲得や収集は、情報伝達による場合とこの「記号化変換」による場合とを区別することができるし、「意味付与」といわれる営みは、情報の「意味変換」か、さもなければ、この「記号化変換」である。他方、行為プログラムの実行は、情報伝達や情報貯蔵や狭義の情報交換や記号化、などのプログラムの実行でないかぎり、この

「対象化変換」にほかならない。情報処理によって制御される資源処理の過程は、すべて情報の対象化変換である。認識と実践という二項対立の含意は、記号化変換と対象化変換という二項対立のそれに近いといえるかもしれない。

(c)　語用論と情報変換論

ところで、このように構築された「情報処理論」ないし「情報変換論」が、モリス（Morris, C.）流の記号学でいう pragmatics（語用論）に対応する研究領域であることを指摘しておく必要があるだろう。「記号学的な語用論」の課題は、「情報学的な変換論」の課題へと引き継がれることになる。情報学的な表現を用いるなら、「記号学の語用論」が、「情報学の変換論」へとまさに「変換」されるわけである。それが、ひとつの「価値付加変換」であるかどうかは、語用論と情報変換論双方の実績にもとづいて決定されるべきことがらであろう。

3-4-3　日常的情報概念の定義

ここで、以上のような私の基本術語系を用いて、日本語の日常的な情報概念の内包を解明しておきたい。結論を先取りすれば、日常的な情報概念は、「意味をもった記号の集合」という前述の「広義の情報概念」に、次のような種差を付加してえられるものにほかならない。

(1)「認知機能を担う記号集合」に限定して、指令機能を担う記号集合と評価機能を担う記号集合を除く〔認知限定〕。

(2)「伝達システムに関与する記号集合」に限定して、貯蔵や担体変換や記号変換や意味変換、あるいは記号化変換や対象化変換など、それ以外の情報処理システムに関与する記号集合を除く〔伝達限定〕。

(3) ニュース（認知）や命令（指令）や意見（評価）など、「単用性の記号集合」に限定して、認識（認知）や規範（指令）や価値観（評価）など、耐用性の記号集合を除く〔単用限定〕。

(4) アイコンや外言語などの「外記号集合」に限定して、知覚や心像や内言語などの内記号集合を除く〔外記号限定〕。

(5)「意思決定前提（サイモン Simon, H. A.）を規定する記号集合」に限定して、意思決定前提を規定しない記号集合を除く〔情報量限定〕。

日本語の日常的な情報概念の内包は、これら五つの限定のすべてを組み合わせることによって、ほぼ次のように記述することができるだろう。すなわち「①伝達され、②認知機能を担って、③意思決定前提を規定する、④単用的な、⑤外記号の集合」という記述がそれである。さきに「伝達」と「認知」と「意思決定への影響」が日常的情報概念の三本柱であると指摘したが、ここにあげた最初の三項が、それに該当することはいうまでもない。「意思決定前提の規定」が、不確実性の減少にかかわる「情報量」的な解釈を反映していることにも注意してほしい。

私自身は、この日常的な情報概念を「最狭義の情報」、そして「有意味の記号集合」と定義される広義の情報のうち、とくに人文社会科学が対象にしうる人間レヴェルのシグナル性・シンボル性の情報現象一般を「狭義の情報」と呼びならわしてきた。

3-5　情報処理の技術革新——情報社会のインフラストラクチャー

3-5-1　C&C

さて、以上に構築された基本術語系を用いて、情報化社会や社会情報学についての私の主張を語ることにしたい。それは、自然言語とのあいだにいささか違和のある私の術語系の意義と有効性を例証することにもなるはずである。「情報処理」の技術革新が情報社会のインフラストラクチャーをなすという把握には、おそらく誰しも異論はないだろう。それは、各種各様の「物質・エネルギー変換」の技術革新——たとえばワットの蒸気機関は熱エネルギーの力学的エネルギーへの変換を実現した——が工業社会のインフラストラクチャーをなすのと同様である。だが、本章で規定された情報処理の概念、あるいはそれに代替しうるような情報過程に関する包括的・体系的な概念構成の試みがなかったために、情報社会を支えるインフラストラクチャーの分析枠組みは、依然としてC&C、すなわちコンピュータとコミュニケーションといった分節不足の常識的理解にとどまることが少なくない。それに対して、前節に示した「情報処理」のコンセプトは、情報技術の分析的・包括的・体系的な位置づけに一定の役割を果たすことになるだろう。

3-5-2　情報の各種の変換技術

第一に、情報の空間変換すなわち情報伝達の技術革新は、いまさら言及するまでもない。人工衛星や光ファイバーをはじめとする「伝達メディア」の技術開発は、マス・コミュニケーションとパーソナル・コミュニケーションの双方に、著しい変容をもたらしてきた。情報社会の技術的基盤として、コンピュータの導入とともに、コミュニケーションのニューメディアが話題になるのも当然のことである。しかしながら、ニューメディアは、情報伝達にのみかかわるものではない。

つまり情報処理の技術革新として、第二に、ニューメディアによる情報の時間変換、すなわち情報貯蔵の技術革新を指摘しなければならない。音情報の貯蔵を例にとれば、それは周知のように、SPレコードからLPへ、LPからCDやMDへ、コンパクト・カセットからDATやDCCへ、そしてアナログ録音からディジタル録音へと変貌しつづけてきた。「貯蔵メディア」の電子化によるデータベースの開発利用にも目をみはるものがある。「記号担体の技術革新」を基盤とするニューメディアは、情報伝達の形態だけでなく、情報貯蔵の形態をも変えている。データベースという情報の個体外貯蔵は、記憶という情報の個体内貯蔵を補完ないし代替・凌駕するものとして、今後ますます大きな役割を演じることになるだろう。

こうした情報の伝達・貯蔵の技術革新に加えて、第三に、情報の担体変換の技術革新がある。コピー機械のような同質担体変換の技術のみならず、各種の電子化を支える異質担体変換の技術革新が、伝統的な「印刷産業」を新たな「担体変換産業」へと変貌させる。文字読取装置や音声受容装置も、それぞれ、書き言葉と話し言葉にかかわる担体変換の技術といえるだろう。

第四は、記号変換の技術革新である。話し言葉から書き言葉への自動変換、書き言葉から話し言葉への自動変換、自動翻訳、そしてATOKやVJEその他の日本語入力フロント・エンド・プロセッサ（日本語入力FEP）の開発は、すべて記号変換の技術革新にほかならない。

第五に、意味変換の技術革新は、コンピュータの高速計算機能や高速検索機能に代表されるものであるが、それは各種の意味変換の基礎技術としてばかりでなく、各種の技術革新一般のための基礎技術として、あらゆる生活領域と文化領域に浸透しつつある。情報の意味変換は、情報処理一般のなかでもっとも高度かつ人間的なプロセスであり、情報技術が人間の大脳による意味変換、たとえば「洞察・着想・創造」などの価値付加変換にどこまで迫れるか、興味のつきない技術領域である。

最後に、センサーやロボットが、それぞれ、「記号化変換」と「対象化変換」の技術革新であることを付言しておきたい。

3-5-3　DNA文化と情報社会

分子生物学者 柳田充弘はDNAをめぐって形成されるべき人間の文化を「DNA文化」と命名したが、従来の工業化と情報化がいわば「物理学文化・化学文化」であったとすれば、柳田のいう「DNA文化」はまさに「(分子)生物学文化」にほかならない。もし情報社会のインフラストラクチャーをなす「情報処理の技術革新」に「DNA情報の処理技術の革新」をまで含ませるとするなら、「情報社会」の未来像は、「C＆C」すなわち「コンピュータとコミュニケーション」という常識的理解ではとうてい描きえない相貌を呈することになるだろう。たとえば、一九八八年にアメリカではじまったヒト・ゲノムの解析・解読は、多彩な遺伝子治療に途をひらくと同時に、恐るべきプライヴァシー問題を惹起しうることにもなる。

世界の根源的構成要素が物質・エネルギーと情報の二つにつきるとするウィーナー的自然観からすれば、人類社会の「産業化」もまた、世界の物質・エネルギー的側面の産業化すなわち「工業化」と、その情報的側面の産業化すなわち「情報化」の二つにつきるということになる。だが、世界の情報的側面とは、ウィーナー的了解によるかぎり、自然進化のあらゆる段階と累層の情報空間であり、したがって「情報空間の産業化」と定義される「情報化」もまた、あらゆる段階と累層の情報空間に浸透しうることになる。現行の「情報化」は主に人間の頭脳労働、すなわち高次の神経性情報処理を補完・代替する技術革新であるが、人間の筋肉労働の補完・代替にはじまる「工業化」があらゆる領域の物質・エネルギー処理に介入する技術革新へと高度化したのと同様、「情報化」もまた、核酸やホルモンやフェロモンによる高分子性情報処理を補完・代替する技術革新をはじめ、単なる頭脳労働の補完・代替をこえて進行するにちがいない。こうした枠組みを採用するなら、将来予想される「DNA文化」の時代とは、通例とは異なる意味ではあるが、まさに人類の一定の進化段階の「高度情報社会」にほかならない。その中身がどうなるかは、人類の自己組織能力にかかっている。

ちなみに、情報社会の研究は、理論がなお現実に追いついていないと私が主張するのは、本節で簡略に指摘したような含意を込めてのことなのである。

3-6　社会情報学の可能な諸形態――新しいDisciplineの構想

さて、核酸情報やホルモン情報や神経情報などの内記号情報、およびフェロモン情報やリリーサー情報などの外記号情報を包括・総合する「生物情報学」――その中核にDNA学としての分子生物学がある――を構想することができるのと同様、人間の社会システムを対象にして「記号」や「意味」、「情報」や「情報処理」を基礎視角とする「社会情報学」を構想することができるだろう。だが、その構想は、これまで述べてきたような情報概念と情報処理概念の多様性に応じて、多様な形態へと分岐することにならざるをえない。以下、社会情報学の可能な諸形態を構想し、それぞれの長短にふれてみることにしたい。もちろん、どのような社会情報学を構想するにせよ、その対象となる「情報と情報処理」が人間レヴェルのそれに限定されることはいうまでもない。

3-6-1　五セットのオプション

(a)　情報社会 versus 社会一般

第一に、社会情報学は、その対象を「情報社会」に限定するか、それとも「社会一般」にまで拡張するかによって、二つのタイプに分かれることになる。情報社会の到来が人文社会科学者の関心を情報現象に向けさせたことに疑いの余地はなく、そのかぎりで、社会情報学の研究対象が情報社会であるという主張は、時代の要請に即応したものである。その代表的な領域として、マス・コミュニケーション研究をあげることができるし、C&Cという発想も、この種の社会情報学を志向している。しかしながら、「情報と情報処理」一般という基礎視角の有効性・独自性を生かしうるのは、むしろ社会一般を対象にした社会情報学であろう。

(b)　機械情報・機械情報処理 versus 情報・情報処理一般

第二に、社会情報学は、その対象となる「情報と情報処理」をコンピュータ化されたもの、機械化されたものに限定するか、それとも人間個体と人間社会における「情報と情報処理」一般にまで拡張するかによって、異なったものになる。日常用語としての「情報化」や「情報処理」がコンピュータを核とする「機械情報処理」に限定されていることからすれば、機械情報と機械情報処理に焦点をしぼる社会情報学は、きわめて受け入れやすい選択である。だが、社会情報学が、情報工学やコンピュータ工学、あるいは理系の「情報科学」に解消しえないものである以上、「情報と情報処理」の機械化・コンピュータ化を、個人と社会の「情報と情報処理」一般のなかに過不足なく位置づける必要がある。そのためには、やはり、社会情報学の射程を拡張する必要があるだろう。

(c)　情報伝達 versus 情報処理一般

第三に、社会情報学は、その対象を「情報伝達」に限定するか、それとも情報の貯蔵や狭義の変換、さらには記号化変換や対象化変換にまで、すなわち「情報処理」一般にまで拡張するかによって、分岐せざるをえない。「認知の伝達」という前述もした情報概念の牢固たる常識からすれば、情報伝達に限定された社会情報学は、当然の選択といえるかもしれない。ことに多種多様なコミュニケーション形態を特色とする情報社会では、まさに的確な選択というべきだろう。しかし、この選択では、社会情報学は（社会的）コミュニケーション学と何らかわるところがない、ということになりかねない。確立された記号内容にトレンディな記号表現を与えたというだけのことになる。新たな学問領域としては、当然やはり、情報伝達に限らず、貯蔵や変換などを含めて、社会的情報処理の全体像に挑戦する必要がある。たとえば、図書館学や図書館情報学は情報の社会的貯蔵を扱ってきたわけであるが、これまで「情報の社会的貯蔵」と「情報の社会的伝達」とをセットにしうるような理論的枠組みがあったとはいえない。この一点からしても、社会情報学は、情報の「伝達と貯蔵」を情報の「空間変換と時間変換」と位置づけることによって、長く分断されてきたこれら二つの研究領域の統合をめざすべきではないのか。

(d)　認知機能 versus 記号＝情報機能一般

第四に、社会情報学は、認知情報に対象を限定するか、それとも指令・認知・評価という三タイプの記号＝情報機能のすべてを対象にするかによって、二つの形態に分かれる。たびたび言及してきたとおり、「認知」は「伝達」とともに日常的情報概念の核であり、社会情報学の対象を「認知機能を果たす記号集合」に限定するという立場は、ごく自然である。とりわけ、工業化と情報化が進行する高度産業社会では、的確な意思決定における認知情報の重要性が増大し、かつまたそれに付随して認知情報の獲得チャンスも増大しているのであるから、認知情報に的をしぼる社会情報学の構想は、これまた時宜にかなうものといえるだろう。けれども、私の枠組みからすれば、「記号機能＝パタンの代替・表示」と「情報機能＝パタンの選択・指定」は、認知の営みに限られない。認知機能以外にも、指令機能と評価機能がやはり「パタンの代替・表示とパタンの選択・指定」という記号＝情報機能を果たしている。記号＝情報機能は生命以降の自然における秩序生成の要であり、社会情報学は認知・指令・評価という三タイプの記号＝情報機能を網羅して、社会的秩序生成の総体を視野に収めるべきだと主張したい。

(e)　学際的領域 versus ディシプリン

最後に、社会情報学を一つの学際的な研究領域とみるか、それとも一つの新しいディシプリンとするか、という選択がある。この種の選択のためには、まず、ディシプリンの成立要件は何かという問題に答えなければならない。ディシプリンの成立には、一般に次の二つの要件を欠かすことができないだろう。第一に、固有の基本概念、そして第二に固有の基本命題である。本章の3-4で提起された基本術語系は、固有の基本概念という第一の要件を充足するといってもよいだろう。そこで問題は、この基本術語系を用いて、社会情報学の基本命題をどのように定立しうるかということになる。

3-6-2　可能な構想の諸形態

さて、以上に分析したような社会情報学の構想の五つの分岐軸、すなわち「情報社会 versus 社会一般」、「機械情報・機械情報処理 versus 機械的・非機械的な情報・情報処理一般」、「情報伝達 versus 伝達・貯蔵・変換その他を含む情報処理一般」、「認知機能 versus 指令・認知・評価の記号＝情報機能一般」、「学際的領域 versus ディシプリン」という五セットのオプションを前提にするなら、社会情報学の可能な構想として、少なくとも形式的には、$2^5=32$ 通りのものを導きだすことができる。なかでも、①「情報社会∩機械情報・機械情報処理∩伝達その他の情報処理一般∩認知その他の記号＝情報機能一般∩学際的領域」という「情報社会の機械情報・機械情報処理」に焦点をすえる学際的研究、あるいは②「情報社会∩機械的・非機械的な情報・情報処理一般∩情報伝達∩認知その他の記号＝情報機能一般∩学際的領域」という「情報社会のコミュニケーション」を主題にする学際的研究、あるいは③「情報社会∩機械的・非機械的な情報・情報処理一般∩伝達その他の情報処理一般∩認知機能∩学際的領域」という「情報社会における認知情報」の意義に着目する学際的領域などは、その代表的な構想といってよい。

しかしながら、一つの新しいディシプリンの成立という観点からすれば、「社会一般∩機械的・非機械的な情報・情報処理一般∩伝達その他の情報処理一般∩認知その他の記号＝情報機能一般∩ディシプリン」というもっとも包括的な組み合わせが選ばれることになる。だが、前述もしたように、社会情報学は、3-4の基本術語系に準拠して、どのような基本命題を定立することができるのか。

3-6-3　前提をなす自然哲学的命題

本章の冒頭で述べたとおり、世界を構成する存在は、「秩序生成機構」を具備・内蔵するシステムと、それをもたないシステムとに二分することができる。前者を「情報学的自己組織システム」、後者を「情報学的非自己組織システム」と名づけ、情報学的自己組織システムの特性を「情報学的自己組織性」と呼ぶとすれば、それは、秩序生成機構の具備・内蔵を前提にしないプリゴジンやハーケンの「物理学的自己組織性」とは異なるカテゴリーだということになろう。そして情報学的自己組織性は、DNA性のものと言語性のものとに大別される。すなわち、この「自然の自己組織性とその進化」と要約される自然哲学は、全自然を視野におさめて、①生命の誕生以前の情報学的非自己組織システム、②DNA情報―外生選択（または自然選択）型の自己組織システム、③言語情報―内生選択（または主体選択）型の自己組織システム、という三つの代表的なシステム類型を措定し、第一に、三つのシステム類型は、それぞれ、独自の「存在様式」をもち、第二に、三つのシステム類型のあいだに「存在様式の進化」と「進化様式の進化」が認められる、と把握するのである。

要するに、生物世界の進化論の骨格は、「DNA情報の内蔵とDNA情報の進化」に代表される「シグナル情報―外生選択（または自然選択）」型の自己組織性から、「言語情報の内蔵と言語情報の進化」に代表される「シンボル情報―内生選択（または主体選択）」型の自己組織性への進化であった、とするメタ進化論にほかならない。社会情報学の基本命題は、この「シンボル情報―内生選択」型の自己組織性にかかわるものだといってよい。

3-6-4　いくつかの基本命題

社会システムを構成するシンボル性の情報空間、すなわち社会的情報空間をめぐって、次のような命題を定立することができるだろう。第一に、社会的情報空間は主に言語コードと言語メッセージによって形成されるが、その中核に創造・維持・変容・消滅する各種の構造プログラムが位置している。第二に、構造プログラムは、無意図的または意図的に形成され、非規範的または規範的な性格を付与され、無自覚的（無意識的）または自覚的（意識的）に作動する。第三に、構造プログラムは、社会的意思決定をはじめとする各種の社会的情報処理を制御・組織する。第四に、構造プログラムも社会的意思決定も、一般に、「主体」と「状況」と「行為」のカテゴリーによって構成されている。第五に、社会的情報空間は指令・認知・評価という三タイプの記号＝情報機能を担い、構造プログラムに代表される耐用的・反復的な記号＝情報機能とともに、社会的意思決定に代表される単用的・一回起的な記号＝情報機能を営んでいる。第六に、社会的情報空間は記号化変換と対象化変換をつうじて社会システムの資源空間と相互に影響しあう。第七に、社会的情報空間は担体変換・記号変換・意味変換をつうじて転形する。第八に、社会的情報空間は伝達と貯蔵をつうじて空間的・時間的な秩序生成の場の広がりないし射程を確保する、等々。これらの命題は、いずれも「社会システムの情報学的自己組織性」の諸側面に言及したものにほかならない。

3-6-5　ディシプリンとしての社会情報学

さて、このような基本術語と基本命題の存在を認めるとするなら、社会情報学は一つの新しいディシプリンとして成立しうるという結論になるだろう。それは、一個のディシプリンとしては、社会システムの情報学的自己組織性の解明を究極的な課題としている、と規定することができる。だが同時に、社会情報学は時代の要請に応えなければならない。こうして、私が構想する「ディシプリンとしての社会情報学」は、先述した最後の組み合わせ（3-6-2）が意味する「社会システムの情報学的自己組織性についての一般理論」の構築を基礎にすえながら、情報・情報処理の技術革新が浸透する情報社会を対象にして、その「自己組織性の現代的特質」を明らかにする学問領域、と規定されることになるだろう。

ディシプリンとしての社会情報学の対象を「社会的な情報と情報処理」一般に限定し、情報学的な自己組織性にまで拡張しないという構想も可能である。だが、本章の冒頭で指摘したような秩序生成機構という情報空間の本源的機能からすれば、社会的な情報と情報処理を社会システムの情報学的自己組織性という大枠のなかに位置づけるという作業は、しごく当然の要請なのである。それは遺伝情報の研究が、結局のところ、その表現型に行きつくのと同様ではないのか。もちろん「社会的な情報と情報処理」を対象にする学際的な研究そのものは、大いに奨励されるべきであるし、また、情報の社会的伝達や社会的貯蔵、あるいは情報の社会的変換（たとえば個人間や組織間にみられる社会的意思決定の連関や連鎖）を主題にすえる研究が、ディシプリンとしての社会情報学の不可欠の下位部門をなすことはいうまでもない。

3-6-6　ディシプリン主義の行方

最後に、前述の規定にしたがうディシプリンとしての社会情報学と、社会科学の既存の諸ディシプリンとのあいだの関連にふれておきたい。かつて私が「意味学派」と名づけた社会学のミニパラダイム、すなわちシンボリック相互作用論や現象学的社会学やエスノメソドロジーなど、そしてまた社会心理学は、この、私の構想する「ディシプリンとしての社会情報学」と研究対象を共有している。これらの学問分野は、極言すれば、同一ないし類似の対象に異なるアプローチで迫っているといえるだろう。社会情報学は、関連する先発ディシプリンの研究成果を大いに活用・再編することができるし、またしなければならない。

ただ、科学における「ディシプリン主義」は、今日専門分野の細分化と研究領域の学際化という一つの趨勢に挟撃され、二一世紀には、その様相を一変させることになるかもしれない。物理学から化学をへて分子生物学へといたる自然科学の系譜は、現在すでに一つの巨大ディシプリンをなすと解釈することもできるが、この傾向は今後ますます確かなものになるだろう。諸ディシプリンの再編や統廃合は当然のこととなり、「ディシプリン主義」は変貌を余儀なくされる。こうした研究内在的な趨勢に加えて、研究費をはじめとする研究資源の配分構造における、「ディシプリン別」配分比率に対比される「社会的課題別」配分比率の増大もまた、ディシプリン主義の変貌ないし衰退を助長することになるだろう。

伝統的な「生化学」と新興の「分子生物学」は、その研究対象を共有しているといえるが、分子生物学者本庶佑の教示によれば、日本と韓国を除いて、この二つのディシプリンはすでに同一の学会を組織しているという。となれば、伝統的な「社会学」と新興の「社会情報学」という二つのディシプリンについても、将来、同様の展開を期待しうるのかもしれない。そうなれば「ディシプリン主義」は、一九世紀における科学の制度化と専門職業化に貢献し、二〇世紀にその頂点を迎えた近代科学史の一コマということになるのかもしれない。

第4章　コミュニケーション学研究科はすごい！
――その三つの理論的・実践的意義

4-1　社会科学の総合の〈要〉――研究の視点

情報処理の二つの概念と現代科学の動向　ただいまご紹介いただきました、中央大学の吉田と申します。今日のお話は、実はコミュニケーションという言葉の解釈によっては全然場違いなことを申し上げることになるかもしれません。といいますのは、私は実はもう三〇年以上前から、脳の情報処理と、計算機の情報処理をセットにした情報処理という概念、さらには細胞内の情報処理も含めて、情報とか情報処理という概念を著しく拡大する必要があると主張してきました。

きっかけは二つあります。一つはコンピュータ科学の登場。もう一つは分子生物学、その中核的な部分は今ではゲノム科学と称されていますが。このゲノム科学と計算機科学に衝撃を受けて、情報とか情報処理とか情報変換の概念が、将来の知の世界でとてつもなく大きな役割を果たすことになるのではないかと確信し、その立場に立って、過去三〇年以上仕事をしてまいりました。今にして思えば、ちょっと時代の流れを先取りし過ぎたともいえます。学問的な孤独感は大変なものでした。

と申しますのは、現在、学問の大きな流れとして二つございます。一つは、科学のための科学という伝統的な発想が依然として重要ではありますが、それをベースにしながら人間と社会のための科学という方向へ、これはもう世界的にも急速に移行しつつある流れがあります。持続可能性（sustainability）という標語は、その一つの象徴でしょう。だからといって科学のための科学というのは原点ですから、それをおろそかにすると後継者が育ちません。とくにかなりの人たちが好奇心で学問を始めるわけですから、初めから科学のための科学というのを否定しますと、後継者が育たないと私は思います。しかし少なくとも、私も科学のための科学からスタートした人間の一人ですが、年を取るにつれてだんだん学問の社会的意味を考えさせられるようになる。やはり変わっていくわけですね。そういう意味で科学のための科学を基礎にしながらも、やはり人間と社会のための科学へと今大きく転回しつつある。これにはいろんな事情が絡んでいます。まず地球環境問題そのほか、科学によらなければ解決できないような人類的課題が噴出、あるいは顕在化するようになりました。ゲノム創薬やナノテクノロジーを見れば、国際的な経済競争力がいかに科学に依存するかが、よく分かります。それに見合って公的な研究資金が急速に増え、税金がわれわれの仕事に大きく貢献するようになった。そうすると当然納税者に対する、タックスペイヤーに対するアカウンタビリティ（説明責任）ということもでてきます。その一方、科学の側も、一七世紀以降三〇〇年以上にわたる成果の蓄積の結果、今や社会に貢献できるだけの潜在的能力をもっています。こうした必要性と可能性に促されて、「科学のための科学」から、「人間と社会のための科学」へと。これは実はかつて大学紛争のときの学生諸君の主張だったわけですね。その大学紛争のときの学生の主張、つまり研究至上主義への徹底的な異義申し立て、それが歴史の流れの中で定着し始めて、研究至上主義という価値観は、もはや素朴には通用しないような状況になりつつある。これが一点。

それから第二点は、コミュニケーション学が文系だけではなくて理系にも絡まってくるというのは、その一つの事例ですが、とくに二〇世紀の科学が専門分化を推し進め、それはそれで非常に発展を遂げる契機になったわけですが、あまりにも専門分化し過ぎて、学際化とか総合化とかいうことがご承知のように、叫ばれているわけです。けれども、この点については、私、異議が二つあります。一つは、学際化・総合化というのは、今日のお話とは直接かかわらない部分がありますので細かくは申し上げませんが、あくまで過渡期の主張ではないのか。学際化・総合化した後どういう方向へ学問は行くのかということに関する議論がほとんどない。過渡期の問題だけをやっている。私は学際化とか総合化というのは最終目標ではなくて、過渡期の形態にすぎないと思っています。その最終的な到達点は、私見によれば、「人工物システム科学」であり、その各論としての――ディシプリン科学に対置される――「自由領域科学」であると考えています。この二つの科学については、後で問題にします。

それからもう一つの異議は、総合総合といいながら、自然科学と人文社会科学の間での相互のタコツボ化が依然として残っている。人文社会科学と自然科学が切れちゃってる。とくに二〇世紀は、前半に現象学が登場して、科学に対する消極的・否定的な評価やムードが、文科系の人々の間に浸透しました。そのこともあって、例えばハイデガーは、二〇世紀哲学の巨人とされますが、どこまでゲノム科学の知的な意味を自らの哲学に導入したかとなると、まったくといっていいほど問題にならないわけです。ハイデガーが「存在者」と区別した「存在」に物的世界の「法則的生成」と生物的世界の「遺伝プログラム的構築」と人間的世界の「言語プログラム的構築」という三大形態があるなどといった知見は、ハイデガー存在論とは無縁です。だが、ゲノム科学は「設計図のない存在（者）」と「設計図のある存在（者）」という新しい自然哲学的知見を提供したのです。言語論的転回、あるいは構造主義、あるいはポスト構造主義、あるいはわれわれの分野でしたら社会構成主義とか構築主義という二〇世紀固有の新しい知の構想がありますが、私のように、もう三〇年前から文理の接合・統合ということをかなり意識的に考えてきた人間から見ますと、人文社会科学のタコツボ化なんです。つまり、自然科学に対する目配りが足りないわけです。ポスト構造主義も含めて文科系の、とりわけ知的なジャーナリズム全体が人文社会科学のタコツボ化に陥っている。もう少しやはり自然科学に目を開いて、知の全体像を問題にする必要が二一世紀にはあるだろうと考えています。

要するに、科学のための科学から人間と社会のための科学へ、それからもう一つ、文系・理系を統合した新しい自然像と、それに対応する新しい科学像の構築が、二一世紀の学問にとって大変重要な課題だと私は考えています。

コミュニケーション概念の拡張　そういう文脈からいいますと、コミュニケーションという言葉は、いろんな解釈があるわけです。狭くは、発信して送信して受信するというそれだけのことですね。ところが発信するまでにいろんな仕事がいるわけです。この会場の階下にはメディア工房があるとのことですが、そこでは発信の前に編集が要るし、いろんな形の言語的・AV的なメッセージを作らなくちゃいけない。つまりコミュニケーションというのは狭く取ると、発信と送信と受信という三つのフェーズから成り立つ過程にすぎませんが、その始めと終わりとその中間にいろんなタイプの関連過程がくっついているわけです。具体的にいえば、例えば、今私は話をしていますが、それは一定の目的や意図にもとづいて脳の中にある内言語を外言語に変換しています。それがマイクを通じて電気信号に変換され、それが皆さんのお耳に届いて再び内言語に変換され、関連する記憶が呼びさまされたり、連想が始まったり、批判や共感が起こったり、皆さんの側でいろんな反応が続くというプロセスがあります。それからその他諸々、時間がありませんから省きますが、多様な形のコミュニケーション関連過程があるわけです。

で、その、狭義のコミュニケーションを含めてコミュニケーション関連過程のすべてをどう表現すればいいかと申しますと、私は今のところ「情報処理」や「情報変換」という言葉が一番相応しいと思っています。しかし残念ながら、その「情報処理」という言葉は、大学のカリキュラムを含めてほとんどの場合「コンピュータ情報処理」のことなんですね。どこの大学へ行っても、それからマスコミや世間一般の使い方も、情報処理というと計算機情報処理にウエイトがかかり過ぎている、というより、ほとんどそれだけなんです。例えば、私などはもう過去三〇年間、脳の情報処理が非常に重要だし、計算機情報処理は計算や記憶そのほか、脳の情報処理のある部分を補完するという役割からスタートしたのだから、脳の情報処理と計算機の情報処理を、さらには細胞内情報処理をセットにした概念がどうしても要る、拡張解釈された情報処理という概念をそれに充てるべきだといっているのですが、なかなかそうはならない。情報処理ばかりでなく、その基礎にある情報の概念についても、まったく同様のことがいえます。

「コミュニケーション学」の選択　けれども、少なくとも実質的にコミュニケーション学部がやられていることは、私自身たまたま学部発足の時、通称設置審の委員の一人としてこの計画をうかがう立場にいましたし、それから以前コミュニケーション学部の外部評価に携わらせていただきまして、その経験で申しますと、実質的にコミュニケーション学部は発信・送信・受信という三つのフェーズに限定された狭い意味でのコミュニケーションだけを扱っておられるのでは決してない。そうすると実質的にやっておられる非常に広い分野を、つまり実態を表現するとなれば、やはりコミュニケーションという言葉よりも情報処理や情報という言葉の方が相応しい。ただし、先ほど申しましたように、学術用語の使い方と自然言語あるいは日常用語の使い方にはズレがありますから、少なくとも学術論文を書くときは「情報処理」や「情報」でいい、というよりその方が良いのですが、多くの若者を集めて社会的制度の一つとして教育をやろうということになれば、今、情報処理学部とかそんなの作っても勘違いされるのがオチです。ですから私は、コミュニケーション学部やコミュニケーション学専攻科とお決めになったのは、僭越ながら、戦略的に非常に望ましい選択であったと思います。もう一つの可能性として「社会情報学」という言葉があるのですが、学長の村上先生がこのコミュニケーション学部の設置委員長をやっておられて、そのときの代替提案の一つが実は社会情報学だったそうです。当時の増田理事長が社会情報学という提案を支持されたそうですが、現理事長であられる当時の冨塚学長以下、村上先生もコミュニケーションがいいということになって、結局、増田理事長をご説得になったとうかがいました。私は、将来、社会情報学という領域が定着すれば、増田案が再び蘇る可能性があると思いますが、実はコミュニケーション学部を作ろうという類似の趣旨をもたれた東京経済大学以外の大部分の大学が、社会情報学部という名称を選んだのです。ところが、これが何をカリキュラムとすればいいかがはっきりしないんですね。「社会情報学」という言葉をお選びになったところは、全国的にどこも、教育や研究や学部のアイデンティティ問題で、今お困りになっています。新しい学術用語の意味内容がまず研究者仲間で共有され、ついで一般世間でも通用するためには、相当の時間を要するのです。「社会情報学」という用語は、目下のところ、研究者の間ですら「高度情報社会の学際的・総合的研究」という多数派解釈と「情報や情報処理やプログラムという情報科学のコンセプトを用いて社会科学の総合を目指す新ディシプリン」という少数派解釈とに、残念ながら引き裂かれているのです。そういう現状を考慮すれば、コミュニケーションという極めて人文社会科学的色彩の強い、定着した言葉を使い、それを核にして理系を含む多様な方向へ広げてゆくという戦略は、情報や情報科学という目下のところ自然科学系のニュアンスが強いところから文科系へ進むよりも、言語戦略として良かった。この現実的で賢明な学部名称や研究科名称のご選択に、私は大変敬意を表したいと思っております。

いずれにしても、実質的には学部も大学院も発信・送信・受信という三つのフェーズに限定された狭義のコミュニケーション研究だけにコミットしているわけではない。ただ脳情報処理と計算機情報処理と細胞内情報処理を包摂する広義の情報処理という術語も、その通説的な意味が確定していない。私は三〇年以上前に、この広義の情報処理という概念に若干の整理を加えています。

情報の空間変換と時間変換　一例を挙げてみます。例えばデータベースと、記憶と、図書館と、オーディオテープやビデオテープと、さらには黒板に書かれた文字と、砂に書いたラブレターと、たしかに関係ありますよね。けれども、それをすべて包括するような概念がこれまでなかった。それを、今となれば全部ひっくるめて「情報貯蔵」と捉えることができます。情報貯蔵には、情報伝達つまりコミュニケーションと同じように三つのフェーズがあります。記録して、保存して、再生する。ちょうど、発信して、送信して、受信する、というのとよく似ていますね。発信と記録のフェーズで encoding があり、受信と再生のフェーズでその decoding があり、その間、送信と保存のフェーズで noise が入る点も同様です。その再生のフェーズは、コンピュータ用語では情報検索、インフォメーション・リトリーバルと呼ばれ、心理学用語では想起、リコーリングといっている。分野によって表現が違うわけですが、すべて情報貯蔵現象です。情報の記録・保存・再生現象です。さらに個体内情報貯蔵と個体外ないし個体間情報貯蔵という術語を創れば、記憶とデータベースの区別もできます。もちろん神経回路と電子回路という貯蔵媒体の相違を問題にすることもできます。ラブレターを貯蔵する砂も、貯蔵媒体なんですね。記録・保存・再生という三つのフェーズからなる情報貯蔵という情報科学固有の概念が、異分野にいわば散乱していた諸概念を統合して、総合的な認識にいかに貢献したかがお分かりいただけると思います。

すると今度は、情報伝達と情報貯蔵は、どんな関係にあるのだろうか。直感的にやっぱり皆さん、情報の伝達と情報の貯蔵、あるいは情報の社会的伝達と情報の社会的貯蔵、どっか似ているなと思われますね。だが、似ているところが従来理論化できていなかった、長い間。理論化してみますと、両方とも移動現象なんです。今私はコミュニケーションをしていますが、私の脳から皆さんの脳へ、つまり私の脳という地点 s_{-1} から皆さんの脳という地点 s_{-2} へ、ある情報が空間的に移動しているわけです。他方、記憶というのは皆さんに今日私のレジュメが渡っていますが、それが処分されるまでは、つまりある時点から別の時点まで情報をずっと貯蔵し続けているわけです。それは時点 t_{-1} から時点 t_{-2} へと情報が時間的に移動していると捉えることができます。いい換えれば、情報の空間的移動つまり空間座標軸における情報移動としての情報伝達と、情報の時間的移動つまり時間座標軸における情報移動としての情報貯蔵という、その移動という共通点のために、われわれは両者が似ていると直感的に思ったのだなと気づかされます。こうして情報伝達と情報貯蔵は、数学的な表現を援用すれば、それぞれ情報の空間変換と時間変換だということになります。時間・空間という視角は認識の基本枠組みの一つですから、情報貯蔵と情報伝達が時空のセットになって、情報処理の一つの重要な要素を構成するのだということが理論的に見えてきます。それが見えると続いて、つぎのことが見えてまいります。これまで社会科学では、コミュニケーションつまり情報の「社会的伝達」は確立された研究領域として定着し、一つの学部ができ一つの研究科ができるほどですね、成長してきました。だが、情報の「社会的貯蔵」については、情報の「個体内貯蔵」が認知的・指令的・評価的な神経情報の貯蔵として記憶や技能・習慣や情操・価値観などの研究という心理学のオーソドックスなテーマであり、あるいは染色体による遺伝情報の貯蔵としてゲノム科学の大前提であるのに比べ、図書館学・図書館情報学を除いて、ほとんど確立された領域になっていない。むろん歴史学がある意味で情報の社会的貯蔵を扱ってきたわけですが、やっと最近歴史資料の電子データベース化という作業を通じて、初めて情報の社会的貯蔵という側面が明確に自覚されるようになったに過ぎません。つまり「情報の社会的伝達」はコミュニケーション学として大きな学問分野を構成するが、「情報の社会的貯蔵」は、わずかに図書館（情報）学だけが頑張ってきた。ところが電子データベースが発展・普及して、社会的な情報貯蔵学と社会的な情報伝達学とがセットになって発展せざるをえないような状況になりました。容量の大きなＩＣカードが、これからますます普及すれば、われわれは極端にいえば、小さな図書館を一つ内ポケットに納めて動き回ることになるわけです。小さな図書館を一つ内ポケットに。これは全部情報貯蔵ですね。「情報の貯蔵」と「情報の伝達」とは常にセットにして考えられなくちゃいけない。事実、コミュニケーション学部もデータベースの問題を扱っておられるわけです。コミュニケーション概念がいわば無自覚に拡大解釈されて貯蔵問題を包摂しているのです。となれば、やはり情報処理という概念が必要になる。

もう一つ例を挙げてみます。後でもっと詳細に取り上げるつもりですが、私はインターネットは人類社会を根本的に変える可能性のある予想外に大きな影響を及ぼす情報機構だと考えています。それは、普通はグローバルなコミュニケーション・ネットワークと見られていますが、同時にグローバルなデータベースでもあり、グローバルな図書館でもある。司書のいない世界図書館ですから、ガセネタも入っています。ですがワールド図書館なんです。むろん構造化の在り方によって、少なくとも技術的には、極めて集権的なデータベースと極めて分権的なデータベース、極めて集権的なネットワークと極めて分権的なネットワーク、そのいずれをも自由自在に組みうるわけです。しかし、その自在な集権的・分権的性格はともかく、インターネットという代物は、決してコミュニケーション・ネットワークに尽きるものではない。一種のライブラリーなんだ。つまり、各所のサーバーに膨大な情報を貯蔵できる。こうした事象がすべてコミュニケーションという用語でカバーされている。コミュニケーション概念は日常用語としてそこまで拡張されているのです。

情報の認知機能・指令機能・評価機能　もう一つだけ、今度は情報という言葉の事実上の拡大解釈をご紹介してみます。私が皆さんに「明日はお天気ですよ」、「明日は九時に来て下さい」、それから「Xさんの講演は抽象的で面白くなかった」というこの三つのメッセージを伝えたとします。この例で「情報の伝達」といえるのはどのケースですか、と私は過去二〇数年学生諸君に毎年聞いています。段々段々答えの傾向が変わっています。少なくとも伝統的な日本語では、「情報の伝達」と「命令の伝達」と、それから「意見の伝達」とを区別できたのです。「明日九時に来なさい」というのは命令の伝達であって、情報の伝達でも意見の伝達でもない。「Xさんの講演は抽象的で面白くない」というのは意見の伝達であって、情報の伝達でも命令の伝達でもない。「明日はお天気だよ」、これはもう明らかに情報の伝達であると。ところが学生諸君の間に見られるトレンドは、おそらく皆さんの中にもそういう言語感覚の持主がおられると思いますが、すべて「情報の伝達」だといって何の違和感もない、というものです。ある時私は中学校の国語の先生にもしこういう出題をしたとすれば、先生、正解を何となさいますかとお尋ねしたら、その先生も若い方だったので「いや、全部正解じゃないですか」とおっしゃいましたね。で、私が追いかけて「じゃあ、情報の伝達と命令の伝達と意見の伝達は日本語で区別できないんですか」と聞いたら、「そういえばそうですね」と。

つまり情報という概念は、少なくとも今八〇歳以上の方だったらスパイを連想されるわけですが、その言語感覚がもうがらりと変わってきている。私はこうした事態を予想して、三〇年以上前に認知情報、指令情報、評価情報という表現を提案しています（吉田民人『自己組織性の情報科学』新曜社、一九九〇年に採録された、一九六七年発表の長編論文「情報科学の構想——エヴォルーショニストのウィーナー的自然観」）。われわれが情報という言葉で自覚的に思い描くのは認知情報ですが、無自覚のうちに拡大解釈が進行しているのです。私が認知・指令・評価情報という三概念を提案することになったきっかけは、一つにはデータ（叙述文）もプログラム（命令文）もともに情報だとする計算機用語、また上向性の感覚信号も下向性の運動信号もともに神経情報だとする脳科学用語、もう一つは遺伝情報という概念なんです。人文社会科学のタコツボ化という知的風土のもとでは、遺伝情報という情報概念は、生物学者による日本語の誤用であって相手にする必要なしというのが三〇年前の人文社会科学の側の一般的評価でした。というより精確にいえば、その用語の乖離に関心がなかったというべきでしょう。私は当時、遺伝情報という概念はタコツボ化された人文社会科学の立場からすれば相手にする必要なしとしても、自然科学を含めた学問全体という立場で考えるなら、なぜあれが情報なのかと。われわれが使っている例えば「マスコミから情報をえた」というときの情報概念と繋がるのか繋がらないのか、と自問自答することになったわけです。

生物の設計図と社会の設計図　自問自答は、こんな具合です。遺伝情報というのはよくいわれるように、生物の設計図なんですね。私は「えっ遺伝情報は生物の設計図？」、「じゃあ、社会の設計図は何かな？」、「ああそうか、慣習とか制度とか法体系、これが社会の設計図だ」と話が進む。ところが普通われわれが情報と考えているのは、ニュースとか、せいぜい知識とかですね。それは制度とか慣習とか法体系とは全然違うわけです。だが「制度とか慣習とか倫理とか法体系に該当するものを生物学者は情報といっているんだ」、とすると「遺伝情報という概念を受け容れるとすれば、認知的な機能を果たす情報という概念は崩壊せざるをえない、あるいは拡大解釈されざるをえない」、「片やニュースや知識、片や制度や慣習とを包摂しうる新概念が必要ではないか」と話が続くわけです。こうして情報の認知的機能、指令的機能、加えて評価的機能という理論的枠組みに辿りついた。同時に、一回限りの機能に限定された「単用情報」と反復的に機能しうる「耐用情報」というコンセプトも創りました。こうしてニュースは単用的な認知情報、知識は耐用的な認知情報、命令は単用的な指令情報（他者への指令）、意思も単用的な指令情報（自己への指令）、慣習や制度や法は耐用的な指令情報、意見は単用的な評価情報、価値観は耐用的な評価情報、といった情報科学の基本枠組みの一つが、今から三〇年以上前に出来上がったわけです。まったく孤独な作業でしたね。

私は今年、授業で次のような話をしたのです。二〇世紀の中葉に生物は設計図をもっているという理論が出た、それがノーベル賞を貰った、二〇世紀の終わりにヒトの設計図（ヒトゲノム）の基本がほぼ解読された。その結果、意外なことにチンパンジーの設計図とヒトの設計図とが九九パーセント以上同じだという衝撃的な事実も分かった。が同時に、その一パーセント以下の遺伝情報の相違に発達した言語能力の有無が入っているなら、その発達した言語能力の有無が、人間とチンパンジーの設計能力に、つまりは人間とチンパンジーが構築する世界に、格段の相違をもたらすといえる。アメリカの代表的な科学誌『Science』が、二〇〇一年の二月号にヒトゲノムの、つまり人間の生物学的設計図の解読成果を紹介しました。学生にそれを見せる。これがヒトの設計図ですと。法則でも何でもありません。生命現象に法則があると思ったらとんでもない間違いです。ヒトはこの設計図によって作られている。その設計図の作動・発現は物理学の法則や化学の法則に一〇〇パーセント依存しますが、生物の秩序それ自体を決めるのは、生体内で働く物理法則でも化学法則でもなく、まさに遺伝情報というこの設計図なのだと。

では、人間社会の秩序は？　学生に一巻の六法全書を見せます。少なくとも近代社会のマスタープランは、DNA記号ではなく言語記号で書かれたこの一巻の六法全書に記されていると。むろん法体系以外に慣習や制度や倫理という設計図もあり、個人の意思や習慣というプログラムもあります。ヒト個体の設計図と人間社会の設計図を同時に示すという、こうした授業の仕方は、情報概念やそれと不可分のプログラム概念が登場するまでありえなかったわけです。今でも多くの方々は社会科学に、あるいは社会科学の法則があると思っておられる。私は法則などないといい切っているわけです。とくに理論経済学が経済法則と考えてきたものは、ホモ・エコノミクスに仮託された経済合理的プログラムの、あるいはその合成波及効果の数学的表現に過ぎないと私は主張しています。経済合理的な家計行動や企業行動や政府行動の設計図ですね。効用極大とか利潤極大とか社会的厚生の極大化とかは実在する経済法則でも仮説的な経済法則でもなくて、経済行動を制御する経済合理的な言語的プログラムなのです。その合理的プログラムの数学的表現が、自然の数学的な記述・説明・予測というガリレオ以来の科学理解の伝統に幻惑されて、法則と誤認されているだけのことです。経験的秩序は、法則的秩序もプログラム的秩序も単なる経験的一般化も、さらには一回限りの事象も、すべて数学的表現を模索することができます。ですから数学的に定式化されているからといって法則であるとは限らない。所得税の法的プログラムは数式で表現されますが、これを法則という人はいないでしょう。それは法やルールという種類のプログラムなのです。プログラムは一定の情報処理の共時的・通時的なパタンを規定する記号集合、つまり一つの情報を意味しています。ここにもコミュニケーションに限定されない、それを包摂する情報概念や情報処理概念の画期性がうかがわれます。

社会科学の総合と拡大コミュニケーション学＝社会情報学

こうしてレジュメにある今日のお話の第一のテーマ「社会科学の総合の〈要〉：研究の視点」の結論として、私は次のことを申し上げたい。すべての社会科学は、実は、それぞれの領域において「情報と情報処理とプログラム」を扱っているのだと。法律学も政治学も、経済学も経営学も、社会学も教育学も宗教学も、文化人類学も、あらゆる社会科学は無自覚のうちに情報現象と情報処理現象とプログラム現象の解明をその共通項としているのです。だが、それが共通だとは皆さん自覚されてない。いい換えれば、コミュニケーション学が拡張されて、コミュニケーションという言葉が象徴的ないし便宜的に表わす、あるいは拡大解釈されたコミュニケーションが表わしている人間レヴェルの情報や情報処理やプログラムは、まさにすべての人間生活において、物質・エネルギー現象および生物現象と並ぶ二大構成要因の一つだということです。この人間的事象に固有の、シンボル性、とりわけ言語性の情報・情報処理・プログラムが、すべての社会科学の自覚されざる第一義的な共通項として存在しているわけです。ということは、拡張解釈されたコミュニケーション学は、社会科学の総合の要になる可能性があるということです。今分断されたままの社会諸科学を総合するという二一世紀の学問的課題の一つに、社会情報学、あるいは拡張解釈されたコミュニケーション学が決定的な役割を果たすという予想と期待にほかなりません。

かつてマルクス主義が大きな意味をもっていた頃、土台と上部構造という社会構成体の理論が社会科学総合の要として期待されたこともあります。だが、マルクス主義が凋落して以後、社会科学はてんでばらばらです。学際化・総合化といいながら、テーマ別の学際化・総合化はともかく、社会科学全体をどのように学際化・総合化するかとなると、目下、まったくのお手上げ状態です。その昔日の社会構成体理論の空白を埋めるのが、私は情報・情報処理・プログラムという社会情報学ないし拡大コミュニケーション学の枠組みだといいたいのです。ちなみに、経験的な妥当性はさておき、少なくとも理論的視点からするなら、かつての所有構造還元論ないし基底還元主義は、生産手段に関する所有の社会的プログラム（土台）が、そのほかの社会的プログラム（上部構造）をどこまで規定しうるか、という問題設定に変換されることになります。こうした社会諸科学の総合の要となる「拡大コミュニケーション学」という指摘が、今日の第一の結論です。私自身は、「言語的情報と言語的情報処理と言語的プログラム」を三つのキーワードにして「社会的世界の設計・構築」をテーマとする拡大コミュニケーション学を「社会情報学」(socioinformatics) と名づけています。「分子生物学」（いわば基礎生物情報学）が「生物科学の基盤的領域」として確立されたのと同じように、「社会情報学」が「社会科学の基盤的領域」として成長してほしいというのが、社会科学者としての私の大きな、だが目下のところ大変孤立した期待と願望です。

4-2　新しいリテラシーの確立——教育の視点

リテラシー概念の歴史的変貌　第二のテーマは、昨今の「学力」問題とも関連するリテラシー問題です。リテラシーを一定の社会で期待され必要とされる基本的な情報処理能力と定義すれば、リテラシー概念は、周知のように、読み書きそろばんに始まって、日本の明治以降の歴史を考えますと、ある段階で外国語リテラシーが加わり、最近ではコンピュータ・リテラシーが要請されるようになりました。あるいはもう少し広くメディア・リテラシーという形で問題は、リテラシー概念の現代化を捉えることもできます。リテラシー概念のそうした歴史的変遷にこだわってみますと、問題は、リテラシーを構成する情報処理の基礎能力のうちどの部分が強調されるかが、社会の実情に即して歴史的に変遷してきたという論点です。例えば識字率それ自体が問題になるといった段階であれば、読み書き能力は決定的に重要なリテラシーであるわけです。ところが、識字率が向上して読み書き能力が当たり前になってきますと、やれ外国語だ、やれコンピュータだということになるわけです。外国語にしても、読むだけじゃなくて聞くこと話すことが重要だと変わってきてますね。

この、社会状況とリテラシーとの相関という観点からすれば、私は、二一世紀の日本社会で最も期待される情報処理の基礎能力というのは、大きく分けて三つぐらいあるのではないかと思います。

クリエーション・リテラシー　まず第一に、人類のフロント・ランナーの仲間入りを果たした日本社会は、今後いろんな分野でクリエーションが要求される。ここでいうクリエーションは決して知的なクリエーション、例えばノーベル賞を獲れるような新理論を構築したり新事実を発見したりすることだけじゃない。そうではなくて介護システムを立案するとか、銀行の金融破綻の解決プランを立てるとか、新製品のネーミングをするとか、これ全部クリエーションですね。つまり、あらゆる分野で要求される広い意味での創造は、二一世紀日本社会のベーシックなリテラシーとして強調されるべきでしょう。

科学活動に例をとれば、一定の仮説を立て、そこから推論して一定の帰結を導き、それを経験的データで検証するという、哲学者パースの言葉を使えば、アブダクション・リダクション・インダクションという三つの段階のうち、最初のアブダクション、つまり思いつきの段階、つまりすぐれて創造性が必要とされる段階は、今でも謎に満ちているわけです。けれども、すでに多くの人が指摘し、私自身も研究者生活の中で強く実感してまいりましたのは、「異質なものの同定と編集」ということです。

具体的な例を挙げてみます。私は若い頃、マルクス主義者ではありませんでしたが、友人の影響でマルクス主義に強い関心をもっていました。当時マルクス主義は、私がコミットしていた近代社会学をブルジョア社会学として攻撃していました。まったくこれは水と油なんですね。私は、その異質なものの間に橋を架けようとした。当時の社会学の代表的理論であった、いわゆる構造―機能理論の立場で、史的唯物論を大よそ次のように読み替えたわけです。まず史的唯物論でいう「生産力の維持・発展」を構造―機能理論でいう「社会システムの機能的要件」に、ついで史的唯物論の「矛盾と照応」概念を構造―機能理論の「dysfunction と eufunction」概念に、さらに史的唯物論でいう「生産手段の所有形態」を構造―機能理論でいう「社会構造」に、そして最後に、「生産力の維持・発展と矛盾する生産手段の所有形態は、革命運動を通じて、生産力の維持・発展に照応するような形態へと変動する」という史的唯物論の変動命題を「社会システムの機能的要件の充足に dysfunctional な社会構造は、社会的勢力の布置に媒介された闘争／競争／協力などの構造移行過程を通じて、当該要件に eufunctional な構造へと変動する」という構造―機能理論の変動命題へと読み替えたわけです。つまり、史的唯物論とはまったく異質な構造―機能理論の文脈の中で史的唯物論を解読したわけです。実は「構造維持のみを扱って構造変動を扱えない現状維持の保守的理論」という定評・酷評のあった構造―機能理論に、この異質なものの同定と編集を通じて、構造変動のロジックを導入することができたのです。当時の構造―機能理論は、代表的なT・パーソンズのものを始めとして、敢えて繰り返しますが「社会システムの機能的要件の充足に dysfunctional な社会構造は、社会的勢力の布置に媒介された闘争／競争／協力などの構造移行過程を通じて、当該要件に eufunctional な構造へと変動する」などといった変動ロジックをもっていなかった。この構造―機能理論にとっての新命題は、「同定」されたものの、まさに「編集」の産物なんです。敵役の史的唯物論におんぶして、構造―機能理論の変動論を構築したというわけです。後に私は、この変動命題を「自生的な構造変動プログラム」と位置づけ直すことになりますが。

で、その論文を、とくに当時の構造改革派の社会主義の方々に、当然、その代表格であられた井汲卓一先生にもお送りしました。そうしたら井汲先生が大変興味をもって下さって、「吉田君、関連論文を全部送れ」という趣旨のお返事を頂戴しました。それで「実は今のところこれ一本しかありません」と。余談ですが、それがご縁になって後年、東京経済大学の専任になって来ないかというお誘いを井汲学長から頂戴したのです。ある大学へ移って僅か六ヵ月後だったので実現しませんでしたが、本当に嬉しかったですね。その後、私は「非マルクス主義社会学」の立場で「所有構造の理論」を構想することになりますが、それも元はといえば、平田清明先生の「個体的所有」論に触発された「異質なものの同定と編集」でした。マルクス主義と近代社会学や構造－機能主義とは、まさに敵対関係にあったわけですが、その異質なものの同定と編集が一つのクリエーションに結びついたのです。

もう一つ例を挙げてみましょう。先ほども触れた「生物ゲノムと社会制度」の同定・編集です。人間社会の秩序の背後には制度とか規則とかルールがある。これはもう皆経験的に分かっています。ところが生物の秩序にもゲノムという設計図があるらしい。生物科学のゲノムと社会科学の制度はまったく異質なものですが、私はこの二つを「設計図」というメタファーで「同定」し、「法則」を物理科学の世界に閉じ込めて「プログラム」という生物科学・人文社会科学に独自の新たな秩序原理を構想しました。その上で生物的世界のプログラムと人間的世界のプログラムを、プログラムを構成する記号の進化段階の相違に着目して、DNA性プログラム（ゲノム）ほかの「シグナル記号で書かれたプログラム」と言語性プログラム（制度など）ほかの「シンボル記号で書かれたプログラム」という形に「編集」したのです。ゲノムと制度という異質なものの同定と編集が「法則科学」に対置される「シグナル性プログラム科学・シンボル性プログラム科学」という一つの科学論的クリエーションを可能にしたわけです。物理科学は法則科学、生物科学はシグナル性プログラム科学、そして人文社会科学はシンボル性プログラム科学だとする新しい科学論の提案です。

同様にして、私はシンボリック相互作用論や現象学的社会学やエスノメソドロジーを合わせて「意味学派」と名づけましたが、その同定を可能にしたのは、私の場合、長年コミットしてきた情報科学だったのです。ですから実は「情報学派」と命名したかった。だが、当時の学界の言語慣行からすれば、現在でも状況はさして変わっていませんが、「情報学派」では通用しない。そこで自ら孤独に妥協して「意味学派」という表現を選んだという事情があります。意味学派という命名は、今日本の社会学で通用していますが、「情報学派」だったら無視されていたでしょうね。例えば、シュッツの現象学的社会学には知識のストックという概念がありますが、まさに前述した情報貯蔵に対応しています。と同時に、情報科学の立場からすれば、認知情報の貯蔵も指令情報の貯蔵も評価情報の貯蔵もあるわけです。シュッツはそれらを分節化せず一括して知識のストックと捉えたことになります。

この「異質なものの同定と編集」は、むろん学問の世界に限られたことではないのです。ジャスト・イン・タイムというトヨタのカンバン方式は国際的にも有名ですが、あれはアメリカのスーパーマーケットかな（?）、在庫がなくなるとそのつど商品が届く、これは生産ではなくて流通ですが、カンバン方式はここから着想されたと聞いております。こうした創造という情報処理を、私は現代的リテラシー、あるいは現代的学力の中核の一つに位置づけるべきだと思います。

リテラシーのハイブリッド化　二番目の現代的リテラシーは、脳の情報処理と計算機（パソコン）の情報処理との最適ハイブリッド化ではないでしょうか。先にもお話したように、情報処理という言葉がコンピュータ情報処理に限定されているために、脳の情報処理とコンピュータの情報処理をどのように組み合わせるかという問題意識、つまりハイブリッド意識が必ずしも定着していないのです。けれども脳の情報処理と計算機の情報処理をセットにして情報処理と考えるという私の視点からすれば、例えば、どのようなタイプの情報貯蔵を脳に依存し、どのようなタイプの情報貯蔵をデータベースに依存すべきかという最適ハイブリッド化は、当然の問題設定です。記録（記銘）・保存（把持）・再生（想起）という情報貯蔵の三フェーズのうち、クイズ番組のように「情報貯蔵のための情報貯蔵」ではなく、「問題解決のための情報貯蔵」というリテラシー問題の視点からすれば、最も重要なのは、当該の問題解決に貢献しうる適時・有効・的確な情報再生（想起）です。となれば、その目的にそったハイブリッド化が図られるべきだということです。データベースで代替できる、また代替した方が効率のいい情報貯蔵と、記憶の方が望ましい、また記憶でなければ困る情報貯蔵とを区分けするという理論的・実証的な研究が是非ともほしい。問題を拡大すれば、触覚、味覚などの近感覚と嗅覚、聴覚、視覚などの遠感覚からなる脳の感覚情報処理は、まさに身体固有のマルティメディアですが、これと科学技術化されたいわゆるマルティメディアとのハイブリッド化という問題設定にもなります。触覚・味覚の近感覚といわず遠感覚に限定しても、目下のところ視聴覚メディアに傾斜する科学技術メディアは、阪神淡路大地震に際して関西在住の多くの人から指摘されましたが、焼け跡の「匂い」つまり嗅覚の問題を取り残していいます。それは今のところマスコミ型マルティメディアでは伝えられないリアリティなんですね。

さらに、こうした問題意識を認知的情報処理から指令的情報処理や評価的情報処理にまで拡張する必要があるでしょう。例えば、パソコンを用いて文章を書くという行為を考えてみますと、一方で、文章作成や想起という脳の基本的情報処理があり、他方で、仮名―漢字変換や編集などのワープロ・ソフトによる計算機情報処理がある。その間をブラインドタッチなど脳とパソコンとのいわばインターフェースが結んでいる。これは文字どおり脳と計算機とのハイブリッド情報処理であるわけです。つまり、われわれはそれと自覚せずにハイブリッド能力を活用している。誤字や脱字の修正という評価的情報処理は、脳のプログラムでもワープロのプログラムでもできるわけです。コンピュータ・リテラシーというカリキュラムの中に、「脳とコンピュータとのハイブリッド形態」という理論的・実践的課題をイクスプリシットに設定すべきではないでしょうか。

リテラシーの個性化　最後に、三番目のリテラシー問題です。実は、職業領域や生活領域によって最も必要とされる情報処理の局面は違うわけです。プレゼンテーションが一番重要な職種もあれば、共感能力や情報収集が最重要な職種もあります。だから、すべてがすべて「クリエーション」や「脳と計算機のハイブリッド形態」が一番重要だなどともいい切れないわけです。そうだとすれば、行きつく先は「個性化されたリテラシー」ということになる。リテラシーという立場から見た個性であり、個性という立場から見たリテラシーです。だが、この問題を扱うためには、情報処理の全体像がどうしても必要になります。読み書きそろばんという原初的リテラシーの発想では、情報処理の全体像が見えてこない。発信・送信・受信からなる伝達という情報の空間変換、記録・保存・再生からなる貯蔵という情報の時間変換。それから、各種の印刷やコピーなどの媒体変換、翻訳や通訳や仮名―漢字変換のような記号変換、それから意味変換。意味変換には連想とか想像とか、計算とか推理とか、整理とか分類とか、編集とか創造とか、それから多変量解析や統計的解析とかが含まれます。意味変換の中でもとくにウェイトが高いのは「意思決定」です。普通、意思決定といえば「情報（＝認知情報）にもとづいて意思決定する」という常識的理解か、H・サイモンにならって「事実前提と価値前提からなる決定前提にもとづいて意思決定する」という専門的理解があるわけです。だが、私のように情報処理視点を徹底する立場からすれば、認知・指令・評価の機能を担う各種の情報をインプット（投入）して、一定の意思プログラムをアウトプット（産出）する情報変換過程だということになります。意思プログラムも情報の一種ですから、意思決定は情報インプット（またはインプット情報）から情報アウトプット（またはアウトプット情報）にいたる情報処理の一例、細かくいえば「意味変換」の一例と見なされるわけです。インプットされる認知情報（事実判断など）と指令情報（行為の代替案など）を合わせたものがサイモンのいう「事実前提」であり、インプットされる評価情報（価値判断など）がその「価値前提」に当たります。ごくごく単純化すれば、意思決定とは「認知情報を指令情報に変換するプロセス」つまり「認識を行動に変換する過程」といってもよいでしょう。シグナル性の「刺激―反応」過程（いわゆるSR過程）を言語情報空間に投影したものにほかなりません。この空間変換、時間変換、媒体変換、記号変換、意味変換のほかにも「受容器」の機能に対応する「記号化変換」や「効果器」の機能に対応する「対象化変換」がありますが、こうした情報処理の全体像が見えてきますと、それぞれの職業領域や生活領域で、この情報処理全体の中でどこが一番クリティカルに期待されるか、という問題設定が可能になります。そういうきめの細かいリテラシー把握が必要ではないのか。私が個性的リテラシーやリテラシーの個性化を主張するのは、分数計算ができない（それが含意する関連効果・波及効果を含めて）という「学力観」をどこまで支持できるかという問題意識があるからです。時代遅れの学力観に立って嘆いているのではないかというささかの疑念です。私は、今、学力低下問題の中で一番重要なのは、新しい学力の定義が要請されているという一面をわれわれがもっと自覚すべきではないかと。もちろん学力問題やリテラシー問題は最低限必要な共通項、つまりすべての人に要求されるベーシックな最低要件という視点が前提であることを知らないわけではありませんし、事実、クリエーション能力やハイブリッド化の力説は、その種の前提に立ってのものです。だが、人類の先進社会の現状は、「脳と計算機を二極とするハイブリッド情報処理能力の全体像の中での、リテラシーや学力の見直しとその個性化」という現代的課題を提起しているのではないかと思います。

4-3　三極コミュニケーション構造の研究・教育拠点——組織の視点

コミュニケーション学の第一世代と第二世代　さて、最後の、三番目のテーマです。ご承知のようにコミュニケーション学は、国際的にもそうですが、日本の学問の流れで申し上げても、情報（化）社会の発展とまさに相即しているわけです。まず最初に、新聞学研究が始まりました。これは、大手新聞社で重要なお仕事をされた方を大学が招いて、とくに東京大学の新聞研究所ですが、新聞学という形でアカデミズムのマスコミ研究が「制度化」されました。もちろんコミュニケーション研究はそれ以前からあったわけですが、東京大学新聞研究所の設立とともに国レベルで新聞学が制度化され、その後ご承知のようにラジオが入って、テレビが入って、それからパッケージ・ソフトが入って、ケーブル放送が入って、ちょっと別の系統ですが携帯電話が入って、最終的には放送衛星や通信衛星へと展開するわけです。放送衛星はご承知のようにCNNに代表されるグローバル・マスコミュニケーションを生み出しました。その流れ、つまり新聞研究から放送衛星コミュニケーション研究への流れが、結局、社会的コミュニケーション学の第一世代ともいえるものです。この第一世代のコミュニケーション学は、パーソナル・コミュニケーションとマス・コミュニケーションとの二極構造です。

選挙を例にしても、マスコミは、実は最終的には、パーソナルなネットワークの媒介によって影響を及ぼすという「コミュニケーションの二段階の流れ説」など、もろもろの議論のすべてがパーソナル・コミュニケーションとマス・コミュニケーションとの二極構造の中で語られてきたわけです。この「口コミ・マスコミの二極構造」を対象にしたコミュニケーション学を、私は第一世代と名づけるわけです。

それでは、コミュニケーション学の第二世代とは何か。結論を先にいってしまえば、「口コミとマスコミとインターネット」の三極構造です。マスコミの後登場したインターネットは、マスコミ以上に恐るべき潜在的可能性をもっていると私はいいたい。その潜在的可能性については、後ほど触れますが、社会的コミュニケーションの研究は、今その第一世代から第二世代へと大きな転換が求められています。だが、当のインターネット自体がその潜在的可能性を十二分に発揮しているとはいえない状態ですから、勢い研究の方も、例えば二極構造に関する「二段階の流れ説」のような、三極構造に関する基礎的枠組みのごときものは登場していません。こうした歴史的状況、というより歴史的段階のもとでのインターネット研究は、インターネット情報機構の現状認識よりもインターネット情報機構の将来設計に重点が置かれるべきだし、そのためには工学部にならって、「卒業論文」以外に「卒業設計」をカリキュラム化してはどうかというのが私の意見です。だが、その前に、マスコミと異なる情報機構としての、インターネットの画期的ともいえる特性を考えてみます。

インターネットの画期的特性〔1〕：回路構造の可塑性　第一に、根本的な相違は、両者の情報機構としての「構造」の相違、詳しくいえば「要素とその関係」と定義される「構造」の相違にあります。マスコミは若干数のナショナル／ローカル、またはグローバルな「集団的情報処理システム」（新聞社や放送局などの送り手）とナショナル／ローカル、またはグローバルな規模の多数の「脳システム」（個々の受け手）を二大構成要素として、一方向的な結合など、構成要素の間の比較的可塑性の乏しい関係で成り立つ情報機構です。ところがインターネットは、地球人口に見合う膨大な数の「脳＝計算機ハイブリッド」を構成要素として、しかもその大変可塑的なネットワーク関係で成り立つ情報機構です。その点インターネットは、一三〇億の神経細胞を構成要素として、その遺伝的・学習的（生得的・習得的）なネットワーク関係で成立する脳システムと、大変似た構造、つまり「要素とその関係」の在り方をもっているわけです。この「脳＝計算機ハイブリッド」という構成要素の間の関係の可塑性は、マスコミ機構の構造と違って、集中と分散、委任と参加、線状と網状、一方向と双方向、全体志向（マクロ志向）と部分志向（ミクロ志向）と全体―部分連携（マクロ―ミクロ・リンク）等々、物理的なインフラストラクチャーの制約はありますが、まさに多様な可能性に開かれているわけです。先ほどインターネットがその潜在的可能性をまだ十二分に開花させていないといったのは、この構造問題も関連しています。物理的な制約も原理的・技術的には克服可能なものです。

最近の例でいえば、小泉内閣のメール・マガジーンの登録がすでに一八〇万に達したと報じられました。それから政党や政治家個人がインターネットで政治献金を集め始めています。国際的にアピールできるミッションだったら、インターネットを使って、六〇億の人間からという極端な想定をすれば、一人一円ずつ出して貰っても六〇億の資金が集まります。もちろん電子マネーほかの制度が整備されなければなりませんが、ＮＧＯやＮＰＯの資金調達源としてインターネットは実に有効ではないでしょうか。実際、J・ブリーンの着想になるThe Hunger SiteのOne-click-donationは、献金主体として企業を活用する同様のNGO・NPO型プログラムなのです。これらの例はインターネット回路に集中的・集権的な構造をもち込んでいるわけです。他方、小泉メルマガが一方的な独裁的手段になるのではないかと懸念する向きもあります。だが、マスコミの原理的に非可塑的な集中・集権構造と違って、インターネットは集中的・集権的にも分散的・分権的にも構造化できるのです。小泉メルマガへの国民サイドからの書き込みという参加を生かす双方コミュニケーションも可能です。要は、インターネット回路の原理的な「構造的可塑性」という論点です。神経回路が学習とともに変容しうるのと似てますね。

インターネットの画期的特性〔2〕：回路機能の多面性　第二に、マスコミ機構の機能が狭義のコミュニケーション、つまり社会的伝達という情報処理に集約されるのに対して、インターネット機構の機能は、脳システムと同様、伝達、貯蔵、媒体変換、記号変換、意味変換など、情報処理の全局面に関与するという特徴をもっています。むろんマスコミ機構もその末端で受け手の脳システムを構成要素にしていますが、マスコミ機構自体が脳と同様の多面的機能を担っているわけではない。だが、インターネット機構は、それ自体が、オーバーにいえば脳と同様、情報処理の全局面に係わることができます。先にインターネット機構には狭義のコミュニケーション機能以外にデータベース機能があるといいましたが、実は、それでも過小評価だったということです。

国際的な学会の大会は、最近、インターネットを使って企画立案されるようになりました。その企画立案はむろん狭義の電子コミュニケーションやデータベースの活用ばかりでなく、意思決定そのほか、情報処理の多様な局面を必要としています。世界の各地から一同に会しての、脳と対面接触による企画立案を著しく合理化・効率化しているわけです。パーソナル・コミュニケーションという人間の原初的コミュニケーションの重要性を再認識させられるという意外な副次的効果もあるようですが、逆にいえば、だからこそ「三極コミュニケーション」なのです。

インターネットの画期的特性〔3〕：構成要素のハイブリッド性　第三に、構成要素が「脳」だけではなく「脳＝計算機ハイブリッド」であるということです。地球人口六〇億からなる「脳＝計算機ハイブリッド」の可塑的なネットワーク・システムを想定すれば、情報処理の局面によっては、一三〇億の神経細胞のネットワーク・システムとしての脳システムを凌駕する機能を発揮しうる可能性を模索しうるのです。

すでにゲノム情報の国際的なデータベースはゲノムとタンパク質の研究に欠かすことのできないものとなっているようですし、生物多様性の研究に見合う文化多様性の研究を目指して、世界の各文明の古典を集めた国際的データベースの構築が、わが国の古典学者の間で構想されていますが、それは比較古典学に飛躍的発展をもたらすはずです。

政党と政治家の、そのつどの選挙に際しての運動だけではなく、その過去の一連の実績が投票行動に反映できれば、民主主義の質は格段に向上する筈です。ちょっと検索すれば「あの候補者何をやってたか？」が分かるからです。だが現在、この種のフィードバック・メカニズムがうまく作動していない。ですから、政党と政治家の過去の政治的実績についての詳細で信頼性のあるデータベースが登場すれば、日本の政治はがらっと変わるかもしれない。その種のデータベースを投票行動に活用するという「動機づけ」、つまり一定の「民度」が前提になるわけですが、その種のデータベースが登場すれば、逆に日本人の「民度」も判明するというものです。むろんデータの信憑性が命ですから、運用次第で名誉毀損やマニピュレーションを結果しうるわけですが、経験の教えるところによれば、マイナス効果をもたない制度というのは考えられない。注目を浴びるＩＴ経済の経済的効率に限らず、インターネットの構成要素の「脳＝計算機ハイブリッド性」は、脳の情報処理やマスコミの情報処理と比較して、学術的・政治的、その他、予想を越える潜在的可能性を秘めているといいたいのです。この点でも未開拓分野が圧倒的に多いということです。

インターネットの画期的特性（4）：社会化された「リアルタイム性」と「仮想性」　第四に、インターネット情報機構は、その多面的機能の一環として、「リアルタイムの社会的情報処理」と「仮想的な社会的情報処理」においても脳やマスコミを超えています。脳もマスコミも「リアルタイム情報処理」と「仮想的情報処理」の両方を行いますが、社会的な広がりをもった、つまり「個体的情報空間」と区別された「社会的情報空間」を問題にする限り、インターネットのリアルタイム情報処理能力と仮想的情報処理能力はずば抜けています。

インターネット機構に限らず電子コミュニケーションは、コンビニの在庫管理に見る通り社会的情報空間における「リアルタイム性」という点で卓越しています。売上と在庫を結び付けて在庫を最適化する在庫管理が、かつての一ヵ月、二ヵ月単位のものから一日何回という頻度のものへと変わっています。その一方、社会的情報空間における「仮想性」という点でもインターネット情報機構は画期的です。頻繁なチャットの中で架空の性別や年齢や職業や人間関係を演出して仮想的なアイデンティティを楽しむといった芸当は、インターネットならではのものですし、実際の現実を代替・代行するという意味での「仮想現実」の豊かな「社会的」可能性についても、脳やマスコミの比ではない。個体的情報空間と区別される社会的情報空間の「リアルタイム化と仮想化」の双方にインターネットは大きく貢献しうるのです。論者によって「リアルタイム化」と「仮想化」のどちらか一方に力点が置かれがちですが、人間の脳がすでにこの二つの機能を兼備している通り、決して二者択一の、あるいは相互に矛盾する機構や機能ではないと理解すべきでしょう。

インターネットの画期的特性（5）：細胞から神経系をへてインターネットへ＝情報機構の進化の構図　最後に、もう一つ、世論研究を例にとって、コミュニケーション学の第一世代と第二世代の相違を問題にしてみましょう。世論を決めるのは何かといえば、まず人々の個人的意見があります。それから人々の意見分布などを伝えるマスコミがあります。それから社会規範、つまり社会的に支持されていると見られる規範的意見があります。それに身の周りの人々との接触です。世論研究の一つに計算機シミュレーションを使ったものがありますが、例えば一〇〇名の人間がいて、それぞれ隣の人の影響を受けるという想定を入れたプログラムを組むわけです。その影響過程を計算機で反復すると、何万回かで安定した意見分布に落ち着くという結果がでます。少数派があくまで頑張って残るといった意外な結果もシミュレーションで判然とします。この研究は身近な人の影響を受けるというパーソナル・コミュニケーションの重要性を前提にした理論です。こうした第一世代の理論構成が、インターネットの登場で崩れる可能性がないとはいえない。なぜなら、インターネットなら世界の誰とでもコミュニケーションできる。そうすると、パーソナル・コミュニケーションでいう身近な人とインターネットでいう身近な人とは、同じように身近な人といっても、その空間的距離のばらつきが全然違うことになります。こうして第二世代の世論形成、とくに国際的な世論形成は、CNNに代表されるグローバルなマスコミと在来型のナショナルなマスコミ、そしてグローバルなインターネット、それに加えて伝統的なパーソナル・コミュニケーションとローカル・グローバルな社会規範が加わるという新たな構図にならざるをえない。ローカルなインフォーマル・コミュニケーションとしてのパーソナル・コミュニケーションとグローバルなインフォーマル・コミュニケーションという限りでのインターネット・コミュニケーションの世論形成機能をどこまで等価としうるか、という基本的な課題に直面するわけです。もっともグローバルなインフォーマル・コミュニケーションといっても、その原理的・潜在的可能性がどこまで現実化するかは、なお人類の、今後の選択の成り行きを見るしかありません。

ということは、インターネットの原理的に可塑的な回路構造は、メタファーを用いるなら、誕生したばかりの「人類のハイブリッド集合脳」として、新生児の脳の可塑的な回路が成長と成熟をとげるように、成長と成熟を期待されているのです。「脳＝計算機ハイブリッド」を構成要素とする「ネットワーク」というインターネット「電子情報機構」は、「神経細胞」を構成要素とする「ネットワーク」という脳「神経情報機構」の後に続く、情報機構の進化の画期的な段階なのです。われわれは、細胞から脳神経系をへてインターネットへといたる「生物的・人間的世界の根幹をなす情報機構の進化」の、目下のところ最終段階のまさに現場に立ち会っているというわけです。片や神経細胞、片や電子という情報の物質的媒体は異なりますが、その構造の可塑性と機能の多面性が、相互にアナロガスなのです。ついでながら、ここでもクリエーション・リテラシーの議論で触れた「異質なものの同定と編集」が生かされていま す。つまり、相互に異質な細胞と脳神経系とインターネットを「情報機構」と同定し、「進化」という視点から編集しているからです。この進化をただ見守るのではなく、それに自ら参加するというのが、今日のお話の最後のテーマになるわけです。

対象そのものの歴史的発展　物理・化学的世界も生物的世界も人間的世界も、すべて広い意味での進化を通じて変動してきたし、今なお変動していますし、今後も変動し続けます。だが、物理・化学的世界から生物的世界をへて人間的世界へと下るにつれて、ご承知のように、変動の時間尺度が短縮されて変動のテンポが速くなります。同じ人間的世界をとっても、現代社会の変動テンポには眼を見張るものがありますね。ですから、物理科学と生物科学の研究対象は、社会科学のそれに比べて、相対的には所与で不変のものとすることもできますが、現代社会科学の研究対象は、それ自体が時々刻々変化しているわけです。やれレズビアン家族が登場する、やれオウム事件が起こる、といった調子です。ある時、西洋古典学の先生が「われわれの研究対象はこのCD-ROMにすべて収まっています」とおっしゃるのを聞いて「ええっ!?」と驚いたのを覚えています。一枚か二枚か、何枚のCD-ROMかは忘れましたが、理屈っぽくいえば、研究対象の所与性と安定性という意味でショックだったわけです。むろん新資料の発見がないわけではないそうですが。第二世代のコミュニケーション学は、これとまさに正反対の状況に置かれています。インターネットはこれから限りなく発展しうる情報機構であるからです。例えば、その回路構造が集権になるか分権になるか、どこまで網状になるか、などは、社会的勢力の布置に媒介された人類の今後の選択の如何にかかっているのです。

現代科学の変貌

さあ、後わずかの時間しか残されていませんが、私が最後に申し上げたいのは、冒頭にも触れた現代科学の変貌ということです。科学は、現在、二つの大きな転換を迫られています。一つは、「科学のための科学」から「人間と社会のための科学」へという国際的な動きであり、もう一つが、これまた繰り返しますが、自然科学と人文社会科学の接合と統合、あるいは科学の総合化です。

第一の転換の背後には「認識と行為の分断とその再結合」という歴史の流れがあります。近代科学は「認識と行為の結合」という人間的営為の元型に逆らって、つまり行為から認識を分断することによって自立・発展してきました。だが、繰り返しになりますが、一方、その三〇〇年に及ぶ成果の蓄積と、他方、地球環境問題その他、科学の成果を活用しなければ解決できない課題の噴出とが相俟って、科学の成果にもとづく認識と行為の再結合が強く求められるようになったのです。すでに工業（化）社会の登場は、自生的技術から科学的技術への移行を実現して、科学の立場で認識と行為を再結合してきましたが、この流れが文理を問わず科学のあらゆる領域に浸透してきたということです。科学論もまた、この流れを理論化する必要があります。

第二の転換については、二〇世紀の知の形態は、理系の知識と文系の知識が相互にタコツボ化しているということではないでしょうか。皆さんの中には、ポスト構造主義は最も新しい理論の一つだと評価される方もおられるでしょう。一部の社会学者は「構築主義」が一番新しい理論だと考えている。だが、それはタコツボ化された人文社会科学の知の形態であって、ゲノム科学の成果を考慮すれば、つまり二〇世紀の科学知の全体を視野に入れるなら、ポスト構造主義とか構築主義とかいわれる主張は、文理の接合・統合や総合化という観点から再検討する必要があります。

一例を挙げてみますと、二項対立的なジェンダーと多項的なセックスの相違と関連です。ジェンダーはご承知のように文化情報に関連し、セックスは遺伝情報に関連する。そうすると女性学は人文社会科学と生物科学との協力なしには進まない。遺伝と文化という二系統の指令情報の、つまり「二系統の設計・構築」の関連も単純ではありません。ジェンダー・アイデンティティが受精以後のどの段階で決まるのか、一旦決まったら変化しないのか、するのか、マレーの議論以来揺れているわけです。ホモセクシュアリティについても、その先天性と後天性、遺伝性と社会性・文化性が争われています。

おそらく学力の問題も、ゲノムの解読が今後ますます進みますから、当然、氏か育ちか、遺伝か環境かという古くて新しい問題が、イデオロギーの対立を越えて新しい段階に突入することになるでしょう。昨今のキレる子どもに関しても、やはり乳幼児教育に始まる教育のせいだというような、人文社会科学的な方々もおられるし、逆に、ダイオキシンそのほか、いわゆる環境ホルモン（内分泌攪乱化学物質）の結果ですね、子どもがお母さんの胎内にいる間にその影響を受けて、脳の発育に異常があるという議論をされる方もおられます。その方面の自然科学の専門家にお聞きすると、条件の統制が困難でなかなか検証できないとのことですが、キレて犯罪を犯した子どもたちの鑑定に携わった研究者の中には、そうした子どもは、大きな異常じゃないけれども微妙な異常をもった脳で生まれている可能性があり、胎内での環境ホルモンの影響を無視できないという方もおられる。いずれにせよ、人文社会科学は、これまでのようにタコツボ化したままではダメだという状況になっているわけです。

設計科学・自由領域科学・人工物システム科学の提唱　さあ、もう時間がありません。駆け足になりますが、「人間と社会のための科学」という第一の転換について、冒頭にも言及しましたが、改めて整理しておきます。私は「対象のありのままの姿を記述・説明・予測する」という知の営み、つまり伝統的な科学を「認識科学」と再規定し、それに対抗して「対象のありたい姿やあるべき姿を計画・説明・評価する」という知の営みを「設計科学」と命名しました。それを科学の新形態として認知すべきだと主張している。すでに理系の工学や文系の政策科学・規範科学は、事実上、設計科学であり、その意味では、設計科学の提唱は、いわば「かくれ科学」を公認しようという提案にほかなりません。これまで「科学」の概念が私のいう「認識科学」に限定されていたために、工学者は苦労されました。それは、こういうことです。研究対象を「自然物」と「人工物」に分け、「自然物の理学」と「人工物の理学」というカテゴリーを作り、工学を「人工物の理学」と規定して、理学＝科学＝認識科学の仲間入りを図ったわけです。ですが、工学は「人工物の認識」とともに「人工物の設計」にも携わってきたわけですし、市井の工学理解は「人工物の認識」ではなくて、むしろ「人工物の設計」です。こうした状況のもとでは「人工物の認識」を「自然物の認識」とともに認識科学とし、「人工物の設計」を新たに設計科学として、両者をともに「科学」と認めようという私の提案は、「人間と社会のための科学」が不可避・不可欠となった歴史的段階の科学論として一定の説得力をもつのではないでしょうか。しかもまた、文系では、すでに政策科学や規範科学を、その表現が明示する通り、科学の一形態と認知していたのです。加えて二つの政策科学、すなわち「science of policy」（政策の認識科学）と「science for policy」（政策の設計科学）の区別が、「人工物の認識科学」と「人工物の設計科学」の区別に匹敵するものとして存在しているのです。ただ、この種の文系・理系の共通課題が、文理の分裂・乖離のもとでは気づかれるべくもなかったということです。

この「設計科学」という科学の新形態の提唱に関連して、私は「ディシプリン科学」を「認識科学の領域形態」と位置づけ、新たに「設計科学の領域形態」として「自由領域科学」なるものを提案しています。伝統的な農学や医学、新興の地球環境科学や女性学や安全科学などを事例とする「自由領域科学」は、過渡期の主張にすぎない inter/multi/trans-disciplinarity の行きつく先にほかなりません。単なる inter/multi/trans-disciplinary な科学と自由領域科学との相違は、当該の自由領域に固有の基礎概念と基礎命題と実践的な課題設定とが確立されているかどうかということです。例えば女性学は、今では一つの自由領域科学として、セックスとジェンダーとセクシュアリティの三つを基礎概念とし、遺伝的な設計・構築と文化的な設計・構築との相互連関に関する基礎命題をもち、性差別の克服その他の実践的課題を担っています。この自由領域科学の全体を、私は「人工物システム科学」と名づけ、それを「人間と社会のための科学」の最終形態と規定しているのです。ここで「人工物」とは「人間の意図的・無意図的な行為の直接的・間接的、単独的・合成的、自覚的・無自覚的な一切の正負の産物」と定義され、具体的には、つぎの三つのカテゴリーを含んでいます。一つは「社会的人工物」（家族、企業、都市、国家、国連、NGO・NPOなど）と「精神的人工物」（科学知識、宗教、文学、芸術、仏や浄土、神や天国など）とに代表される「文系の人工物」、もう一つは「物的人工物」（建物、機械など）と「生物的人工物」（育種動植物、クローン動物など）とに代表される「理系の人工物」です。そして三番目が、それら文系・理系の人工物の影響を受ける限りでの大気圏、水圏、土壌圏、地下圏、生態圏などの「自然物」です。ですから、例えばオゾンホールも人工物システムに属するという了解になります。それは、吉川弘之氏の「領域工学」を止揚する「人工物工学」という卓抜な提唱を継承し、同じく吉川氏の提案になる「俯瞰型研究」という第一七・一八期の日本学術会議の活動方針の理論的基盤の一つとして構想されました。その詳細は、月刊誌『現代思想』の二〇〇一年の九月号に掲載された拙論「科学論の情報論的転回——総合科学技術政策における人文社会科学の位置づけ」をご覧いただければと思います。異色のノーベル経済学賞受賞者H・サイモンにも「人工物の科学」という類似の提唱がありますが、そこでは「物質・エネルギーに対置される記号情報」、「法則に対置されるプログラム」、「認識科学に対置される設計科学」などのラディカルなパラダイム転換は導入されていません。

新しい自然像と新しい科学像

「文理の接合・統合」という現代科学の第二の転換についても、簡単に整理してみましょう。まず、つぎのような新しい自然哲学を構想します。物的世界が「物理科学法則」によって「生成」するのに対して、生物的・人間的世界は「プログラム」によって「設計・構築」される。プログラムはDNAから言語にいたる一定の進化段階の記号によって構成され、かつ変異と選択（外生選択と内生選択、事後選択と事前選択）に媒介されて変容する、という自然観です。ビッグバンから生命の誕生にいたる自然進化の段階＝累層、つまり物理・化学的自然は「物理科学法則によって生成」する世界です。だが、RNA・DNAの誕生以降の段階＝累層の自然、つまり生物的世界は「遺伝的プログラムほかのシグナル記号で書かれたプログラムによって設計・構築」されるし、豊かな言語の誕生以降の段階＝累層の自然、つまり人間的世界は「言語的プログラムほかのシンボル記号で書かれたプログラムによって設計・構築」される、と解釈する新しい自然哲学の構想です。そのシグナル性・シンボル性のプログラム的設計・構築に際して、物理科学的自然とその法則は、不可避・不可欠の「材料」ならびに「支援・制約条件」として関わっている、と理解するのです。ポスト構造主義の「脱構築」論は、この構築論の人間レヴェル、つまり「言語的プログラムによる構築」論の一つの先駆形態だという了解になります。いい換えれば、人文社会科学の構築主義は、言語的構築に特化して遺伝的構築というその前段階を視野に入れていない、あるいは気づいていない。というよりタコツボ化の結果、関心が弱いというべきでしょう。つまり、「RNA・DNAの登場を分水嶺にする法則的生成からプログラム的構築へ」という自然の全体像が欠けているのです。そのことがもたらす弱点については『現代思想』の拙稿をお読み下さい。

この自然哲学をバックにして、「物質・エネルギー科学」に対置される「（記号）情報科学」、「法則科学」に対置される「プログラム科学」という新提案がなされます。「計算機科学や計算機工学」に限定されないもっとラディカルな意味での（記号）情報科学の提唱、社会情報学の提唱もその一環ですが、それともう一つ、生物科学と人文社会科学で「法則」カテゴリーを拒否するプログラム科学の提唱、この二つの提唱は、私が三〇代半ば以後の学問的生涯をかけて到達した結論なんです。その要点をいえば、ビッグバンから人間的世界へと進化する全自然の構成要素は「物質・エネルギー」と「記号情報」の二つであり、物質・エネルギー現象の科学、つまり物理科学の秩序原理が「法則」、そして記号情報現象の科学、つまり生物科学と人文社会科学の秩序原理は「プログラム」であると措定する、「近代科学」と差異化された「現代科学」の新しい基本枠組みです。「記号情報とプログラム」は物理・化学的世界には存在せず、生命の誕生以降の世界に独自の特性ですが、それが、さらに二つの進化段階＝進化累層に分かれる。一つは、生物的世界のDNA記号に代表される「シグナル記号情報とシグナル記号性プログラム」であり、もう一つが、人間的世界の言語記号に代表される「シンボル記号情報とシンボル記号性プログラム」だということです。それは「物質・エネルギーと法則」一元論と規定すべき正統派の、私の表現でいえば大文字パラダイム、科学史家・中山茂氏の用語でいえばメタ・パラダイムの抜本的な転換を要求するのです。残念ながら、詳細は前記の拙稿その他に委ねざるをえません。

認識科学と設計科学、卒業論文と卒業設計

さて、ここでもう一度、設計科学という話題に戻りましょう。設計は何らかの価値選択抜きには成立しませんから、設計科学は認識科学と違って価値問題を正面に据えることになります。だが、「価値の普遍妥当性」は論証も実証もできないというのが、メタ価値論やメタ倫理学の成果だと見ていいわけですから、設計科学が価値命題をどう扱うかは、設計科学の第一の関門だといえます。私は、認識科学における仮説、つまり仮説的事実命題に対応して、設計科学における仮設的価値命題という発想を導入しています。仮設住宅の仮設です。そして認識科学におけるK・ポパーの反証原理にならって、設計科学を支えるいかなる価値命題も「まだダメだと分かっていない」だけであって、究極的な妥当性や適合性を保証することはできない、と主張しているのです。ファナティックな、またイデオロギー的な価値コミットメントを排除したいからです。社会的な価値選択は、現実に

は、社会的勢力の布置によるか、民主的な手続きによるか、を両極とする組み合わせで決まっている。だが、設計科学は、価値命題の妥当性や適合性を状況相対的なものと捉え、権力の行使からも民主的な手続きからも一定の距離をおきながら、「価値選択の状況相対的な合理的根拠」を追究するということになります。それが一意の状況的結論を導くという保証はまったくありませんが、学問としては、あるいは研究者としては、ひとまずこの道を歩むしかないでしょう。最終的には民主的な手続きに落ち着かざるをえないかもしれませんが、その民主的な手続きにもとづく価値選択過程で道しるべとなるような「各種の」合理的根拠を求めるわけです。それぞれに合理的根拠をもった複数の相異なる価値選択の可能性を提示するということです。その選択肢が一本に絞り込めれば、大変ありがたいのですが。

そこで、今日の最後のテーマです。現在、大学の工学部には「卒業論文」と「卒業設計」という二本立てのカリキュラムがあるのです。卒業論文は、「人工物の認識」に対応し、卒業設計は「人工物の設計」に対応する。技術者になるための基礎的トレーニングの一環として「卒業設計」が課されているわけですが「認識科学としての工学」と「設計科学としての工学」とが、ともどもカリキュラムに反映されているということになります。文科系の学部でもこの発想と制度を取り入れることができるでしょう。とりわけ「進化」途上のインターネットを対象にする第二世代のコミュニケーション学には、この発想と制度が是非ともほしい。今や特許の対象にもなる「ビジネス・モデル」の設計を始めとして、前述のＪ・ブリーンのOne-click-donationに見るようなＮＰＯ的・ＮＧＯ的構想に、若い柔軟な知性で果敢に挑戦してほしいものです。認識科学によって分断された「認識と行為」の再結合を目指す設計科学は、「科学のための科学」から「人間と社会のための科学」へという歴史的転回を象徴する知の営みです。私は先ほどインターネットを、生物的・人間的世界の根幹をなす情報機構の、細胞（生命）と脳神経系（個体）に続く三つの画期的段階の一つだ、と位置づけました。それは「人類のハイブリッド集合脳」であり、今まさに「進化」の真っ只中にある、ともいいました。そして、その進化の現場をただ見守るのではなく、それに自ら参加するといいました。インターネットをめぐる「卒業設計」という発想と制度の趣旨は、まさにそのことにあるのです。ちょっと延びましたけれども、これで私の話を終わらせていただきます。どうもご清聴ありがとうございました。

第5章　社会情報学の時代超越性と時代被拘束性

問題の所在　一九九六年二つの日本社会情報学会が発足した前後に、私は当時の主流的な理解とは異なる社会情報学を提唱した。主流的理解とは、新聞学に始まり、ラジオ・テレビ放送を包摂してマス・コミュニケーション研究へと発展し、さらに各種のパッケージ・メディアや携帯電話ほかのポータブル情報機器、そして放送・通信衛星やインターネット等々を視野に収めてメディア・コミュニケーション論と称されるようになった一連の研究を、新たに総括・総合する新しい学術領域としての社会情報学という構想であった。

他方、私の社会情報学（Socioinformatics）は、ワトソン＝クリックによるＤＮＡ情報の解明に始まり、生命科学ないし生物科学の全領域に及び、かつそれを踏まえた生命工学ないし生物工学へと展開し始めていた生物学革命に着目するものであった。この二〇世紀中葉の生物学革命は一七世紀の物理学革命に続く科学の巨大な地殻変動であり、一七世紀以降の物質科学（物理学や化学）が確立した物質・エネルギー（以下、単に物質とのみ表記）現象を不可欠の支援条件および不可避の制約条件としながら、情報・記号現象の認識的・設計的研究を目指す学術形態である。それは私が「近代科学の情報論的転回」や「大文字の第二次科学革命」、簡潔に「新科学論」と命名した科学史の一大画期であった。物理学還元主義のもとで完敗したとされた生気論（Vitalism）は、記号情報論的な生命科学として換骨奪胎的に復活していたのである。私は生命科学ないし生物科学における情報・記号論的枠組みと同様の情報・記号論的枠組みを人文社会科学に導入・確立しようと考えたのである。

しかし、そのためには物質層と生物層と人間層の三層からなる自然の全体を Universe of Discourse とする、いくつかの予備的考察が必要であった。全自然を Universe of Discourse とする限りでは「哲学的考察」といってもよい。主要なものを六つ挙げるなら、第一に、記号不在の宇宙進化とシグナル記号が関与する生物進化とシンボル記号が関与する人間進化をすべて包摂する「汎進化史的枠組み」。第二に、ＲＮＡ・ＤＮＡ記号をプロトタイプとして神経記号から言語記号へと至る「記号進化論」と命名された記号学の革新。第三に、「物質科学法則に従って生成する物質層の生成存在」に始まり「生物的プログラム（シグナル性ないし信号性プログラム）によって構築される生物的構築存在」を経て「人間的プログラム（シンボル性ないし表象性プログラム）によって構築される人間的構築存在」へ至るという「新しい存在論」。換言すれば、物質的「生成存在」から生物的・人間的「構築存在」への存在様式の進化、再度換言すれば、物質層における（法則的）「生成主義」および生物層・人間層における（プログラム的）「構築主義」の進化史的対比である。伝統的な「機械論 対 有機体論」のダイコトミーは、新存在論や新科学論の立場からすれば、有機体は内在するシグナル性のプログラム（システム内部にある設計図）なしには構築されないが、機械は自動制御機械を除けば、外在するシンボル性のプログラム（システム外部にある設計図）なしには構築されない。すなわち、機械も有機体も――設計図の「外在性とシンボル性」対「内在性とシグナル性」という相違があるのみで――どちらも「構築存在」であり、宇宙系や銀河系や太陽系のようなプログラム依存でなく法則依存の「生成存在」とは存在様式を異にしている。「機械論的」という近代科学の定説化された特性規定は的外れであったというべきである。指令・認知・評価という記号＝情報機能を内在させるのも、細胞から生体を経て社会組織に至る生物層・人間層の「構築存在」のみであり、物質層の「生成存在」には記号情報機能は内在も外在もしていない。ゲノム科学は細胞が記号情報（DNA・RNA）内在型システムの進化史的原型であることを明らかにした。システムは「記号情報不在型」と「記号情報内在型」と「記号情報外在型」に三分されることになったのである。第四は、物質科学と生物科学・人文社会科学との説明様式の相違であり、一方、物理科学法則と境界・初期条件（文脈要因）による物質層の説明・予測、他方、(1)生物的・人間的プログラムと境界・初期条件（文脈要因）による解明、ならびに(2)「プログラムの変異」および「一定の選択基準と境界・初期条件（文脈要因）によるその採択淘汰」という解明、すなわち、生物層・人間層に固有の二段階の説明・予測。第五に、経験法則と区別された理論法則（以下、単に法則と表記）なるものは自然の物質層においてのみ妥当する秩序原理であり、生物層の秩序原理はシグナル性プログラム、人間層のそれはシンボル性プログラムである。プログラムは法則ではなく、法則とは異なる秩序原理である。これら三つの秩序原理の特性の相違についていえば、物質層の法則は「変容不能で違背不能」、生物層のシグナル性（信号性）プログラムは「変容可能で違背不能」、そして人間層のシンボル性（表象性）プログラムは「変容可能で違背可能」の、それぞれ秩序原理である。他方、経験法則すなわち経験的一般化命題（以下、経験則と表記）はすべての学術領域に見出され、原則として、法則および／またはシグナル性プログラムおよび／またはシンボル性プログラムと、それぞれの境界・初期条件（文脈要因）との合成効果として与えられる。古典力学以来の「秩序原理＝法則」一元論の根底的破綻といわなければならない。私はこれを「秩序原理の進化」と位置づけた。マスコミが人間的事象に関する「法則」として言及するものは、すべて「プログラム」か「経験則」であるといってよい。近代経済学が経済法則と称する秩序原理は、ホモ・エコノミクスに仮託された経済合理的プログラムやその合成・波及効果の数学的定式化と解すべきであろう。法則もプログラムも数学的定式化を模索しうるから、数学的に定式化されているからといって法則であるとは限らない。行為様式や規則やルールという人間層に独自の秩序原理は、旧科学論の法則一元論のもとではより根底的な枠組みを用いた位置づけが不可能であったが、「法則→シグナル性プログラム→シンボル性プログラム」という秩序原理の進化という新たな構想のもと、科学的世界像のなかに史上初めてその所を得ることになったのである。行為様式や規範を議論・理解するUniverse of Discourseが人間層への隔離から全自然へと解放・拡張・一般化されたのである。それは物質科学・生物科学・人文社会科学の統合に向けての一つの大きな転回であるといって過言ではない。情報範疇と記号範疇の拡張解釈が登場するまで、人文社会科学の自閉的な視野狭窄と理系の還元主義とは相呼応して、文理の乖離・分裂はやむをえないことであった。最後に第六として、情報は「非記号情報」と「記号情報」とに大別され、前者は自然の物質層・生物層・人間層を貫徹する「物質現象の（時間的・空間的、定性的・定量的な）差異／パタン一般」、そして後者は生物層と人間層に固有の「記号化された差異／パタン」と定義されることになる。アリストテレスを継承すれば、非記号情報は「形相一般」、記号情報は「記号的形相」であり、プラトンのイデアは記号的形相の一例である。だが、以上の諸論点は、私の第一八期日本学術会議副会長としての実体験によれば、現行の学術界の共同主観的世界においてことごとく容認不可能な着想であった。次世代の研究者に望みを託すほかない。

こうして「物質」と「物質変換」と「法則的生成」の三つが物質科学の基礎カテゴリーであるといえるが、生物科学と人文社会科学の基礎カテゴリーは、その物質科学の基礎カテゴリーを不可欠・不可避の支援・制約要因（構築の材料）として、「記号情報」と「記号情報変換」と「プログラム的構築」の三つだといってよい。そしてシグナルからシンボルへという記号形態進化（後述のように記号媒体進化とは区別される）の二段階に対応して、遺伝情報や感覚／運動情報などのシグナル情報による構築を扱う生物科学と表象や言語などのシンボル情報による構築を扱う人文社会科学とが差異化されることになる。なお、プログラムは記号情報の、またプログラム作動は記号情報変換の、それぞれ一環・一例であるが、秩序形成という観点から特化・抽出された概念構築である。

時代を超越する社会情報学　さて、ゲノム科学やタンパク質科学を核とする生命科学が、四〇億年に近い全生命史のすべてを射程にすえる時代超越的なそれと、それを基盤にして各種のバイオテクノロジーと不可分に結びつく特殊現代的なそれとを包括しているのと同様、社会情報学もまた時代超越的なそれと時代被拘束的なそれとを包括・統合すべきものである。そこでまず時代超越的な社会情報学であるが、ここでは時間や紙幅の制約もあり、記号情報・記号情報変換・プログラムという三大カテゴリーのうち、とりわけ言語性プログラムの簡潔な考察に限りたい。言語性プログラムの類型、その作動、その変異と選択という三つのテーマである。第一に、言語性プログラムはDNA性プログラムと違って極めて多種多様であり（以下、プログラムをpと表記）、①個別具体的なp（いま・ここでのp）と一般抽象的なp（倫理や法律）、たとえば、アド・ホックな即興的pから政令や省令や条例などの制度的pまで、②指令（自己と他者への指令）的pと認知的pと評価的pという記号＝情報機能の3モードに対応するp、すなわち指令の仕方・手順、認知の仕方・手順、評価の仕方・手順、③自生的なpと計画的なp、④規範化されていないpと規範化されたp、⑤言語化の困難なpと容易なp、⑥動機や行為を事前・事中に導くpと事後に説明するp、また、⑦気づかれにくい、だがエスノメソドロジーが気づいた重要なpの例として、相互行為場面で自己の行為に関するpに事前、事中、あるいは事後に言及するというp、等々である。

第二に、DNA性や感覚／運動性のpの作動が物質科学法則に基づき一般に——誤作動はあるにせよ——一義的で違背不能であるのに対して、言語性のpの作動は——物質科学法則とDNA性ほかの生物的pの支援・制約を不可欠・不可避とするが——それ自体は表象に媒介され、「解釈の多義性」と「逸脱の可能性」はむしろ常態というべきである。言語性pの作動は、人間レヴェルの各種システムの「構築」にほかならず、認知的構築、ときに加えて評価的構築に限定される人文社会科学のいわゆる構築主義は、指令的構築を含んで、というより指令的構築を中核にして拡張される。私はこれを認知という1モードに局限される定説的な「認識論的構築主義」から、指令・認知・評価の3モードのすべてを包括する「存在論的構築主義」への展開と名づけた。人文社会科学のいわゆる本質主義と構築主義との対立は、生成主義と構築主義との存在論的差異化、より詳細にいえば、物質層の法則的生成と生物層のシグナル性プログラム的構築と人間層のシンボル性プログラム的構築の三分法へと転回する。この存在論的構築主義は、視点を変えれば、システムによる、システムとその環境との自己組織化にほかならない。ただし、ここでもまた社会科学の定説的な自己組織性は物質科学に固有の法則的な非記号情報学的自己組織性の無批判な受売りにすぎず、社会科学に独自の、プログラムによる分権的／集権的、参加的／委任的な記号情報学的自己組織性とはまったく異質のものである。法則による自己組織化と峻別すべきプログラムによる自己組織化は、(1)プログラムによる当該システムの自己組織化（一次の自己組織性）と、(2)プログラム自体の自己組織化（二次の自己組織性）という二重の課題を抱えている。サンタ・フェ研究所の複雑適応系（Complex Adaptive System）にいう適応とはプログラムの適応であり、二次の自己組織化の謂いにほかならない。だが、法則的な非記号学的自己組織理論には、この一次・二次の自己組織化という発想はまったく無縁である。ちなみに、生物科学における自己組織性は、法則的自己組織化とプログラム的自己組織化の双方を含んでいる。社会科学で支持されている自己組織理論は、まず(1)法則ではなくプログラムによる自己組織化という枠組みの欠如、それゆえまた一次と二次の自己組織化の識別不全、ついで(2)自律分散的な分権的自己組織化のみを自己組織化と見なすという二つの難点を未だに克服していない。誤解を避けるため付言すれば、カオス系の計算機シミュレーションはカオス方程式を計算機プログラムとして入力するが、その方程式はプログラム的自己組織化にいうプログラムであるとは限らない。カオス方程式はカオス法則でもカオス・プログラムでもありうる。計算機シミュレーションは近代科学の二大秩序原理としての「法則とプログラム」を等しく「計算機プログラム」として処理するからである。法則もプログラムも数式化されうるのと同様である。問題は、研究対象自体に内在する記号列で構成された秩序原理か否か、である。

以上第二のテーマの核心は「プログラムによる社会秩序の説明」であったが、つづく第三のテーマは、「プログラム自体の説明」である。「プログラム」自体を説明する「法則」があるのではないかという疑問であるが、結論は否定的である。遺伝的プログラムの説明は、主流派の立場からすれば、ダーウィンの「変異と選択」なる枠組みによる。この「変異と選択」は汎ダーウィニズムの枠組みとしてシンボル性プログラムの説明にも適用される。ただそのためには、変異はランダムな変異に限定されず借用や模倣や創発や計画的創造を含み、選択は市場的選択などの事後的な自然選択（外生選択）以外に、事前的な外生選択（権力による事前の弾圧など）や事後的・事前的な主体選択（内生選択）を包摂することになる。そもそも「自然選択」（natural selection）なる概念は、『種の起源』第一章によれば、「人為選択」（artificial selection）〔⊂主体選択〕から着想されたもので、その意味でいわば先祖返りである。そして選択基準もまたＷ・Ｄ・ハミルトンの包括的適応度の最大化という外生的なものに限られず、多様な内生的価値規準（例えば、Ｍ・ウェーバーの目的合理性、価値合理性、感情適合性など）へと拡張される。

こうしてみると「時代超越的な社会情報学」とは、「シンボル性の存在論的構築主義を標榜する社会科学」や「シンボル性のプログラム的自己組織性を基幹理論とする社会科学」の別名であり、時代超越的な生物情報学の社会科学版であるといってよい。その結果、法学、社会学、経済学、政治学、教育学、経営学、社会心理学、等々の社会諸科学は、時代超越的な社会情報学を共通の一般的基盤として総合の可能性をもちうることになる。かつてマルクス主義が社会科学の共通基盤を提供するとされたが、こんにちその共通基盤は時代超越的な社会情報学にこそ求められなければならない。それは生物情報学がいまや生物科学の諸領域の共通基盤とされているのとまったく同様である。

なお、記号情報と記号情報変換に関わり、それぞれ一点だけ触れておこう。一方、記号情報の理解は認知的なそれに限定されやすいが、評価情報、とりわけ指令情報が、そして他方、記号情報変換は記号情報の空間変換、すなわちコミュニケーションに限定されやすいが、認知情報・評価情報から指令情報への変換、すなわち意思決定が、それぞれ人間層の存在論的構築主義やプログラム的自己組織性にとっての記号情報現象として決定的な意義をもつことを力説しておきたい。「認識と伝達」の二側面に偏向する常識的な情報理解が学術的な記号情報理解を無自覚のまま歪めているのである。学術用語としての記号情報は、ニュースや知識などの「認知情報」のほか、意見や価値観などの「評価情報」、意思や命令や倫理や法律などの「指令情報」を含み、学術用語としての記号情報変換は、その「空間変換」としてのコミュニケーションのほか、「時間変換」としての記憶や貯蔵、「媒体変換」としての複製やコピー、「記号変換」としての音声言語から書記言語への変換やその逆、翻訳、「意味変換」としての連想、計算や推理、情報創発、意思決定、そして「記号化変換」（受容器やセンサの機能など非記号情報＝非記号的な差異／パタンから記号情報＝記号的な差異／パタンへの変換）と「対象化変換」（効果器やアクチュエータの機能など記号情報＝記号的な差異／パタンから非記号情報＝非記号的な差異／パタンへの変換）などをすべて包括している。個人的・社会的な心理的、意味的、精神的世界の過程的・動態的側面をすべてシグナル性・シンボル性の記号情報変換と捉えるのである。

時代に拘束されるべき社会情報学　ところで、すべての社会諸科学と同様、それを束ねるべき社会情報学もまた社会と時代の要請に応えなければならない。そのためにまず、社会情報学の枠組みからする現代社会の基本特性を三つ述べてみたい。第一は、記号進化論の視点である。記号進化論は、「記号形態の進化」と「記号物質（記号媒体）の進化」の二側面をもつが、現代社会に特異的な記号情報・記号情報変換・プログラムは「二進形態」と「電子媒体」を二大特性とする極めて合理的・効率的な「二進電子情報空間」である。「音素・文字」形態と「音声・書記」媒体を基本とする既成人間層の各種の言語情報空間と二進電子情報空間との相互変換は、現代社会にのみ固有の情報空間の進化である。それは量子コンピューティングの実用化でさらに一つの転機を迎えるだろう。

第二は、この二進電子情報空間の技術的可能性であり、ここでは、(1)リアルタイム性、(2)仮想性、(3)ロボット（自動機械）性、(4)グローバル性の四点を指摘したい。ロボット性は人間機械論からすれば人間の属性であり、またグローバル性を当該システム（この場合なら地球人間系と脳神経系）の全域性と解釈すれば、これらの四特性は人間の脳神経情報空間ですでに実現されている。だが、それが人間個体の外部に構築されるのである。コンピュータやインターネットや放送・通信衛星を核とする情報テクノロジーは、以上の二進電子情報空間の技術的可能性を各種の社会的・個人的需要と人間的価値基準（安全・安心、自由、人権、信頼、公正、プライバシー、民主性、平等、サービス性、効率性、その他）に基づいて機器化かつ制度化する。その行き着く先は、工業社会に対する高度情報社会といった人間史的画期というよりは、物質層・生物層・人間層に続く新たな地球史的画期としての二進電子情報層というべきものであろう。それほど革新的な記号情報論的進化だということである。ここでもまたUniverse of Discourseを全自然に拡張した考察の意義を指摘することができる。人間層が厳密には生物層の一部であるのと同様、二進電子情報層は人間層の一部であるが、それぞれ後者との間に隔絶的相違が認められるのである。ナノテクノロジーや創薬ほか現代における物質空間の技術革新も、それに先行する記号情報空間の創発がなければ成立しないが、その記号情報空間にとっての二進電子性は決定的な意義をもっている。計算機シミュレーションはその分かりやすい事例であろう。地球史において人間史に続く時代区分がありうるとすれば、それは物質空間ではなく記号情報空間に求めるほかない。人間史的画期か地球史的画期かのいずれにせよ、リアルタイム性・仮想性・ロボット性・グローバル性、等々を「人間個体の外部に構築」する二進電子情報空間＝二進電子情報層が、従来の人間層へのその巨大な影響ともども、社会情報学の時代被拘束的な最大のターゲットであることはいうまでもない。記号情報空間の二進電子化が経済、政治、教育、生活など、あらゆる局面に浸透する。秩序原理としてのDNA性プログラムはプログラムの進化史的原型であるが、二進電子性プログラムは生命の誕生以降の地球史の現段階で最新のプログラム形態であり、その広くて深い影響は予断を許さない。

第三に、伝統的な科学すなわち「認識科学」は「学術のための学術」という規範を根底に据えていたが、二〇世紀に出来した自生的な経験的技術から計画的な科学的技術への重心移動は、同世紀末には「人間と社会のための学術」という価値の比重を高め、理系の工学と文系の規範科学をともに包摂する「設計科学」という新しい科学形態を要請することになった。二進電子情報層は国内的・国際的にいままさしく機器的・制度的構築の最中にあり、時代被拘束的な社会情報学は「設計科学」的色彩を強めざるをえない。それは従来型の単なる現状の認識や批判を越えて実践的な設計へと踏み込むことを期待される。研究者の認知・評価的構築は、現場の存在論的（指令・認知・評価的）構築に学ぶ必要がある。

Ⅱ　新科学論の展開

第6章　近代科学のパラダイム・シフト

――進化史的「情報」概念の構築と「プログラム科学」の提唱

6-1　正統派近代科学のパラダイム・シフト

一八世紀の啓蒙革命以降の近代科学は、分子生物学やエソロジーやコンピュータ科学などの情報関連諸科学が登場するまで、二つの根本前提を自明のものとして受け入れていた。二つの根本命題を核とする自然哲学の上に成立していたといってもよい。第一の根本前提は、全自然――物理・化学的自然にはじまり生物的自然をへて人間的自然にいたる――の根元的な構成要因は、結局のところ、物質・エネルギーにつきるというものであり、第二の根本前提は、全自然を貫く普遍的な秩序原理は、ただ一つ、法則とその論理・数学的構造につきるというものである。これを物質一元論または唯物論、および法則科学一元論とそれぞれ名づけよう。

もちろん生命や心、制度や神仏を扱う諸科学は、この二つの一元論に満足できるはずはない。生物科学における生気論（vitalism）や人文社会科学における文化科学や精神科学や理解科学などの提案は、物質一元論ないし唯物論と法則科学一元論に対する反発であり、代替案であった。けれども、それらの試みは「物質・エネルギー」に対置しうるだけの根元的な構成要因や「法則とその論理・数学的構造」に対抗できるだけの普遍的な秩序原理を打ち出すことはできなかった。

ところが、二〇世紀中葉以降の主に分子生物学の形成・発展は、一方、物質・エネルギーに対置して「情報」なる構成要因を、他方、法則に対抗して「プログラム」なる秩序原理を新たに導入することになった。「情報とプログラム」という新たな基礎カテゴリーの導入は、「物質・エネルギーと法則」あるいは端的に「唯物論と法則」なる正統派近代科学の二つの根本原理の射程を明らかにして、その限界を示した。この根本前提の修正・変容を、私はT・クーンが問題にしたような近代科学の個々のディシプリンのパラダイム・シフト——例えば単なる生物科学のパラダイム・シフト——としてではなく、まさに啓蒙主義以来二五〇年以上の歴史をもつ、総体としての正統派近代科学そのもののパラダイム・シフトであると捉えたい。

6-2　概念構成の二つの方法

本章のキーワードである「情報」も「プログラム」も自然生成的に構成された概念——自然言語も自生的「構成」の産物である——ではなく、意図的・人為的に構成された概念である。そこでまず、私が「辞書づくり」と「コンセプトづくり」と名づける、学問的な概念構成の二つの方法について触れておきたい。言語は、まず第一に、本源的には、相互に恣意的に差異化・分節された記号（ソシュールなら記号表現、以下同様）と、相互に恣意的に差異化・分節された意味（ソシュールなら記号内容、以下同様）との、恣意的な結合である。第二に、この記号の恣意性と意味の恣意性と両者の結合の恣意性という三重の恣意性が一定の拘束力をもつのは、それが一定の人びとのあいだで合意され間主観化されているからにほかならない。恣意性と拘束性という言語の一見矛盾した特性は「間主観化された恣意性」

にその根拠があるということになる。そして第三に、間主観化は、それらの恣意性の何らかの選択基準による採択淘汰の結果にほかならない。

学問的な術語の構成、とりわけ理論語の構成は、言語の拘束性を重視する「辞書づくり」の方法と言語の恣意性に力点をおく「コンセプトづくり」の方法とを区別することができる。いま「情報」を例にとるなら、「辞書づくり」の方法は、自然言語としての「情報」の使用例や既成学術用語としての「情報」の使用例をできるだけ幅広く渉猟して、何らかの「共通部分」を発見・確定するという作業である。人文社会科学者が、たとえばアイデンティティとは何か、制度とは何か、主体性とは何か、所有とは何か、等々を議論するとき一般に利用される方法である。まさにすでにある言語の間主観的拘束力を尊重している。

これとは逆に「コンセプトづくり」は、何らかの研究目的――たとえば情報進化論や物質エネルギーに並置しうる基礎カテゴリーの構築――にとっての有効性を基準にして、「情報」のコンセプト（意味ないし記号内容）を創作するのである。創作されたコンセプトすなわち概念が既存の「情報」概念と余りにも乖離すれば、「情報」という記号は放棄され、新たな表現すなわち新たな記号が選ばれる。ただ多くのばあい、当該の自然言語の意味が、創作されたコンセプトの特殊事例として包摂されるのである。というより、本章の「情報」概念がそうであるように、当該の自然言語を包摂するという制約条件のもとでコンセプトが創作される。

もちろん共通部分の抽出というかぎりでの「コンセプトづくり」が成功しなければ「辞書づくり」も成功しないし、「コンセプトづくり」のヒントをうるために「辞書づくり」が活用される。両者は連関している。だが、この二つの概念構成の方法は、前者が「拘束性」志向、後者が「恣意性」志向と、言語使用にかかわる価値意識がまったく逆なのである。だからこそ「辞書づくり」の成果は容易に間主観化されて学界に受け入れられるが、既成の間主観的世界を超える創造的な研究につながりにくい。反対に「コンセプトづくり」の成果は、既成の間主観性を突破して創造的な研究の基盤になりうるが、容易には間主観化されない。

物理学や化学や生物科学において「コンセプトづくり」の方法は、概念輸入のケースを除けば、当然のこと自明のことである。だが、語源の探索が学問的概念構成の一環をなすことすら珍しくない人文社会科学のばあい、「コンセプトづくり」はむしろ傍流に属する。なぜか。

人文社会科学の研究対象は、このこと自体本章の主題の一部であるが、言語情報を核とするシンボル情報で設計・制御され、したがってとりわけ自然言語で生きられる世界は人文社会科学の研究対象そのものである。当事者によって生きられる意味世界（情報空間）を当事者の言語と当事者の視点で把握するという作業は、物理学や化学や生物科学にとっての基礎データや一次資料の収集と同じ位置を占めている。そして当事者言語と当事者視点によるデータ収集は「辞書づくり」の方法を不可避・不可欠とする。物理・化学や生物科学で副次的な「辞書づくり」の方法が、人文社会科学で必須とされる理由はここにある。物理・化学や生物科学のばあい言語は研究手段でしかないが、言語科学とかぎらずすべての人文社会科学にとって、言語は研究手段であるまえに、むしろ生きられる世界として研究対象そのものなのである。

しかしながら人文社会科学においても、当事者言語と当事者視点を超えるような普遍化や理論化、あるいは異なる自然言語を生きる人びとのあいだの比較対照を追究するとなれば、否応なく「コンセプトづくり」の方法が要請される。ましてパラダイム・シフトといったメタ理論的なテーマのばあい、「コンセプトづくり」の方法は不可避・不可欠といわなければならない。本章に登場する理論言語は、情報にせよ、プログラムにせよ、ネオ・テレオロジーにせよ、外生選択・内生選択にせよ、存在様式の進化や進化様式の進化にせよ、そして設計科学にせよ、ことごとく「コンセプトづくり」の方法を活用している。要するに、人文社会科学者は、研究目的に応じて「辞書づくり」と「コンセプトづくり」の的確な使い分けと統合を要求されるのである。

6-3　情報とは何か

さて、情報とプログラムという本章の二大テーマのうち、まず「情報」概念からはじめよう。遺伝「情報」と自然言語としての「情報」との関連、それらとコンピュータ情報との関連、あるいは遺伝コード（genetic code）と言語コード（semantic code）との関連などをめぐって、むろん学界共有の見解がすでにあるわけではない。とりわけ文系と理系の対話の少ない日本の学問的風土のもとでは、この種の問題設定そのものがむしろ稀有である。けれども、一九六七年（拙論「情報科学の構想――エヴォルーショニストのウィーナー的自然観」）以来の私の試みによれば、進化論的発想の採用によって、すなわち「情報進化論」や「記号進化論」の構想によって、全自然を貫徹する――物質・エネルギー概念に対置しうる――定性的な科学的情報概念の創作・構築が、以下のように可能であると思われる。

最広義・広義・狭義・最狭義といった包摂関係を措定して進化史的な科学的情報概念を構成するとすれば、まず、物理・化学的自然から生物的自然をへて人間的自然にいたるまで全自然に妥当するもっとも普遍的な情報概念を、「物質・エネルギーの時間的・空間的、定性的・定量的なパタン」と定義することができる。これが最広義の情報である。物質・エネルギーがあれば、それが担うパタンがあり、パタンがあれば、それを担う物質・エネルギーがある。つまり物質・エネルギーと最広義の情報は一個同一の事象の二つの側面でしかない。物質・エネルギーといえば、通例、それが担うパタンをも含意するが、パタンとそれを担う物質・エネルギーとを、あるいは物質・エネルギーとそれが担うパタンとを、カテゴリーとして分析的に差異化するのである。「質料と形相」というアリストテレス的発想の近代科学的継承であるといってよい。むろん質料が物質・エネルギー、形相がパタンである。

定量的な情報概念、すなわち情報量は、記号パタンや意味パタンや指示対象パタンなど、何らかの「パタン」の生起確率をベースにして定義される。

ついで、RNA・DNAの登場以降の自然、すなわち生物的自然と人間的自然にのみ妥当する広義の情報を「任意の進化段階の記号の集合」と定義する。ここで「記号」(sign)とは「パタン表示を固有の機能とする物質エネルギー(記号担体)によって担われるパタン」と定義されている。RNA・DNAは記号の進化史的プロトタイプにほかならない。簡潔に「記号列」と定義されるコンピュータ用語としての情報は、その「記号」の意味解釈を別にすれば、「記号の集合」というここで定義された広義の情報にもっとも近い。広義の情報には、遺伝記号(一定のアミノ酸を表示する三種類の塩基の線形配列パタン、codon)が担う遺伝情報以外に、神経記号(神経情報の単位と見なしうる一定の神経網パタン)が担う神経情報、言語記号(一定の音素の線形配列パタン、単語)が担う言語情報などが含まれる。

そして人間的自然にのみ妥当する狭義の情報は、「シンボル記号の集合」と定義される。最後に、自然言語としての情報は「伝達されて一回起的な認知機能を果たし、個人または集団の意思決定に影響する外シンボル記号の集合」と定義することができる。これを最狭義の情報と位置づけよう。人文社会科学の情報概念のマジョリティは哲学のそれを含めて、目下のところ、この自然言語としての情報、すなわち最狭義の情報に大きく依存している。「外シンボル記号」と「伝達」と「一回起性」と「認知」と「意思決定への影響」を五大要件とする常識的な情報概念にほかならない。とくに「伝達」と「認知」は常識的な情報概念の二大要件である。「或ることがらについてのしらせ」という広辞苑の記述が、そのことを端的に示している。

このように「自然言語としての情報」(最狭義)を「シンボル記号の集合」(狭義)の一例として、「記号の集合」(広義)の一例として、さらには「物質・エネルギーのパタン」(最広義)の一例としてそれぞれに包摂させるためには、以下のようないささかの概念的用具が必要である。

第一に、情報は、それを担う記号の進化段階によって、シグナル記号で担われるシグナル情報とシンボル記号で担われるシンボル情報とに二分される。「シグナル記号」(signal) とは記号とその指示対象 (referent) とが物理・化学的に結合するような記号であり、かならず指示対象をもつが、意味表象をもたない。DNAや感覚・知覚、あるいは動作・運動神経記号はその事例である。他方、「シンボル記号」(symbol) は、記号がその意味表象 (reference) と一定の学習をつうじて脳内で物理・化学的に結合するような記号であり、指示対象をもつとはかぎらず、もつとしても表象過程に媒介されてしか指示対象と結合しない。アイコンと言語は代表的なシンボル記号である。

第二に、情報は、それを担う記号担体の位置によって、内記号情報と外記号情報に分かれる。「内記号」とはパタン表示を固有の機能とする物質エネルギーすなわち記号担体が、DNAや神経記号のように、生物個体 (人間を含めて) の内部に位置する記号であり、「外記号」とは記号担体が生物個体の外部に位置する記号をいう。たとえば、人間レヴェルの情報貯蔵は、通例の意味での記憶のように内記号情報の貯蔵もあれば、データベースのような外記号情報の貯蔵もある。

以上の枠組みを用いるなら、「心」はシグナル性内記号 (感覚・知覚や動作・運動神経記号などのシグナル性脳内記号) とシンボル性内記号 (心像や内言語などのシンボル性脳内記号) とで担われる「脳内情報処理」以外に、シグナル性外記号 (雷鳴を指示する雷光など物理・化学法則に根拠をもつ状況記号) とシンボル性外記号 (アイコンや外言語) とで担われる「脳外情報処理」が存在するということになる。つまり「心」は脳の中にも外にもある。認知心理学者J・J・ギブソンの造語になるアフォーダンス (affordance) は、行動生態学でいうリリーサー (releaser) の人間版として、非生得的・習得的なリリーサー、すなわち主に指令機能 (後述) を担う、シンボル性または疑似シグナル性 (後述) の「外記号」――とりわけ私のいう「状況記号」――であると解することもできる。脳内情報処理と脳外情報処理は、それぞれの比重はともかく、一般に同時に進行し、脳外情報処理も何らかの脳内情報処理を必要条件としている。

「情報」視点と「物質・エネルギー」視点とを対等のカテゴリーとして両立させる近代科学のネオ・パラダイムか

らすれば、塩基の配列パタン、アミノ酸の配列パタン、神経細胞のネットワーク・パタン、音素の配列パタン、単語の配列パタン、文の配列パタン、二進記号の配列パタン等々、パタンやパタン処理それ自体の解明、すなわち記号・情報現象の解明とそれを支える物理・化学的メカニズムの解明とを混同してはならない。脳科学の研究対象は一定の指示対象または意味表象と結合する神経回路網パタンとそれを支える物理・化学的メカニズムの双方を含んでいるが、前者は情報の視点、後者は物質・エネルギーの視点として、二つはひとまず別のものである。ソフトウェア視点とハードウェア視点の相違といってもよいだろう。

D・デイヴィドソンを祖とする非還元的物理主義（physicalism without reduction, non-reductive physicalism）と呼ばれる心身問題の一つの立場は、情報現象と物質エネルギー現象は不可分であるが、「情報、ソフトウェア」視点を「物質エネルギー、ハードウェア」視点に還元することはできない、という主張だと改釈（解釈の変更）するなら、心の問題のみならず生命現象その他、あらゆる情報空間の解明に妥当する立場であろう。問題は、物理・化学的還元を断念ないし拒否したあと、いかなる秩序原理を採択するかにある。在来の非還元的物理主義は、依然として自明化された法則科学イデオロギーによる自縛のもとにあるのではなかろうか。

哲学者ヘーゲルの知覚（内シグナル性情報空間）の解明にとって哲学者ヘーゲルの脳内過程の解明がもつ意義と、哲学者ヘーゲルの作品（外シンボル性情報空間）の解明にとって哲学者ヘーゲルの脳内過程の解明がもつ意義との相違は、十分検討に値するテーマであろう。神経細胞のネットワーク・パタンの解明およびその物理・化学的メカニズムの解明という脳科学の成果は、脳内記号情報空間（脳の中にある心）の解明にとっては中枢的であるが、脳外記号情報空間（脳の外にある心）の解明にとっては副次的・間接的な意義しかもたないのではなかろうか。

第三に、情報の「機能」は指令・認知・評価と三分される。遺伝情報や運動神経情報や制度の機能は指令的であり、基質に対する酵素の特異性や抗原に対する抗体の特異性（いずれも鍵と鍵穴に比せられる化学認識、chemical recognition）、あるいは感覚神経情報やニュースや知識の機能は認知的である。評価機能は内生選択（後述）と不可分であり、私が内生選択と名づける選択様式が登場するまで、長らく自然選択それ自体によって代行されていたと見られる。したがって評価という営みは、進化史的には指令・認知にくらべてはるかに後発の情報機能であり、脳神経系における動因現象や情動現象の誕生と結びついていると思われる。むろん人間レヴェルの評価機能は、言語による価値判断や価値体系として周知のものである。

一方、自然言語としての情報が認知機能に限定され、他方、遺伝情報が指令機能に力点をかけるところに、人文社会科学者が抱く大きく深い違和感の源泉がある。遺伝情報が生物システムの設計図（指令情報）であるとすれば、社会システムの設計図はたとえば制度だということになるが、大多数の人文社会科学者にとって、「制度についての情報（認知情報）」という表現はカテゴリー錯誤ではないが、「制度そのものが情報（指令情報）である」という表現はカテゴリー錯誤をおかすことになる。自然言語としての情報が認知機能に限定されているからである。もっとも「記号列」と定義されるコンピュータ情報は、すでに指令・認知・評価の三機能すべてをカヴァーしているし、情報の定義内容に登場することの少なくない「メッセージ」も、指令情報（命令）と認知情報（ニュースないし一回起的認知情報）と評価情報（評価的意見）のすべてを含んでいる。ただ、このことが人びとに気づかれずにいるのである。

だが、分析哲学者G・ライルのいうカテゴリー・ミステークは、かならず一定のカテゴリー体系と相関している。したがって、ライル自身による指摘はないものの、カテゴリー体系が変容すれば、錯誤であった表現が錯誤でなくなり、錯誤でなかった表現が錯誤に転じうる。たとえば、かつてカテゴリー錯誤であった「コンピュータが記憶する」という表現はいまや錯誤ではない。酵素による基質の識別や抗体による抗原の識別などの「化学認識」は、人文社会系の学者にとって、いまでこそカテゴリー錯誤であり単なるアナロジーでしかないが、いずれ「認識論」が徹底して進化論化――分子的認識から低次・高次の神経的認識をへて言語的認識へ――されれば、錯誤でもアナロジーでもなくなるだろう。逆に、「記号とその解釈者」という表現は、記号論がシンボル記号に限定されれば錯誤でないが、遺伝記号をも射程に入れる記号進化論のカテゴリー体系からすれば、錯誤でありうる。

なお、カテゴリー体系をここでの文脈にそって規定しておくなら、それは、第一に、一定のカテゴリーに帰属する諸概念、第二に、それぞれに諸概念が帰属するカテゴリー群、という二つのレヴェルを包括している。したがって、カテゴリー体系の変容も、第一に、帰属する諸概念と区別されたカテゴリー群それ自体の変化、第二に、諸概念のカテゴリー帰属の変化、という二つのレヴェルを含んでいる。

パラダイム・シフトは一般にカテゴリー体系の変容を伴うが、このカテゴリー体系の変容を媒介するのが既成概念のメタファーとしての活用である。たとえば遺伝「情報」や化学「認識」、後述する「自然の自己設計」や「プログラム」がそれである。けれども、一方で、パラダイム・シフトの起爆力を期待されるメタファーは、他方で、単なるメタファー、単なるアナロジーと揶揄される。この対立する評価に決着をつけるのは、個々のメタフォリカルな用語例の適否ではなく、メタファーが可能にする全体としてのカテゴリー体系の転換・創成の適否なのである。「物質・エネルギーのパタン」(最広義の情報)、「パタン表示を固有の機能とする物質・エネルギー、のパタン」(広義の情報)、「表示されるパタンと物理・化学的に結合するパタン」(シグナル情報)、「表示されるパタンと表象媒介的にしか結合しないパタン」(シンボル情報すなわち狭義の情報)等々、という新たなカテゴリー体系の総体としての適否が、さらにいえば、各種のメタファーによって可能にされた本章全体の構想の適否ないし説得力が、それらのメタフォリカルな表現が単なるアナロジーにとどまるかパラダイム・シフトの起爆力たりうるかを決定するのである。もちろんメタファーが単なるアナロジーに終ることも多い。じじつ、私が過去三〇年にわたって提起してきた前述の進化史的情報概念も、人文社会科学の一部の仲間からは、いまなお単なるアナロジーと揶揄されている。ちなみに、大多数の仲間のリスポンスは、進化論的発想に対する文科系独自の否定的評価——最近、多少とも変化の兆しが見える——やその人間中心主義もあって、無関心か、さもなければ判断留保である。

ところで情報概念は、第四に、その一回起的な機能と反復的な機能との相違に着目して、単用情報と耐用情報とを区別することもできる。一方、ニュースは認知的な単用情報、命令は指令的な単用情報、評価的意見は評価的な単用情報、そして他方、知識は認知的な耐用情報、規範は指令的な耐用情報、価値観は評価的な耐用情報と位置づけられる。また第五に、一定の情報の集合から選択・指定されて情報量を特定できるような現実態の情報と、選択・指定される以前の可能態としての情報とを区別することもできる。意思決定への影響が具体的に問題になるのは、現実態としての情報のみである。

最後に、情報処理の概念にも言及しておく必要があるだろう。私は情報処理をつぎの五ないし七タイプの「情報変換」と定義している。(1)情報の時間変換、すなわち時間座標軸における情報移動は、記録と保存と再生の三フェーズからなる情報貯蔵である。記憶やDNA貯蔵のような個体内貯蔵とデータベースなどの個体外貯蔵とに分かれる。記銘・把持・想起という記憶の三フェーズは、もちろん記録・保存・再生という一般的な三フェーズの特殊事例である。神経情報の貯蔵については、記憶のような認知情報の貯蔵のほかに、指令情報や評価情報の貯蔵を体系的に理論化すべきであろう。(2)情報の空間変換、すなわち空間座標軸における情報移動は、発信と送信と受信の三フェーズからなる情報伝達である。通例の意味での個体間の情報伝達のほかに、受容器から中枢への感覚情報の伝達や中枢から効果器への運動情報の伝達、あるいはm-RNAによる染色体からリボソームへのDNA情報の伝達など、個体内伝達がある。(3)情報の担体変換は、情報を担う物質エネルギー、すなわち情報担体ないし記号担体の変換を意味している。DNA情報の複製（replication）を進化史的元型とする各種のコピーである。(4)情報の記号変換は、情報を担う記号形態の変換であり、話し言葉―書き言葉、片仮名―平仮名、翻訳、文字―モールス符号、DNA―RNA（転写）などの変換がその例である。(5)情報の意味変換は、情報の意味の変換であり、計算、推理、分類、連想、判断、意思決定など多様なものが含まれる。とりわけ「意思決定」が、H・サイモンのいう一定の事実前提と価値前提からなる決定前提をインプットして、一定の行動プログラムをアウトプットする情報変換の一タイプであることを指摘しておきたい。終りに、(6)と(7)が、それぞれ、非記号的事象を記号集合に変換する記号化変換と記号集合を非記号的事象に変換する対象化変換である。非記号的事象を感覚・知覚神経情報に変換するのは記号化変換の一例であり、動作・運動神経情報を非記号的事象に変換するのは対象化変換の一例である。認知は記号化変換によることもあれば、情報受信によることもあり、指令は対象化変換を意味することもあれば、対象化変換以外の情報処理を意味することもある。

以上のような情報学の概念的用具を利用すれば、「①伝達されて、②一回起的な、③認知機能を果たし、④個人または集団の意思決定に影響する、⑤外シンボル記号の集合」と先に定義された自然言語としての情報、すなわち最狭義の情報を、それを縛りつける五つの制約ないし限定から解放し、①伝達のみならずすべてのタイプの情報処理、②単用性（一回起性）のみならず耐用性（反復性）、③認知機能のみならず指令機能と評価機能、④現実態（意思決定への影響）のみならず可能態、⑤外シンボル記号（アイコンや外言語）のみならず内シンボル記号（心像や内言語）へと拡張することによって、「シンボル記号の集合」という狭義の情報がえられる。さらにそれをシンボル記号のみならず――記号進化論を援用して――記号一般へと拡張すれば、「任意の進化段階の記号の集合」という広義の情報がえられる。そして最後に、記号の普遍的属性を記号パタンと意味パタンとの（シンボル記号のばあい）、あるいは記号パタンと指示対象パタンとの（シグナル記号のばあい）結合と捉えるなら、「物質・エネルギーのパタン」という最広義の情報がえられる。むろん言語の恣意性からすれば、この創作された重層的コンセプトに「情報」という記号（ソシュールなら記号表現）を付与する必然性はない。適当な記号表現をこれまた創作すればよい。だが、先進国社会における「情報」という記号の使用は、情報関連諸科学の発展とともに学術用語として、また高度情報社会の進展とともに自然言語として、ここで定義された方向へと変貌しつつある、というのが私の現状認識なのである。

こうして「物質・エネルギーのパタン」と定義される最広義の情報と「伝統的な国語辞典」に載録された最狭義の情報とを統合しうる理論枠組みが、記号進化論と情報進化論によって実現されることになる。これを逆にいえば、記号進化論と情報進化論の構想を受け入れることなしに、遺伝情報現象と自然言語としての情報現象とを統合する途――それが必要だとして――がありうるのか、という問題提起でもある。なお、記号進化論については、前述もした一九六七年発表の拙稿（『自己組織性の情報科学』新曜社、一九九〇年に再録）を参照されたい。

このように進化史的に構成された全情報現象の中で、つぎの二つの飛躍のあることを指摘しておく必要がある。第一の飛躍は、RNA・DNAすなわち原初的な記号（記号のプロトタイプ）の誕生によって媒介される最広義の情報と広義の情報とのあいだにあり、第二の飛躍は、シンボル記号とりわけ言語の誕生によって媒介される広義の情報と狭義の情報とのあいだにある。というより、この二つの進化史的な飛躍を背景ないし根拠にして、私は最広義と広義と狭義という三つのレヴェルの情報を差異化したのである。全生物的自然に妥当する広義の情報概念と人間的自然にのみ妥当する狭義の情報概念とを二つの核にして、その両端に最広義と最狭義の情報概念を配置する、という構図である。情報概念を生命以降の自然に限定し、最広義の情報概念を認めないという立場は少なくないが、進化史の視点を採用するかぎり、情報現象の原点として「物質・エネルギーのパタン」というコンセプトは不可避・不可欠であろう。

哲学的観点からすれば、「物質・エネルギーとそれが担うパタン」あるいは「パタンとそれを担う物質・エネルギー」という原一元論が、RNA・DNA記号の登場によって「パタン表示を固有の機能とする物質・エネルギーのパタン」（情報空間）と「そのパタンを表示・制御される物質・エネルギー」（資源空間）との派生二元論――私のいう情報・資源二元論――へと転回し、その派生二元論の脳神経系レヴェル――とりわけ大脳皮質レヴェル――の特殊形態として「精神と延長」なるデカルト的二元論、あるいは「唯心論（観念論）と唯物論」という伝統的な枠組みが形成されたのである。だが「遺伝情報とそれによって自己組織される生体」という思想もまた、物心二元論ではないが派生二元論の一形態である。いや派生二元論の元型こそが「RNA・DNAによるタンパク質の表示・制御」なのである。物心二元論は遠くその先にある。こうして唯心論（観念論）と唯物論との積年の対立は、近代科学のパラダイム・シフトとともに抜本的に止揚される。

これを換言するなら、アリストテレス哲学にいう「質料」概念が「物質・エネルギー」概念としていち早く近代科学に取り込まれたのに対して、長らく放置され、あるいは拒否されたままのその「形相」概念が、二〇世紀中葉のDNA学や分子生物学の登場をまって、ようやく近代科学化されたということである。「プログラム」概念とともに近代科学のネオ・パラダイムの一角を支える「情報」概念は、アリストテレス哲学の「形相」概念の近代科学版であると位置づけることができる。アリストテレスのいう質料と形相とのシュノロン（結合体）、すなわち「質料＝形相体」を私のいう原一元論の世界を記述する用語として流用するなら、生命の誕生とともに「形相表示を固有の機能とする質料＝形相体」（情報空間）と「それによって形相を表示・制御される質料＝形相体」（資源空間）との派生二元論の世界が生まれ、その派生二元論（資源・情報二元論）の高次形態――脳神経系レヴェル――として物心二元論が着想されたということになる。

しかしながら、この派生二元論の一形態としてのデカルト的二元論という情報進化史的な解釈は、デカルト的二元論の超克という哲学的課題のオーソドックスな解法ではない。なぜなら、哲学者によるデカルト的二元論の超克は、主として主観・客観図式や主客二分図式の克服という人間中心主義の文脈で進められてきたからである。この文脈にそった私の解法は、第一に、主観と客観を通底する「情報負荷」論、第二に、哲学者 故広松渉氏の現象的世界の四肢構造論を拡張・一般化した「情報空間一般の四肢構造」論、そして第三に、人間レヴェルの情報空間の主客分節の在り方を規定する「自他分節の文化的プログラム」という三つの水準で構成されている。ここで詳論する余裕はないが、いずれにせよ、情報概念とプログラム概念が問題解決のキーをなしている。ただ、欧米的自我を支える「自他分節の個人主義的プログラム」の、いわば解毒剤として、「禅仏教の自他分節プログラム」については若干言及することになるだろう。なぜなら、伝統的視点からすれば、プログラム概念の意外な適用例といえるからである。

6-4　プログラム科学とは何か

さて、近代科学のパラダイム・シフト、つまりはネオ・パラダイムの第二のテーマ、そして本章の格別の主題は、「プログラム」と「プログラム科学」である。DNA学を核とする分子生物学は、私見によればプログラム概念とプログラム科学の生みの親であるが、この、相対論や量子論と並ぶ二〇世紀科学の成果をめぐる科学史・科学哲学的評価の通説は、生命現象を物理・化学の術語で記述・説明・予測できるようにした、という還元主義的なものである。この立場からすれば、分子生物学の成果は困難な応用問題の見事な解決ではあったが、相対論や量子論に匹敵するような科学史・科学哲学上のラディカルなインパクトや画期性をもちえないということになる。

この通説的評価に逆らって私が提起する解釈は、分子生物学は、近代科学の歴史の中で「情報」という新たな根元的要因と「プログラム」という新たな秩序原理を理論的＝実証的に提出して見せた最初のディシプリンである、すなわち前述した近代科学のパラダイム・シフトのまさに震源地にほかならない、というものである。そして通説と私の異説は、いわゆる「図」(figure) と「地」(ground) の反転するアスペクト知覚として、どちらも正しいというのが私の結論である。問題は正しさの中身にある。どちらの解釈がより大きな知の展開力をもつか、ということなのである。

ところで「プログラム」は、「法則」と並ぶ、ネオ・パラダイムの中核的な科学的構成概念として「一定の生物的・人間的システムの内部に貯蔵され、変異（突然変異や自由発想）と選択（自然選択・性選択や事後・事前の主体選択）をつうじて生成・維持・変容・消滅しながら、一定の前件的条件（空間的な境界条件や時間的な初期条件、以下同様）のもとで作動・活性化して当該システムの内外の秩序をみずから組織する、一定の進化段階の記号の集合」と定義されている。記号進化論を前提にすえた定義であることに注意してほしい。DNAプログラムや感覚プログラムや運動プログラムなど、物理・化学法則にしたがって作動・発現する「シグナル性プログラム」と、慣習や制度、倫理や法、あるいは意図や計画など、表象過程に媒介されて作動・実現する「シンボル性プログラム」とが、その二大類型である。逸脱や解釈や歪曲や空文化、あるいは建前と本音は、いうまでもなく、その作動・活性化が物理・化学法則ではなく表象過程に媒介されるシンボル性プログラムに固有の現象である。もちろん、この創作されたコンセプトに「プログラム」という以外の記号表現を与えてもよい。私の選択は、分子生物学や行動生態学やコンピュータ科学における「プログラム」という記号使用の趨勢を踏まえたものでしかない。この趨勢が頓挫すれば、何か別の記号表現を考慮せざるをえないだろう。重要なのは、「プログラム」という記号表現ではなくて、それが意味する記号内容、すなわちそのコンセプト——具体的には前述の定義——なのである。記号表現の選択は、その記号内容の間主観化を促進するための最適戦略の一環でしかない。

プログラムは、前記の定義に見られるとおり、「記号集合」として広義の情報概念に包摂されるが、本章で「情報とプログラム」というとき、「情報」はプログラム以外の情報、とりわけ現実態および可能態の認知・指令・評価情報を意味している。「データとプログラム」というコンピュータ用語については、データとプログラムをともに情報とする外的視点と、データのみを情報としてプログラムを情報としない内的視点とがある。本章でも、用語の便宜上、この外的視点と内的視点を使い分けるということになる。

一方で、近代科学的な、しかし社会に固有の「法則」と、他方で、慣習や制度、倫理や法などの社会的な「規則」との関連——法則による秩序と規則による秩序はどう関連するのか——は、物理・化学にはない社会科学独自の根本的難問の一つであったが、分子生物学の登場は「遺伝情報」を社会的な「規則」現象の進化史的プロトタイプとして位置づける、という意外な可能性を示唆することになった。もし遺伝情報が社会的規則の進化史的元型であるとすれば、分子生物学もまた、社会科学における「法則と規則」と同類の難問、すなわち「法則と遺伝情報」問題を抱え込むことになる。

科学的説明に関して比較的受け入れられている通説は「法則および前件的条件という二系統の説明項から演繹的または確率的に被説明項を導く」というC・G・ヘンペルの covering laws 説であるが、遺伝情報は前件的条件を規定する記号集合（情報）であって――遺伝情報は例えば生体内化学反応の前件的条件となる酵素タンパク質を設計し産出し、その触媒活性を調節する――「法則」ではないとするなら、遺伝情報による秩序と生命現象に固有の法則による秩序とはどのように関連するのか、あるいは一歩をゆずって、遺伝情報による秩序と物理・化学法則による秩序とはどう関連するのか、という物理・化学にはない生物科学独自の課題である。その解答がつぎに示すようなアイディアないし直観的洞察だったのである。直観的洞察とは、私のばあい、メタフォリカルな表現可能性に気づくこと以外の何ものでもない。

すなわち、ビッグバンにはじまるこの宇宙の中で生命の誕生とともに「設計機能」――厳密には「自己設計機能」、むろん目下のところメタファーである――が誕生し、その、遺伝的設計にはじまる自己設計機能が進化して、人間レヴェルの制度的設計や工学的設計や芸術的設計にいたる、と「解釈」する新たな自然哲学の構想であり、その自然哲学を背景にした新たな近代科学の構想にほかならない。

その大要を描けば、物理・化学的世界の秩序は物理・化学法則によって規定されているが、生物的世界の基本秩序は、その物理・化学法則に拘束され、かつそれを利用しながら、遺伝的設計（シグナル性プログラムとしてのDNAプログラム）によって構築されている。生物的世界の高次秩序は物理・化学法則と遺伝的設計に拘束され、かつそれを利用しながら、脳神経的設計（学習されたシグナル性プログラムとしての脳神経的プログラム）によって形成されている。

そして人間的世界は、物理・化学法則と遺伝的設計と脳神経的設計に拘束され、かつそれを利用しながら、文化的設計（言語的プログラムを中核とするシンボル性プログラム）によって制作されている、という解釈学的自然哲学にほかならない。

「物質・エネルギー」と「法則」という二つの根本前提に依拠する正統派近代科学が、結局のところ認知するにいたらなかったテレオロジー（目的論）に、「科学的市民権」を与える構想であるといってもよい。正統派近代科学がテレオロジーであると一蹴してきた発想を逆転させる科学思想運動である。

こうしてプログラム科学は、プログラムが物理・化学法則によって作動・発現する「シグナル性プログラム科学」（分子生物学や脳科学）とプログラムが表象に媒介されて作動・実現する「シンボル性プログラム科学」（人文社会科学）とに二分される。プログラムのシグナル成分とシンボル成分とが共存する境界領域も少なくない。大部分の無自覚的な習慣的行動がそうであるし、発展しはじめた「感情の社会学」もまたその一例であろう。シンボル性プログラムはすべて習得的であるが、脳神経系レヴェルのシグナル性プログラムは、遺伝的プログラムによって決まる生得的な成分と学習によって決まる習得的な成分とを共存・統合させていることが多い。したがって、シグナル性プログラムにおける生得成分と習得成分との関連は、脳科学や行動生態学の主要な関心事の一つとされている。具体的にいえば、神経回路網パタンの遺伝的成分と学習的成分との関連にほかならない。

分子生物学や脳科学などの生物科学、すなわちシグナル性プログラム科学は、じつは、プログラム科学と法則科学とのあいだを架橋する両棲的存在である。法則ではなくてプログラムに根拠をもつ秩序を扱うかぎりでそれはプログラム科学であるが、そのプログラムが物理・化学法則にしたがって作動・発現するかぎりで法則科学——厳密には法則「適用」科学——でもあるからである。先に分子生物学に対する相反する二つの科学史・科学哲学的評価——「物理・化学還元主義」と「プログラム科学論」——が、どちらも図と地の反転するアスペクト知覚として正しいといったのは、このことを意味している。

しかし等しく法則科学といっても、物理・化学がその領域に固有の未知の法則を定立する法則「定立」科学であり、かつまたその既知の法則を適用する法則「適用」科学であるのにくらべて、生物科学は法則「適用」科学ではあるが、法則「定立」科学ではない。生物科学の本領はやはりプログラム科学なのである。もちろん生物科学に固有の、遺伝的プログラムとは区別される法則として、メンデル法則やダーウィン法則を挙げる生物学者は少なくない。どちらも遺伝的プログラムにかかわるものであり、プログラムそれ自体に関する法則はあるのか、という設問は今後の検討課題として残らざるをえない。

「物理・化学法則によるプログラム作動」と区別された「表象媒介的なプログラム作動」は、シンボル性プログラム科学の最大の特徴である。これをより精確にいえば、シンボル性情報空間の「表象媒介性」は、第一に、プログラムとその指示対象（作動結果）との結合、第二に、プログラムとプログラムとの直列的・並列的な結合、という二つのタイプの事象連関の基本特性をなしており、このことが、シンボル性プログラム科学の本源的な「非決定論的性格」の根拠を与えている。シンボル性プログラム科学が説明・予測というとき、それは法則科学やシグナル性プログラム科学の説明・予測以上に、非決定論的・確率論的なものでしかありえないのである。人文社会科学における「線形法則科学的な決定論」（後述）の幻想は、完全に払拭されなければならない。

だが、「表象媒介性」はあくまでシグナル記号に対置されるシンボル記号の特性を指摘したものであり、人間の情報空間には、感覚・知覚神経情報空間や運動・動作神経情報空間をはじめとして、表象媒介性（シンボル性）のないシグナル性のものも多い。感覚運動学習の成果としての、身についた「技」もシグナル性の情報現象である。さらにまた、本来シンボル性プログラムであったものがその表象媒介が脱落して自動化した、ただしその表象媒介がつねに復活しうる「疑似シグナル性」のプログラムも少なくない。社会学的研究を例にとれば、ギデンスの実践的意識、ブルデューのプラティーク、エスノメソドロジーがしばしば関心を寄せる無自覚的なプログラムなどは、そもそも表象媒介性の欠如したシグナル性のプログラムか、または表象媒介性が脱落して希薄な疑似シグナル性のプログラムなのである。表象媒介性（シンボル）と脱表象媒介性（疑似シグナル）と無表象媒介性（シグナル）のすべてが、人間の情報空間にかかわっている。

人文社会科学の対象となるシンボル性プログラム（以下、単にpと表記する）には、①社会的p（倫理、慣習、制度、法律、および社会計画など）と個人的p（行為の習慣や意図など）、②自生的p（慣習など）と制定的p（実定法など）、③自覚的に作動するp（法律など）と無自覚的に作動するp（文法など）、④言語化されたp（法律など）と言語化困難なp（文法など）、⑤未確定的p（未確定部分の多いp）と確定的p（コンピュータ・プログラムなど）、⑥計画的p（事前に時間をかけて構成されるp）と即興的p（作動の直前に構成されるp）、⑦耐用的・反復的p（習慣や慣習や制度など）と単用的・一回起的p（意図や計画など）、⑧指令的p（指令情報をアウトプットするp）と認知的p（認知情報をアウトプットするp）と評価的p（評価情報をアウトプットするp）、⑨規範的pと非規範的p、⑩構造に関するp（組織図など）と過程に関するp（日程表など）、⑪一般的・抽象的・汎用的なpと特殊的・具体的・アドホックなp、⑫直列的pと並列的p、⑬陰関数の形式をもつ陰（implicit）p（時間割表など）と陽関数の形式をもつ陽（explicit）p（倫理など）、⑭作動頻度の高いpと低いp、⑮脳内シンボル記号で担われるpと脳外シンボル記号で担われるp、⑯プログラムの作動に関するpとプログラムのライフ・サイクルに関するp、⑰貯蔵（stored）水準の潜在態にあるpと作業（working）水準の顕在態にあるp、等々、さまざまのタイプのものが含まれている。コンピュータ・プログラムの特徴である「確定性」は、個人や集団のプログラムとしては、むしろ例外に属するといってよい。

ここで、ヘンペル流の科学的説明の定式を分子生物学的説明に即して修正してみるなら、物理・化学的自然の説明がヘンペル流に「物理・化学法則と前件的条件」によるとすれば、遺伝情報レヴェルの生物的自然の説明は「遺伝的プログラムと前件的条件」による。より詳細にいえば、①遺伝的プログラム、②遺伝的プログラムで制御された前件的条件、③遺伝的プログラムで制御されていない前件的条件、そして④物理・化学法則、という四つの説明項による説明である。このうち①と②と③、すなわち「遺伝的プログラムと前件的条件」が分子生物学的研究のいわば「図」(figure) であり、④の物理・化学法則はその「地」(ground) をなしている。この「地」としての物理・化学法則は、前件的条件に含めることもできるだろう。

だが「法則と前件的条件」というヘンペル図式を貫くためには、②と③の通例の意味での前件的条件のみならず①の遺伝的プログラムもまた、物理・化学法則の作動を規定する前件的条件のカテゴリーへと押し込める必要がある。それが正統派近代科学の立場であり、じじつ、そのような解釈を示す物理学者や化学者は多いのである。これまた、アスペクト知覚として、どちらも正しい。正統派の物理・化学還元主義の立場では、物理・化学法則が「図」となって、遺伝的プログラムが「地」となる。反対に、異端のプログラム科学的解釈では、遺伝的プログラムが「図」となって、物理・化学法則が「地」となる。ここでも問題は正しさの中身である。それぞれの解釈がもつ潜在的展開力の広狭・大小こそが問題なのである。

人文社会科学であれば、「シンボル性プログラム（これがまた前述のとおり多種多様である）と前件的条件（先所与的シンボル性プログラムや権力などの、状況的要因のすべて）」による説明が研究の「図」となり、その自明化された「地」として、つまり当然の前提ないし地平として、各種の脳神経的プログラム、遺伝的プログラム、そして物理・化学法則などが、しばしば気づかれぬままに位置するということになる。それらはシンボル性プログラムの作動にかかわる暗黙 (tacit) の前件的条件なのである。

以上を大胆に整理すれば、法則科学ではプログラムは前件的条件の一部とされ、プログラム科学では逆に法則が、先所与的なプログラムとともに、前件的条件の一部となる、と結論することができるだろう。法則未知の法則「定立」

科学では法則が「図」で前件的条件が「地」となり、反対に、法則既知の法則「適用」科学では前件的条件が「図」で法則が「地」となるが、法則「定立」科学ではなく法則「適用」科学であると規定される生物科学においても、遺伝情報は、前件的条件の一つとして、「図」を構成することになるのである。その際、物理・化学法則は「地」をなしている。つまり生物科学において、一方、遺伝的プログラムは、法則適用科学的視点からは前件的条件となり、プログラム科学的視点からは秩序原理となるが、どちらのばあいも研究の「図」であることに変りはない。他方、物理・化学法則は、生物科学において、プログラム科学視点からは前件的条件となり、法則適用科学的視点からは秩序原理となるが、いずれのばあいも研究の「地」であることに変りはない。プログラム科学においても、プログラムが既知で前件的条件が未知のばあい、すなわちプログラム「解明」科学と区別されたプログラム「適用」科学のばあいには、前件的条件の解明が研究の「図」となり、プログラムはその「地」をなすが、その点は、目下の主題ではない。

要するに、「秩序原理（法則あるいはプログラム）および前件的条件という二系統の説明項から、演繹的または確率的に被説明項を導出する」、これが私の修正ヘンペル図式である。ただ、この修正をつうじて、先に空間的な境界条件や時間的な初期条件と規定された前件的条件の意味が拡張されることに留意すべきであろう。パラダイム・シフトの前後で基本概念の意味が変りうるのは、クーンの指摘のとおりである。

プログラム科学の立場からすれば、人文社会科学における歴史的要因および文化的要因の位置づけが、法則科学的発想のばあいにくらべて、いわば逆転するといってよい。「法則と前件的条件」という法則科学の説明形式では、歴史的・文化的要因は法則ではなくて前件的条件の一部であり、法則それ自体ではなくて法則の作動を条件づける要因とされる。人文社会科学における非決定論を当然視する向きからは、法則の攪乱要因として捉える立場すら成立しえたのである。しかしながら、「プログラムと前件的条件」というプログラム科学の説明形式では、歴史的・文化的要因は、むろん前件的条件でもありうるが、まずもってプログラムそれ自体を規定する要因とされる。秩序原理の内実それ自体を規定する要因なのである。プログラムの歴史的性格と文化的性格はプログラムの性格そのものである。

これを換言すれば、W・ヴィンデルバントがかつて法則定立学から個性記述学を区別したことにも示されるとおり、法則科学と馴染みにくかった人文社会系の歴史科学は、ネオ・パラダイムのもとでは、モノグラフや調査研究とともにプログラム科学の一形態、すなわち「個別化的プログラム科学」に組み入れられ、それを代表する領域となる。他方、法則科学的発想が追究してきた「普遍性」は、プログラム科学のばあい「普遍的なプログラム」の存否という形で継承される。プログラムのさまざまの限度の普遍性は、第一に、一定の歴史的・文化的個性をもったプログラムが普遍的に観察されるという個別化認識のレヴェル——たとえば、歴史的継承なる情報伝達や文化的伝播なる情報伝達の結果として——と、第二に、歴史的・文化的個性をもった各種のプログラムを包摂しうるような一般的なプログラム形態を抽出・理論化する、という普遍化認識のレヴェル——「合理的選択という汎用的なプログラム」を実在論的ないし反実在論的に想定する合理的選択理論はその一例である——とを分けることができる。後者が「普遍化的プログラム科学」だということになるだろう。

私はこんにち国際的に認知されているプリゴジン＝ハーケン流の自己組織理論と区別して私独自の自己組織理論を提出してきたが、それは、前者が法則科学的自己組織理論または非情報学的自己組織理論として、後者はプログラム科学的自己組織理論ないし情報学的自己組織理論として、それぞれ背後にある自然哲学と科学観が異なるからである。「一次の自己組織性」（プログラムの作動過程）と「二次の自己組織性」（プログラムのライフ・サイクル）をキーワードとする私の自己組織理論は、「情報とプログラム」および「変異と選択」のカテゴリーを不可欠としており、生物的・人間的自然に妥当するネオ・テレオロジーの自然哲学を基盤にすえている。正統派自己組織理論は、カオスや複雑系の非線形性を考慮に入れても、なお機械論的自然哲学の延長上にあるといわなければならない。

6-5　ネオ・テレオロジーないし進化論的テレオロジーとプログラム科学

第一に、「制度」というシンボル性プログラムの進化史的起源は「遺伝情報」というシグナル性プログラムではないのか、第二に、目的的行為という「シンボル性プログラム―事前主体選択型の自己設計」の進化史的起源は、ダーウィン進化論の「シグナル性プログラム―自然選択型の自己設計」ではないのか――この二つのメタファーは相互に不可分であるが、このメタフォリカルな表現可能性すなわち洞察が、ネオ・テレオロジーないし進化論的テレオロジーを基礎づけたわけである。この二つのメタファーが単なるカテゴリー錯誤や単なるアナロジーに終るか、それとも新たなカテゴリー体系を生成する契機になるのか、これと同種の問題は、すべてのパラダイム・シフトを彩っている。パラダイム・シフトは、直観的洞察すなわち「メタフォリカルな表現可能性への気づき」を重要な契機としているのである。

ネオ・テレオロジーないし自然の自己設計機能を捉えるための基本的なカテゴリー装置は、先に言及したとおり、「任意の進化段階の情報とプログラム」および「当該進化段階に対応したその変異と選択」（選択は、本章の用語では、「採択」と「淘汰」からなる）というものである。

「変異と選択」といえばダーウィン進化論の骨格であり、「情報とプログラム」およびその「変異と選択」というネオ・テレオロジーの二つの要件のうち、後者は科学史的には一九世紀にすでにダーウィンが用意してくれたといってよい。私は生物的自然のみならず人間的自然をも貫徹する「変異と選択」現象をかつて「汎ダーウィニズム」（Pan-Darwinism）と名づけたことがある。その後二〇世紀の中葉、分子生物学の登場によって「情報とプログラム」なる残り一組のカテゴリーが提出され、ネオ・テレオロジーの枠組みが整うことになった。このネオ・テレオロジーこそがプログラム科学を支える自然哲学にほかならない。それは機械論的自然観が——線形的な現象のみならず非線形的な現象をも含めて——法則科学を支える自然哲学であるのとまったく同様である。

すなわち、近代科学は自然哲学と相互循環的に不可分なのである。進化論と分子生物学という近代科学の成果が情報進化史的な解釈学的自然哲学の構想を促し、情報進化史的な解釈学的自然哲学の一環をなすネオ・テレオロジーが、ひるがえって、プログラム科学という新たな近代科学の成立を促すのである。まさに「自然哲学 ⇔ 近代科学」循環知というべき知の形態にほかならない。ただクーンのいう通常科学（normal science）の局面では、みずからを支える自然哲学はしばしば忘却されている。クーンのいう科学革命（scientific revolution）が、その忘却された自然哲学の存在をあらわにするのである。

さて、プログラム科学の立場は、プログラムによる生物的・人間的自然の目的論的な構成のされ方——自然の自己設計のあり方——それ自体が進化してきたと捉える。第一の進化段階のテレオロジーはダーウィン的進化に見られる「遺伝情報—自然選択・性選択」タイプ、第二の進化段階のそれはオペラント学習に見られる「感覚運動情報—事後主体選択」タイプ、そして第三の進化段階のテレオロジーが人間レヴェルの「シンボル情報—事前主体選択」タイプである。固有の意味ないし本来の意味でのテレオロジーはいうまでもなく第三段階のテレオロジーであることに留意してほしい。生物的・人間的自然の自己設計機能に、いくつかの進化段階を識別することができる、いや識別すべきだという主張である。

ネオ・テレオロジーすなわち自然の自己設計機能の進化は、理論的には、第一に、外生選択（exogenous selection）から内生選択（endogenous selection）への進化、第二に、シグナル性プログラムからシンボル性プログラムへの進化、第三に、事後選択（ex-post selection）から事前選択（ex-ante selection）への進化、そして第四に、ここではその詳細に立ち入る余裕がないが、選択基準の多様化・多次元化、という四つの側面をもっている。

「外生選択」は当該のシステム以外の agent による採択淘汰であり、自然選択（natural selection）や性選択（sexual selection）、またかつての社会ダーウィニズムにいう社会選択（social selection）——市場による採択淘汰という形でいまなお健在である——などを意味している。「内生選択」は当該のシステム自体による採択淘汰であり、私のいう事後主体選択や事前主体選択にほかならない。また「事後選択」はプログラムの作動結果にもとづく採択淘汰、「事前選択」はプログラムの作動に先立つ、その作動結果の予想や予測（いずれもシンボル性情報空間）にもとづく採択淘汰、をそれぞれ意味している。

自然選択ならびに性選択というシグナル性プログラムの外生選択はすべて事後選択であるが、シンボル性プログラムの社会選択のばあい、市場選択のような事後選択のほかに、当該システム以外の agent としての権力者による事前の採択淘汰など、事前の社会選択、すなわち事前外生選択も存在する。

「主体選択」とは、ダーウィンが自然選択概念の着想のヒントにした「人為選択」の概念を逆ヒントにして着想されたコンセプトである。家畜の人為選択を、一方、「家畜」システムの視点からすれば、人間による家畜の「自然選択」であり、他方、「人間―家畜」システムの視点からすれば、当該の「人間―家畜」システムによる「主体選択」である、と解釈したのである。こうして、オペラント学習や意思決定や制度選択に見られるような、シグナル性・シンボル性のプログラムの当該システム自体による採択淘汰は、「自然選択」と区別して「主体選択」と命名された。一九六七年のことである。近代主義的な主体性、すなわち通例の意味での「主体性」は、それぞれの歴史と文化のもとで理念的に要請される「主体選択の望ましいあり方を指定する一般的・汎用的なプログラム」の一つの事例として相対化される。近代主義的な主体性は総じて、市民社会のエートスとしての「自己決定」と産業社会のエートスとしての「相対所与性（変容可能と認知された所与的条件）の克服」を称揚するが、「無相の自己」（後述）が「絶対所与性（変容不能と認知された所与的条件、たとえば個体の死）を受容する」のも、また別種の主体性と捉えるのである。どちらも「望ましい主体選択のあり方を指令する汎用プログラム」にほかならないからである。つまり、人間の歴史被拘束的・文化被拘束的な各種の「主体性」が、この進化論的な「主体選択」概念の延長上に位置づけられるわけである。したがって私は、この自然選択に対置される主体選択——おそらく生物の動因現象と学習能力にはじまる——を、「主体性の進化史的起源」と呼んできた。

他方、「自然選択」は性選択や社会ダーウィニズム的な社会選択を含めて「外生選択」へと一般化され、その結果、主体選択もときに「内生選択」と表記されることになる。

これを総括すれば、生物的・人間的自然の自己設計機能は「プログラムの創発変異とその採択淘汰」という点ではすべて同型であるが、つぎの六つの下位理論型を含んでいるということになる。すなわち、(1)シグナル性プログラム—事後外生選択型（ダーウィン的進化など）、(2)シグナル性プログラム—事後内生選択型（オペラント学習など）、(3)シンボル性プログラム—事後外生選択型（市場機構のもとでの成功や失敗など）、(4)シンボル性プログラム—事前外生選択型（権力の介入による事前の採択淘汰など）、(5)シンボル性プログラム—事後内生選択型（反省に媒介された学習）、(6)シンボル性プログラム—事前内生選択型（目的的行為という本来の目的論）、という六タイプの自己設計である。人間に固有のシンボル性プログラムの採択淘汰、すなわちシンボル性テレオロジーは、事前内生選択が事後内生選択の失敗を軽減し、事後内生選択が外生選択の失敗を軽減する、という重層的な選択過程から成り立っている。創薬学による理論的選択、動物による実験的選択、人体による実験的選択、薬事審議会による行政的選択、そして市場による社会的選択、という薬品をめぐる一連の採択淘汰過程はその好例であろう。私はこれを多系統・多段階の事前・事後選択と呼んでいる。

なお、遺伝子操作や遺伝子工学は、シグナル性プログラムの事前外生選択と事前内生選択という、理論的に導出しうる二つの「シグナル性プログラム—事前選択型」の自己設計、の一事例と位置づけることができるだろう。ダーウィン的な進化様式が遺伝子操作という進化様式にまで進化するのである。まさに後述するとおり、「進化様式の進化」にほかならない。もちろん「進化」それ自体は、価値中立的な概念であることを忘れてはならない。

このように分析してみると、正統派近代科学がテレオロジーを拒否した理由は、外生選択（自然選択）と内生選択（主体選択）との未識別と混乱、シグナル性プログラムとシンボル性プログラムとの未識別と混乱、事後選択と事前選択との未識別と混乱、という三つの錯誤、とりわけ(1)および(2)の「シグナル性テレオロジー」と(6)の「事前内生選択型のシンボル性テレオロジー」（本来の目的論）との同一性と差異性を的確に見抜けなかったという錯誤にあったことが分かる。したがって、プログラム科学が同じ過ちをおかすとすれば、反テレオロジーの火の手は再燃するに違いない。テレオロジーに関する伝統的な未分析・未分節のカテゴリー体系ではカテゴリー錯誤でなかったものが、ネオ・テレオロジーのはるかに分析・分節されたカテゴリー体系からすれば、カテゴリー・ミステークだったということなのである。ネオ・テレオロジーが「自然の自己設計機能の進化」をめぐって的確な一般化と特殊化を要請される所以である。

これを要するに、第一に、外生選択（自然選択・性選択）型のテレオロジーと内生選択（主体選択）型のテレオロジーとの区別、第二に、シグナル性テレオロジーとシンボル性テレオロジーとの区別、および第三に、事後選択型のテレオロジーと事前選択型のテレオロジーとの区別は、長らく未分析・未分節のままに捨ておかれた伝統的な反テレオロジーに対処するための、三つの重要な拠点である。この三つの拠点に加えて、遺伝子の複製（R・ドーキンス）にはじまり、生得的欲求や習得的欲求の充足をへて、多様な価値意識の実現へと向かう「プログラム選択基準」の進化を指摘しておく必要があるだろう。

一七世紀の近代科学創成期にガリレオやニュートンが「法則」の背後にあると信じた「神の設計」が一八世紀啓蒙主義で脱落し、その「設計機能」が二〇世紀中葉に形を変えて、すなわち「生物的・人間的自然の自己設計機能」として復活したわけである。私が提唱する近代科学のパラダイム・シフトは、自然哲学的にいえば、正統派近代科学が「神の設計」とともに葬り去ったこの「生物的・人間的自然の自己設計機能」、すなわち私のいう非プリゴジン＝ハーケン的な「自己組織性」を承認するということであり、「科学的市民権」を与えられたテレオロジーとはまさにこの意味にほかならない。

なお、テレオロジーや目的論という伝統的表現に強い違和を感じる正統派近代科学者に対しては、本章でほぼ同義語として使用されている「テレオロジー」と「自然の自己設計機能」とを切り離し、前者を後者の下位概念と位置づけて、「シンボル性プログラム─事前（加えて事後）内生選択型の自己設計機能」のみをテレオロジーと呼ぶという用語戦略を採用することもできるだろう。この用語戦略のもとでは、「ネオ・テレオロジー」や「科学的市民権を与えられたテレオロジー」などの主張は撤回され、代わって「自然の自己設計機能とその進化」という新コンセプトが力説される。テレオロジーは「自然の自己設計機能の進化の一つの段階」にすぎないと了解されることになる。この種の単なる用語法の争いを、認識それ自体の争いと混同してはならない。なぜなら、争われているのは、テレオロジーないし目的論という記号の意味を、自然の自己設計機能のどの進化段階にまで拡張するか、という定義ないし用語法の問題でしかないからである。

ところで、法則科学と区別されるプログラム科学の基本的課題は、シグナル性プログラム科学とシンボル性プログラム科学との別をとわず、ほぼつぎの四つに整理することができる。第一に、プログラムの相互連関を含めてプログラム集合それ自体の実証的・設計的解明、第二に、プログラム集合の物理・化学的な作動・発現過程（シグナル性プログラムのばあい）ないし表象媒介的な作動・実現過程（シンボル性プログラムのばあい）の実証的・設計的解明、第三に、プログラム集合の作動結果の実証的・設計的解明、そして第四に、プログラム集合のライフ・サイクル、すなわちその生成・維持・変容・消滅（進化論や制度変動論など）の実証的・設計的解明である。第一課題は拡張解釈された

genotypeに関するもの、第二課題は私のいう一次の自己組織性に関するもの、第三課題は拡張解釈されたphenotypeに関するもの、そして第四課題は私のいう二次の自己組織性に関するもの、と表現し直してもよい。実証的解明と設計的解明、すなわち実証科学と設計科学については、のちほど論じられることになる。

とりわけプログラムのライフ・サイクルという問題設定は、法則科学にはないプログラム科学独自のテーマであることに注目してほしい。と同時に、プログラムのライフ・サイクルに秩序があるとすれば、それは法則なのかプログラムなのか、という前述の課題が浮上することになる。「包括適応度（inclusive fitness）の最大化」というW・D・ハミルトンの行動生態学的進化原理がかりに単なる経験的一般化ではなく法則であるとしても、たとえば憲法改正の法規定をもつ人間社会のばあい、「プログラムの生成・維持・変容・消滅に関してもプログラムが形成される」という仮説は検討に値するだろう。

現代社会学の構造－機能主義的変動理論は「システムの機能的要件を許容充足できなくなったプログラムは――複数のプログラムのあいだのトレード・オフ効果、複数の機能的要件のあいだのトレード・オフ効果、これらのトレード・オフと密接に関連する権力その他の社会的勢力の布置、人間の創造的破壊力、機能的要件それ自体の変容、等々の媒介要因があるにしても――当該の機能的要件を許容充足できるようなプログラムに代替される」という変動原理を提出した。この変動原理は、自然生成的で無自覚的に作動する、かならずしも言語化されていない「一般的・汎用的な変動プログラム」なのである。

シグナル性テレオロジーに属するプログラムのライフ・サイクル原理、たとえば前記のハミルトン原理が法則であるとしても、シンボル性テレオロジーに属するプログラムのライフ・サイクル原理、たとえば前述の構造－機能主義的変動原理は、それ自体一つの自生的なシンボル性プログラムであると思われる。いずれにせよ、かりに包括的適応度の最大化を経験的一般化ではなくて進化法則と認めるのだとすれば、「物理・化学法則」とも「遺伝的プログラム」

とも区別される「固有の法則」が生物科学にもあるということであり、改めて「法則」の定義が問題にならざるをえない。

プログラム科学の提唱に対する反論として、私の周囲には三つのタイプのものがある。第一に法則科学一元論は、プログラムで秩序が形成されるという法則があると主張する。現象主義的な科学観に馴染む立場である。第二にプログラム科学一元論は、法則もまた対象の秩序の認識に成功した認知プログラムであると主張する。道具主義的な科学観に馴染む立場である。第三に論理・数学的構造一元論は、法則かプログラムか、さらには単なる経験的一般化かをとわず、秩序の論理・数学的構造の解明こそが科学の課題であると主張する。ガリレオの数学的自然観以来の正統的立場の一つである。これらに対して私の法則・プログラム二元論は実在主義的な科学観に馴染む立場であろう。かりにコンピュータ・シミュレーションを主たる研究手法とする人びと（たとえば複雑系の研究者）にプログラム科学一元論者や論理・数学的構造一元論者が多いとすれば、それは、法則もプログラムもともにコンピュータ・プログラムとして入力され、区別がないからかもしれない。

第一の反論は対象の側にプログラムの内在しない法則科学Aタイプと対象の側にプログラム（一定の進化段階の記号集合）が内在する法則科学Bタイプとを区別することによって、また第二の反論は対象の側にプログラムの内在しないプログラム科学Aタイプと対象の側にプログラム（一定の進化段階の記号集合）が内在するプログラム科学Bタイプとを区別することによって、それぞれ用語ないし記号表現はともかく、私の近代科学二元論へと誘導することができる。第三の反論については、プログラム科学もまた、法則科学と同様、プログラム的秩序の論理・数学的構造の解明を課題の一つとしている。

すなわち、パラダイム・シフトをへた新科学論は、近代科学の秩序原理を、まず「経験的秩序原理」と「論理・数学的構造」とに二分し、ついで前者をさらに「法則」と「プログラム」とに再分するということになる。一方、経験的秩序原理とは科学哲学にいう対応規則（correspondence rule）視点であり、他方、論理・数学的構造とは同じく科学哲学にいう計算体系（calculus）視点にほかならない。法則をめぐる科学的実在論と反実在論との対立、および論理・数学的構造をめぐる直観主義と形式主義との対立を視野に入れるなら、別の分類も可能であるが、その問題には深入りしない。なお、ここで法則的秩序とプログラム的秩序との論理・数学的構造というばあい、「単一の法則またはプログラムとその単独直接効果」の論理・数学的構造以外に、「複数の法則またはプログラムとその合成波及効果」の論理・数学的構造をも含んでいることを付言しておきたい。また、いわゆる「理論モデル」も、ここにいう論理・数学的構造のカテゴリーに含まれる。法則関連的秩序のモデル構築もプログラム関連的秩序のモデル構築もともに存在するが、M・ウェーバーの「理念型」は、シンボル性プログラムに関連する秩序に固有の「理論モデル」の一例だといえるだろう。

物理・化学的自然の秩序が「前件的条件と物理・化学法則」によって記述・説明・予測できるのだとすれば、生物的自然の秩序は「前件的条件とシグナル性プログラム」によって、また人間的自然の秩序は「前件的条件とシンボル性プログラム」によって記述・説明・予測できる。この後段「前件的条件とプログラム」という説明形式がネオ・テレオロジーないしプログラム科学の根本前提であるが、この前提に最終的な是非の結論が下せるのはまだまだ先のことであろう。いずれにせよ、生物的・人間的自然にはプログラムのみがあって固有の法則はないのか、という前述もした設問は、「法則」それ自体の定義から始める必要があるが、科学哲学に自己検討を迫ることだけは確かであろう。

ちなみに、経験的一般化ないし経験則は、法則科学のばあいは法則と前件的条件から、プログラム科学のばあいはプログラムと前件的条件から、それぞれ導出できるのではないかと期待されることが多い。

社会科学を例にとるなら、単数または複数のプログラムから論理・数学的に導出された命題、複数のプログラムの合成波及効果、たとえばサンタ・フェ研究所の複数適応系の研究に見られるように、複数の法則ではなく複数のプログラムを作動させるコンピュータ・シミュレーションの試行結果、そして単なる経験的一般化、単なる恒真命題、経験的一般化や恒真命題から論理・数学的に導かれた命題、あるいは遺伝的プログラムの作動結果、等々を「法則」と誤認していなかったかどうか、慎重な検討が必要であろう。たとえば、効用極大化や利潤極大化は、法則ではなくて合理的プログラムなのである。法則とその論理・数学的構造という正統派近代科学の一元的な秩序観が、無自覚のうちに法則的秩序それ自体とその論理・数学的構造とを等値させることになり、プログラム的秩序の論理・数学的構造をも、それが（経験的事象に適用された）論理・数学的構造であるがゆえに法則と誤認することがなかったかどうか、吟味する必要があるだろう。たとえば、人類学者C・レヴィ＝ストロースと数学者A・ヴェイユが解明した親族構造のクライン四元群という代数構造は、親族法則ではない。それは親族プログラムの数学的構造なのである。

論理・数学的構造それ自体に着目するなら、まず、（1）経験的事象に適用されていない論理・数学的構造と、（2）経験的事象に適用されている論理・数学的構造とが分かれ、ついで後者が、（2-1）法則的事象に適用された論理・数学的構造と、（2-2）プログラム的事象に適用された論理・数学的構造と二分される、ということである。

仮説—演繹法も、行動生態学や社会科学のばあい、「仮説的プログラム—演繹法」であって、物理・化学におけるような「仮説的法則—演繹法」ではない。行動生態学で仮説されるのは、ゲノム・レヴェルでは未確認の、その意味で未知の遺伝的プログラムであり、社会科学で仮説されるのは、たとえば無自覚的な行動プログラムである。だが、人間生活のルーティン的領域は、仮説—演繹法にかける必要などない明々白々なプログラムで構成されている、ともいえるのである。経験的一般命題ないし経験則を仮説する点は、法則科学もプログラム科学も変わりはない。ただし、経験則は、前述のとおり、法則科学的発想では法則と前件的条件から、プログラム科学的発想ではプログラムと前件的条件から、それぞれ導出できるのではないかと想定されやすい点で異なっている。

なお、法則科学のばあいと違ってプログラム科学では、プログラムは実在すると主張する「科学的実在論」的発想が馴染むように見える。だが、合理的選択理論を例にとれば、経験的に妥当な命題を導出できさえすれば、仮説されたプログラムは実在しなくてもよい、とする「反実在論」的な立場も存在することを付言しておきたい。まさに道具主義的な科学観というべきであろう。

このネオ・パラダイムをめぐって、しかしながら、圧倒的に物理学をモデルにしてきた主流派科学哲学の出足は鈍い。生物科学の哲学もまた、遺伝情報を説明項としてではなくむしろ被説明項として、すなわち主に進化論のテーマとして扱ってきたという事情があり、私の主張する「法則―プログラム二元論」への関心は薄い。総じて物理・化学還元主義と法則科学イデオロギーと反テレオロジー、およびそこから疎外されてその裏側をなす人文社会系の人間中心主義、すなわち、まさに総体としての近代科学の正統的パラダイムの縛りが強いというべきかもしれない。だからこそ、進化史的情報概念とプログラム科学、あるいは情報論とネオ・テレオロジーが正統派近代科学のパラダイム・シフトたりうるのである。

6-6　近代科学の再編成

ところで、秩序の「論理・数学的構造」という法則科学にもプログラム科学にも妥当する視点からすれば、周知のように、線形科学から非線形科学への重心移行が二〇世紀後半の一つの流れであり、これが二一世紀には加速されると見られている。

かりに経験的秩序原理とその論理・数学的構造という二系統の秩序原理をクロスさせるなら、第一に線形法則科学（ニュートン力学など）、第二に線形プログラム科学（効用極大化や利潤極大化という近代経済学のミクロ理論など）、第三に非線形法則科学（気象学など）、第四に非線形プログラム科学（株式の動きなど）という近代科学の四つの基本類型を導出することもできるだろう。複数の agents がそれぞれに一連の法則またはプログラムで動くが、その全体を規制する法則やプログラムのない multi-agent システムのコンピュータ・シミュレーションは非線形科学の一例でありうる。前述した複数の法則またはプログラムの非線形的な合成波及効果の解明である。ただし、サンタ・フェ研究所のいわゆる「複雑適応系」（complex adaptive system, CAS）は非線形法則科学ではなく、じつは非線形プログラム科学に属している。変異して採択淘汰されるプログラムは適応するが、定義によって一定の時空的領域での普遍性を期待される法則は、適応しない。だが、先に指摘したとおり、コンピュータ・シミュレーションでは、法則もプログラムも一定のコンピュータ・プログラムとして入力され、区別がない。秩序のもっぱら論理・数学的構造のみが関心事なのである。

法則科学もシグナル性プログラム科学もシンボル性プログラム科学もすべて、秩序のありのままの姿を記述・説明・予測する実証科学である。それに対して、従来、自然科学で「工学」、人文社会科学で「規範科学」や「実践科学」や「政策（策定）科学」と名づけられてきた科学類型を「実証科学」と区別して「設計科学」、あるいは工学者 吉川弘之氏の用語を借用して「選択科学」と総称したい。それは、主に物理法則に拘束され、かつそれを利用する物理工学（物理的設計科学）、主に化学法則に拘束され、かつそれを利用する化学工学（化学的設計科学）、主に遺伝的プログラムに拘束され、かつそれを利用・改変する遺伝子工学（遺伝子的設計科学）、主に脳神経的プログラムに拘束され、かつそれを利用・改変する脳神経工学（脳神経的設計科学）、そして主に既存の言語的プログラムに拘束され、かつそれを利用・改変する社会工学（社会的設計科学）などの「要素的基本型」を指摘できるだろう。これらはいずれも、つまり社会工学のみならず物理工学、化学工学、遺伝子工学、脳神経工学といえども、一定の「シンボル性プログラム」の設計と改善を研究目的としている。

設計科学には、強弱の規範性を帯びたプログラムの設計と規範性のないプログラムの設計とを区別する必要もある。

規範的設計科学と非規範的設計科学という設計科学の二つの下位類型である。人文社会科学で規範科学といわれてきたものを規範的設計科学として位置づけ直すわけである。

吉川弘之氏は長年、工学と理学の相違——工学は理学の単なる応用ではない——を力説してきたが、それは設計科学と実証科学という二つの科学類型の、ある意味での根源的な相違を問題にしたわけである。吉川氏が展開してきた「一般設計学」は、社会工学（いわゆる社会工学に限定されない社会的設計科学の全体）を含めて「設計科学ないし選択科学」一般の原理論をめざしていると位置づけることもできるだろう。

地球環境問題その他、各種の社会的課題に応えるための学際化は、現代科学の顕著な趨勢であるが、それは、課題の性格に即して設計科学の前述の「要素的基本型」——物理工学から社会工学まで——の最適コンビネーションの実現をめざす、各種の総合的設計科学の構築にほかならない。われわれを取り巻く現実の世界は、物理法則と化学法則と遺伝的プログラムと脳神経的プログラムと文化的プログラムがまさに混然一体となった世界——重層的な自然——であり、実践と不可分の設計科学は、したがって、interdisciplinary, transdisciplinary, multidisciplinary などの総合性を、いわば宿命としている。設計科学は成熟すればするほど、学際化・総合化の途を歩むことになるだろう。そして設計科学のこの実践的な学際化・総合化が、ひるがえって実証科学の学際化・総合化を促すことになる。むろん実証科学それ自身の内発的要請による、その学際化・総合化を否定しているわけではない。

工学や規範科学や実践科学や政策（策定）科学などといわれてきた科学類型が、前述のように「実証科学」に対置される「設計科学」として一括しうることを強調したい。物理工学や化学工学は一見社会工学と異なるように見えるが、それは物理的現象の設計か、化学的現象の設計か、社会的現象の設計かという設計対象の相違にすぎず、これらすべての工学は何らかのシンボル性プログラムの創造に携わっているのである。もちろん実証科学も、シンボル性プログラム科学のみならず物理・化学なる法則科学を含めて、何らかのシンボル性の認知プログラム——前述したプログラム科学一元論の主張を見よ——の構成をめざしている。しかし、「認知機能を担う実証科学」と「指令機能を担う設計科学」との相違は大きい。

進化の視点からすれば、遺伝情報、すなわちＤＮＡ記号による物理・化学現象の設計にはじまる「自然の自己設計機能」が、人間レヴェルの言語記号、とりわけ数学記号をえて、ついに「設計科学」へと進化したのである。生物工学、なかでも遺伝子工学は、このすでにある自然生成的な遺伝的設計に人間が消極的・積極的に介入するという独自の位置を占める工学形態であり、それだけに昨今のクローン人間の是非など、独自の倫理的課題——「倫理的プログラム」の課題——を背負うことになる。同種の問題——生物的自然の先所与的設計に対する人為的・積極的介入——は、将来、脳神経工学においても引き起こされるに違いない。むろんこの介入は、すでに人為選択や優生学として行われていたものであるが、遺伝情報に genotype のレヴェルで直接介入する事前選択である点が異なっている。

医療の現場ですでに頻発しているこの種の倫理的課題が、「生命倫理学」を育てたことは指摘するまでもない。「生命倫理学」も、生命倫理のプログラムの設計と改善をめざす営為として、本章の視点からすれば一つの設計科学、より精確には規範的設計科学たりうるのである。倫理とか設計とか文科とか理科とか、さらには哲学とか科学とかいった用語群を編成・組織する伝統的な知のカテゴリー体系が、「設計科学としての倫理学」といった表現にカテゴリー錯誤を指摘させ、あるいは違和感を表明させるにすぎない。近代科学のパラダイム・シフトは、こうした伝統的な知のカテゴリー体系のラディカルな組み替えと再編を要求するのである。こうして、法則科学のみならずプログラム科学をも包含する「科学」とは一体何なのか、という問いが改めて立てられることになるが、ここでは問題の指摘にとどめるしかない。

要するに、物理・化学的自然、生物的自然、人間的自然のそれぞれを対象にして、実証科学と設計科学が並存するのである。換言すれば、法則科学、シグナル性プログラム科学、シンボル性プログラム科学という実証科学の三大類型に対応して、それぞれ設計科学が成立するのである。すなわち近代科学は、(1)法則科学（実証科学）、(2)シグナル性プログラム科学（実証科学）、(3)シンボル性プログラム科学（実証科学）、(4)法則科学に対応する設計科学、(5)シグナル性プログラム科学に対応する設計科学、(6)シンボル性プログラム科学に対応する設計科学、という六類型から構成されるということになる。

ただ、設計科学のテスト基準は実証科学のテスト基準（検証基準や反証基準）と異なり、複雑な価値問題を含んでいる。実践と不可分の設計科学の特質である。テスト基準とは、むろん「変異と選択」にいう「選択基準」の、科学的営為という特殊領域に対応する特殊ケースにすぎない。とりわけ社会的設計科学のばあい「シンボル性テレオロジー」における事前・事後の選択基準」はR・ドーキンスがいうような利己的遺伝子の選択基準、すなわち「シグナル性テレオロジーの事後選択（このばあい自然選択・性選択）の基準」とはおよそかけ離れている。一歩をゆずっても、それはかれのいう「ミーム」(meme) の選択基準なのである。

この価値問題は、設計科学が、二一世紀へ向けて、一方、共時的に、グローバル化（地球環境問題ほか）と日常生活世界化（身近な生活欲求への対応）を要請され、他方、通時的に、後世代をも配慮する長期の視野（資源の世代間配分問題ほか）を要求されるようになった今日、とりわけ総合的設計科学の大前提として枢要の位置を占めている。一部にある反科学の動きが、この価値問題への、科学者集団と社会との協同による積極的・体系的な取組みをますます不可避・不可欠のものとしている。

なお、設計科学の位置づけについては、一つの代替説がありうることを付言しておきたい。それはシンボル性プログラム科学を実証的なものと設計的なものとに二分割し、物理工学から社会工学にいたる全設計科学を、「設計的シンボル性プログラム科学」としてシンボル性プログラム科学のカテゴリーに包摂させるという、ある意味では大胆な分類である。この立場からすれば、近代科学は(1)法則科学（実証科学）、(2)シグナル性プログラム科学（実証科学）、(3)

実証的シンボル性プログラム科学（実証科学）、(4)設計的シンボル性プログラム科学（設計科学）という四つの基本類型を有するということになる。この分類の利点は、一定のシンボル性プログラムの設計こそが、物理工学から社会工学にいたる全設計科学の研究上の「図」であり、物理法則や化学法則、遺伝的プログラムや脳神経的プログラムや文化的プログラム、等々は、そのための制約条件――実証科学における前件的条件に匹敵――として、研究上の「地」でしかないことを端的に示しうる点にある。ちなみに法則科学のばあい、前述のように、法則定立の作業では法則が「図」となり、法則適用の作業では逆に前件的条件が「図」となる。他方、難点は、実証的シンボル性プログラム科学とかぎらず物理・化学を含めてすべての実証科学が、実証的認識のためのシンボル性認知プログラムの構成をめざすという事実を無視している点である。ところがこの事実を重視すれば、すべての実証科学を実証的シンボル性プログラム科学のカテゴリーに包摂させるべきだという誤った主張を導くことになる。これを誤りというのは、プログラム科学でいうプログラムとはむろん対象の側に存在するプログラムであって、研究者のサイドにあるプログラムではないからである。この難点に反論する途は、研究者サイドにかかわるプログラムの中で、実践のためのプログラム（指令プログラム）と認識のためのプログラム（認知プログラム）との相違を力説する以外にはないだろう。実証科学が認識のために構成するシンボル性プログラムの指示対象は現存するが、設計科学が実践のために設計するシンボル性プログラムの指示対象は現存しない。この相違が、設計科学の位置づけについての前述の代替説に、一定の説得力をもたせることになるのである。

最後に歴史科学は、一方、宇宙論や地球史のような「法則科学的歴史科学」と、他方、生物進化論や人文社会系の歴史学のような「プログラム科学的歴史科学」とに二分する必要があるだろう。なぜなら、歴史的要因は、前者では当然のことながら前件的条件のカテゴリーに含まれるが、後者では、前件的条件であると同時に、いやそれよりはむしろプログラムそれ自体の特性と捉えられるからである。社会科学の一部門としての歴史科学は、法則科学的発想のもとでは位置づけが困難であったが、前述のとおり、じつはシンボル性プログラム科学の一種、すなわち個別化的シンボル性プログラム科学と見るべき領域なのである。

本章の情報進化史的な解釈学的自然哲学の立場からすれば、ビッグバンから人間的世界へといたる全自然は、大要として、つぎの三つの段階および層序から成り立っている。段階というのは通時的視点、層序というのは共時的視点である。すなわち、第一に、情報やプログラムによる制御のない、ただ物理・化学法則にしたがう宇宙進化の段階＝層序、第二に、遺伝的プログラム—外生選択型の設計が展開される生物進化の段階＝層序、そして第三に、文化的プログラム—内生選択型の設計が展開される人間社会進化の段階＝層序である。三つの段階＝層序は、それぞれ、固有の「存在様式」と固有の「進化様式」をもっており、情報進化史的な解釈学的自然哲学は、全自然史の根底に「存在様式の進化」と「進化様式の進化」という汎進化論的な視点をすえることになる。

たとえば、「遺伝的プログラムによる制御」という存在様式と「遺伝的プログラムの変異とその外生選択」という進化様式とを前提にした近代科学の領域が、通例の意味での進化論である。だが、この生物的自然の先に、あるいは上に、「文化的プログラムによる制御」という新たな存在様式と「文化的プログラムの変異とその内生選択」という新たな進化様式を特徴とする人間的自然が生みだされた。「生物的自然の存在様式・進化様式」から「人間的自然の存在様式・進化様式」へと「存在様式・進化様式」それ自体が進化したのである。

こうして、ネオ・パラダイムにもとづく「歴史科学としての近代科学」の最終的課題は、絶望的なほど迂遠な目標であるにしても、前述の汎進化論的枠組みの中で、それぞれに固有の存在様式と進化様式をもつ、物理・化学的自然史、生物科学的自然史、そして人文社会科学的自然史の総体を記述するという作業にほかならない。換言すれば「全自然史科学としての近代科学」にほかならない。もちろんここで「自然」とは、人間中心主義でいうところの自然ではなく、人間を包み込み、かつまた人間と自余の自然とを的確に差異化することのできる「自然」である。それはたしかに迂遠な目標ではあるが、それぞれの歴史科学がみずからの位置づけを自覚するのは、悪いことではない。

以上縷々述べてきたように、法則科学とシグナル性プログラム科学とシンボル性プログラム科学、線形科学と非線形科学、実証科学と設計科学、歴史科学としての近代科学、などの新たな基準を用いて、物理・化学的自然、生物的自然、人間的自然それぞれを対象にする近代科学の総体を再編成することができる。これまた私のいう近代科学のパラダイム・シフトの成果にほかならない。教育過程にまで深く浸透している「理科と文科」、「自然科学と人文社会科学」などの、法則科学イデオロギーを暗黙の背景の一つとしてきた知の台座を、こうした近代科学の再編をつうじて抜本的に転換させる必要があるだろう。

法則科学イデオロギーと物理・化学還元主義のために「科学」から遠く隔てられていた人文学的諸概念の多くが、プログラム科学と進化史的情報論の発想が浸透するにつれて「科学」の中に違和なく取り込まれることになるだろう。たとえば、私は禅仏教者によって生きられる自己現象の「理論モデル」を「無自己と自在の仮自己とを往還する無相の自己」と記述して、「自他分節の文化的プログラム」の一つと把握してきた。それは、欧米的自我や日本的自己といわれるものが自他分節プログラムの文化的変異であるのと同様である。「無自己」とは長尾雅人氏のいう、仏の悟りの世界、「自在の仮自己」とは同氏のいう、菩薩の悟りの世界、そして相互に往還する両者を二つの極として包摂・統合する「無相の自己」は、久松真一氏の用語のいささかの転用である。自己現象を支える自他分節の文化的プログラムは、自己組織システム一般に見られる「境界設定プログラム」(boundary-setting program) の言語情報レヴェル(制度的自己)であり、その下層に「身体図式」(body schema) といわれる感覚運動情報レヴェルの自他分節プログラム(現象学的自己)が位置している。自己物質と異物を識別する抗原抗体反応は、さらにその基層に位置する遺伝情報レヴェルの自他分節プログラム(有機体的自己)であり、それこそが「自己組織システムの境界設定プログラム」の進化史的プロトタイプともいうべきものなのである。そして、正社員もパートタイマーも、正会員も準会員も、はたまた所有権も、さらには国籍と領土も、動物の縄張プログラムと同様、人間集合の境界設定プログラムの一齣なのである。

プログラム科学という発想、とりわけシンボル性プログラム科学という構想は、法則科学イデオロギーのもとでコンプレックスに因われていた人文社会科学者に、新たな科学者アイデンティティを与えることになる。すでに生物科学の現場では、遺伝的プログラムという物理・化学にはない独自の基礎概念の獲得が、物理学者と化学者に対する生物学者の自律的アイデンティティを強化したといわれている。同様のアイデンティティ効果は、人文社会系においても期待されるだろう。法則科学イデオロギーに起因する物理学・化学への深層コンプレックスが、ひるがえって人文社会系研究者の自然科学嫌いを生み出していないとは断定できないだけに、このアイデンティティ効果の意義は大きい。それとは反対に、人間の精神的世界に超越的価値を付与する逆コンプレックスも、私のいう進化史的な派生二元論の立場から、相対化される必要があるだろう。いずれにせよ、人文社会系の学問と思想は、人間中心主義から脱却して、人間的自然をも過不足なく位置づける新たな自然主義へと転換しなければならない。本章で提起した情報進化史的な解釈学的自然哲学は、まさにそのためのものなのである。

ところで他方、当然のことながら、プログラム科学とネオ・テレオロジーは、法則科学イデオロギーにもとづく物理・化学者の深層レヴェルの優越感——それがかりにあるとして——に対しても異義申し立てをすることになる。キリスト教的な人間中心主義といった宗教文化的伝統を別にすれば、片や人間中心主義、片や物理・化学還元主義と法則科学イデオロギー、この二つの心性は、表面の対抗のその裏で無自覚的に通じ合う、一個同一のパラダイムの異なる表現形態でしかない。

社会学研究連絡委員会（委員長：綿貫讓治）は、一九九六年一一月八日「社会情報学の誕生——二一世紀に向けて」と題する公開シンポジウムを開催したが、その趣旨の一つは、「分子生物学がいまや生物諸科学の基礎学としての位置を占めるのと同様、社会情報学（socio-informatics）を、将来、社会諸科学の基礎学としての位置を占めるべき新たなディシプリンとして構築しよう」という呼び掛けにあった。一つの新たなdisciplineとしての社会情報学——高度情報社会の学際的・総合的研究と区別された——は、社会現象を対象にすえる社会科学史上最初の自覚的なプログラム科学として構想されている。その成否は別として、パラダイム・シフトの効果の一つであろう。

最後に、分子生物学に触発された情報進化論・記号進化論を核とする新たな解釈学的自然哲学は、一方で、本章が示したような近代科学のパラダイム・シフトを促すことになったが、他方で、本章でもふれた「原一元論と各種の派生二元論」あるいは「存在様式とその進化」など、認識論や存在論などの哲学思想のパラダイム・シフトをも要請している。新しい哲学思想のキーワードは「情報負荷性」（information-ladenness）であるが、こうした知の世界の巨大な地殻変動が、私のいう「情報論的転回」（informatic turn）にほかならない。近代科学の変貌も哲学思想の変貌も「情報論的転回」のそれぞれ一環なのである。

物理・化学的秩序、生物的秩序、既存の文化的秩序など人間にとっての先所与的な秩序を記述・説明・予測するための、いわば「世界認識」のための言語使用——その典型が実証科学の言語使用である——と、その先所与的な秩序には存在しない人間独自の秩序を創成・実現するための、いわば「世界制作」のための言語使用——その典型が社会制度づくりの言語使用や設計科学の言語使用である——とは、もっとも対照的な、相互に対極に位置する人間の言語使用といえるだろう。「神」は、「太陽」や「林檎」や「人間」と同様前者の言語使用に属する、と誤認されて膨大な賛否の議論を残してきたが、じつは「国家」や「国連」や「日本学術会議」と同様、後者の言語使用の一例だったのである。「神」は「日本学術会議」と同様、言語的構成物の一種、すなわち制度的存在者なのである。この、言語による世界制作と言語による世界認識との混同、厳密にいえば、言語の「指令機能と認知機能との混同」を、私はフレーゲ的な言語の「意義（Sinn）と指示対象（Bedeutung）との混同」、ラッセル的な「対象言語とメタ言語との混同」

と並ぶ言語使用の第三のfallacyと名づけているが、「神」現象は、本来、言語による「指令的」情報負荷であったものが、言語による「認知的」情報負荷と誤認・混同されてきたのである。

換言すれば、神の存在は、国家や民族や日本学術会議の存在と同様、「制度的存在者の存在」、さらには「言語情報的存在者の存在」をめぐる新たな存在論の枠組みの中で議論すべきテーマなのである。そして「言語情報的存在者」――言語情報の設計機能によって存在する存在者、その代表的な事例が制度的存在者である――の存在論は、生物すなわち「遺伝情報的存在者」――遺伝情報の設計機能によって存在する存在者――の存在論と同様、「存在様式とその進化」という情報進化史的存在論の一環であり、もはや伝統的な哲学的存在論の射程を越えている。まさに存在論の情報論的転回にほかならない。

こうして「制度的存在者としての神」の科学は、近代科学のネオ・パラダイムからすれば、「神プログラム」の実証科学だということになる。「神」観念の研究を中核とした「神」制度の科学、ともいうべき制度の科学の一つである。ところで、英国の宗教哲学者J・ヒックが――宗教戦争の抜本的解決をめざして――唱道する宗教的多元主義(religious pluralism)は、キリスト教、仏教、イスラム教、ヒンドゥ教など人類の伝統的宗教は、すべて同一の神的実在に対する人間の応答であり、人類はこうした古来の名称ではもはや自らの宗教的体験や信仰の姿を正しく記述したことにはならないような、そういう「一つの世界」を迎えることになるだろう、という構造主義的な(宗教意識の構造的同型性)主張である。ヒック自身の立場を離れてネオ・パラダイムに立つなら、それは、文化的・歴史的個性をもつ多様な神プログラムをすべて包摂しうるような一般的な神プログラムの抽出、すなわち「神プログラムの通文化的・歴史貫通的な普遍的形態」の理論的可能性に賭ける「普遍化的シンボル性プログラム科学」の企図にほかならない。

この「神プログラムの普遍的形態をめぐる研究」という実証科学のテーマは「普遍的な神プログラムの設計」とい

う設計科学のテーマと紙一重であるともいえるが、それはプログラムの論理・数学的構造という観念からすれば、実証科学も設計科学も、すなわちプログラムの実証もプログラムの設計も同型だからである。論理・数学的構造は、法則科学とプログラム科学が共有する秩序原理であったが、実証科学と設計科学が共有する秩序原理でもある。論理・数学的構造の解明はすべての科学類型が共有する課題なのである。したがって、論理・数学的構造の一形態である理論モデルの構築も、当然、法則科学とプログラム科学、実証科学と設計科学を貫徹する方法だということになる。だからこそ、論理・数学的構造一元論という前述もした科学理解が、とりわけ数理解析に関心を示す研究者のあいだで支持を集めるわけである。ただし「普遍的な神プログラムの設計」は、宗教的天才にしかなしえない技なのかもしれない。

「神」現象とは逆に、言語による単なる「認知的」情報負荷を言語による「指令的」情報負荷と誤認・混同するのが、ソシュール系のいわゆる言語帝国主義者――これも人間中心主義の例証である――の議論であろう。「ＳＥＸ」カテゴリーも「ＧＥＮＤＥＲ」カテゴリーもともに言語であるが、ＳＥＸ現象は遺伝情報の指令機能によって発現し、ＧＥＮＤＥＲ現象は文化情報の指令機能によって実現する。「ＳＥＸ」カテゴリーはＳＥＸ現象を認知・表現する機能のみを担っているが、「ＧＥＮＤＥＲ」カテゴリーはＧＥＮＤＥＲ現象を認知・表現すると同時に、いやそれに先だって、ＧＥＮＤＥＲ現象を産出・実現する指令機能を担っている。ところが言語帝国主義者は、「ＳＥＸ」カテゴリーが「ＧＥＮＤＥＲ」カテゴリーと同様ＳＥＸ現象を産出・発現すると誤認する。ＳＥＸ現象を産出・発現するのは遺伝情報であって、「ＳＥＸ」カテゴリーではない。太陽を生みだしたのは物理・化学法則であって、太陽という言葉ではない、というのと同様である。「神」のばあいとは反対に、言語による単なる「認知的」情報負荷を、言語による「指令的」情報負荷と誤認・混同したわけである。

もし以上の「神」解釈と「ＳＥＸ」解釈が受け入れられるとすれば、これまた近代科学のパラダイム・シフトの、ひいては「情報論的転回」の一つの成果に数えられるのではなかろうか（この報告は、財団法人・国際高等研究所のプロジェクト「情報論的転回」の成果の一部である。特に記して、このリスキーなプロジェクトに理解を示された同研究所に深甚なる謝意を表したい）。

第7章　俯瞰型研究の対象と方法
――「大文字の第二次科学革命」の立場から

本章は、第一に、「大文字の第二次科学革命」の概要を説明し、第二に、その革命の一つの集約形態として「人工物システム科学」の構想を導き、第三に、俯瞰型研究を人工物システム科学と同定する、というそれぞれが独立でありうる三つの大きな主題を、紙幅の制約から一括して取り上げている。小論の狙いが、じつは、三つあるということにほかならない。登場する術語のいくつか、人工物システムをはじめ、設計、記号、情報、プログラム、等々は、「科学的構成概念」として使用されており、自然言語、すなわち「自生的構成概念」のもつ語義や語感とは多少とも、あるいは大幅に、ズレている。それは、科学の発展は、新ファクトの発見および／または新コンセプトの創作（発明）に依存するという私の学問的信念に基づくものである。ここで採用されたのは、見られるとおり、後者の戦略である。

7-1　大文字の科学革命と大文字の第二次科学革命

第一七期日本学術会議が提唱した「俯瞰型プロジェクト」の対象と方法は、伝統的な科学論では明らかにできないのではないかと思われる。そこでまず、科学論のイノヴェーションから入ることにしたい。

一七世紀におけるニュートン力学の登場、すなわち近代科学の成立は、別名、定冠詞つきの「大文字の科学革命」（A・コイレやH・バターフィールド）と名づけられているが、正統的な科学論は、いまなお公式的には、この大文字の科学革命の影響、いや呪縛のもとにある。世界を構成する唯一の根源的要素は物質・エネルギーであり、世界の唯一の秩序原理は法則である。科学は対象のあるがままの姿を記述・説明・予測する知のための知（認識科学）であり、学問内在的要請によって自己完結的・自己充足的に形成される専門領域（ディシプリン）から成り立つ。要するに、正統派科学論のキーワードは、本章の問題意識からするかぎり、物質・エネルギー科学、法則科学、認識科学、ディシプリン科学の四つであるといってよい。

だが、この正統派科学論は、人文社会科学との間の積年の違和、二〇世紀を彩る科学の工学化とそれに伴う自生的技術から科学技術への移行、とりわけ中葉以降の分子生物学と計算機科学の飛躍的発展、加えて学際化の奔流、等々によって、いまや大きく揺らぎ始めている。

その揺らぎの行方を見定める「大文字の第二次科学革命」は、第一に、世界の根源的要素として物質・エネルギーのほかに「情報」（in＝中に、form＝パタン）を、第二に、世界の秩序原理として法則のほかに「プログラム」（pro＝前もって、gram＝書いたもの）を措定する。そして第三に、理系の工学や文系の規範科学・政策科学・実践科学など、対象のありたい姿やあるべき姿を計画・説明・評価する、すでに実績豊かな知の形態を「設計科学」として公認し、最後に、認識科学と設計科学を統合し（以下、認識／設計科学と表記）、設計を通じて異なるディシプリン（認識科学）を融合しながら、任意の社会的課題の解決を目指す人間と社会のための知の在り方を、ディシプリン科学と区別して「自由領域科学」と名づける。また、社会的要請に応じて随時立ち上がる自由領域科学の総体を、H・A・サイモン（異色のノーベル経済学賞受賞者）の人工物科学と吉川弘之（一般設計学の創始者）の人工物工学の提案を受けて「人工物システム科学」と命名し、これこそが inter/multi/trans-disciplinarity と俯瞰型研究の最終目標である、と主張する。

これら情報科学、プログラム科学、設計科学、自由領域科学と人工物システム科学という新たな科学論的カテゴリーの提案は、旧科学論の誕生以来三〇〇年をへて初めての、まさに大規模で包括的・明示的な科学論のパラダイム転換というべきであろう。

７‐２　設計論的自然観と三つの拡大ディシプリン

以上のような新科学論の自然哲学的バックボーンとして、正統派の機械論的自然観に敗北したとされる目的論的自然観の、換骨奪胎的な現代的再構成ともいうべき設計論的自然観、およびそれを支える記号論・記号進化論がある。設計論的自然観は、生命の登場を、ＲＮＡ・ＤＮＡの記号現象とそれによって可能になる「(生命以降の) 自然の自己設計機能」の登場と解釈する。一八世紀の啓蒙主義によって追放された「神の設計」、というかつて近代科学の成立を支えた「設計」思想の、装いも新たな脱宗教的・合理的な復権である。

まず、生物的自然は、先行する物理・化学的自然を材料にして、その物理・化学法則に制約・支援される「(ＤＮＡ性ほかの) シグナル性プログラム―自然選択」型の設計の産物 (生物多様性) であり、ついで人間的自然は、先行する物理・化学的自然と生物的自然を材料にして――社会システムの基本材料はヒトとしての人間である――、その物理・化学法則とシグナル性プログラムに制約・支援される「(言語性ほかの) シンボル性プログラム―主体選択」型の設計の産物 (文化多様性) である、と解釈する。ＤＮＡと言語は、それぞれ、シグナル記号とシンボル記号の代表的事例にほかならない。

この新たな自然観が、生命以降の自然の解明には、遺伝情報や文化情報など記号的情報の概念が不可欠であることを基礎づけ、また法則なる秩序原理が物理科学（物理学と化学）を、シグナル性プログラムなる秩序原理が生物科学を、そしてシンボル性プログラムなる秩序原理が人文社会科学を、それぞれ相互に関連しつつも相互に独立した、三つの「拡大ディシプリン」として成立させる、という主張を導くことになる。物質・エネルギー科学と区別される情報科学、法則科学と区別されるプログラム科学の誕生である。換言すれば、物質・エネルギー一元論と法則一元論という正統派科学論の核の崩壊である。人文社会科学の拡大ディシプリン化は、なお二一世紀に残された文系科学の課題であるが、物理科学は物理学を基礎とする法則科学として、生物科学は分子生物学を基礎とする後述のＳＮプログラム科学として、それぞれ、すでに拡大ディシプリン化に向かっている。

ゲノムは、細胞内外・生体内外の境界／初期条件と相まって、生物の秩序を大きく規定するが、それは法則ではなくてシグナル性プログラムである。近代経済学が長らく法則と誤認してきたものは、ホモ・エコノミクスの経済合理的プログラムおよび／またはその合成波及効果の論理的・数学的表現にすぎない。さもなければ、単なる経験的一般化命題である。だが、論理的・数学的命題のすべてが法則命題であるわけではない。経験的事象はすべて、法則もプログラムも経験的一般化も、一回かぎりの事象も、数学的表現の可能性を模索しうるからである。所得税プログラムは数式で表現されている。経験科学としての計算機科学もプログラム科学であって法則科学ではない。数学的な公理・定理とも計算機プログラムとも、またアルゴリズムとも区別されるような計算機科学固有の「法則」はないのである。

法則は一般に変容不能と了解されているが、プログラムは、生物的・人間的自然に内在する何らかの進化段階・進化累層の記号で担われて、変容可能である。生物進化や制度変動は、そのことを端的に示している。ゲノムは遺伝コードと、法体系は言語コードと、計算機プログラムは二進コードと、それぞれ不可分であるが、法則、たとえばニュートン法則は、確かに研究者の側の数学記号で表現されるが、それ自体は、対象の側に内在する何らかの記号コードで担われているわけではない。生物的・人間的世界のプログラム的秩序を確率論的法則と位置づける正統派的解釈は、プログラムが、法則と違って、対象自体に内在する記号で担われているという構造的事実を無視する、現象論的科学論にすぎない。

7-3　情報科学・プログラム科学・設計科学

「大文字の第二次科学革命」が提唱する情報概念は、大きく二つに分かれる。一つは「物質・エネルギーのパタン一般」と定義される全自然に遍在する非記号的情報であり、もう一つは、「何らかの進化段階の記号の集合」あるいは「記号的パタンの集合」と定義される、生命以降の自然に固有の記号的情報である。生物的・人間的世界に独自の記号的パタンは、全自然に遍在するパタン一般の特殊事例である。ビット情報量の概念は、記号的パタンというより、むしろパタン一般の生起確率をベースにして構成されている。記号的情報はさらに、遺伝情報や感覚・運動情報など、記号とその指示対象（対象的意味）とが物理・化学的に結合して意味表象（表象的意味）をもたないシグナル（signal、以下SNと表記）情報と、言語情報やアイコン情報など、記号とその意味表象（表象的意味）とが、学習の結果、脳内で物理・化学的に結合するが、指示対象（対象的意味）をもつとはかぎらないシンボル（symbol、以下SBと表記）情報とに分かれる。

伝統的な人文学的記号概念を、感覚・知覚や運動・動作信号などの神経記号、（昨今ならJ・J・ギブソンのアフォーダンスや）リリーサ、フェロモンやホルモン、そして遺伝記号にまで拡張しようという記号論の再編は、T・A・シービオクのZoo-semiotics（現在のBiosemiotics）および吉田の「記号進化論」（記号の系統樹ほかの提案を含むEvolutionary Semiotics）として、一九六七年、それぞれ別個に、かつ相互に独立・無縁のまま提唱された。F・H・C・クリックの遺伝コードという着想への比較的素早い（?）人文系のリスポンスであった。

ところで、指示対象の有無・存否を問う必要のない、あるいは問うべきでないようなシンボル情報は、純シンボル情報と名づけられ、これこそが物質・エネルギー概念の対極に位置する、人間世界にのみ独自の情報概念である。白昼夢、空想、仮想、仮構など、純然たる「記号とその意味表象」のみから構成される世界である。純シンボル情報という命名は、それを価値中立的に表現するためのものである。たとえば「神」は、物質・エネルギー空間の存在者ではなく、純シンボル情報空間の存在者だったのである。神の存在を否定したのは科学一般ではなく、正統派の物質／エネルギー科学であった。情報科学、厳密にいえば、その一部門としての純シンボル情報空間の科学（人文情報学の一環）は、神の存在を否定しない。換言すれば、情報科学の登場は、存在と存在者に関する哲学的範疇にも影響せざるをえないのである。

また、記号的情報の機能は、認知に限定されず、指令と評価の機能が導入されて、認知情報、指令情報、評価情報などのコンセプトが創作される。生物の遺伝情報やそれとパラレルな社会の制度や慣習、法や倫理などの文化情報、の第一義的な機能は、指令であって認知ではない。かつて渡辺格は、遺伝情報は遺伝指令と訳すべきであったと指摘したが、情報概念が認知情報に限定されていた時代の証言である。というより、ここでは、指令、認知、評価などの基礎概念が、物質・エネルギー科学のものではありえず、情報科学のものであることをこそ指摘すべきであろう。これらの基礎概念を、物質・エネルギー科学の術語に還元することはできないのではないか。

こうして、基礎情報学、生物情報学、人間情報学、社会情報学、人文情報学、計算機情報学という六つの基幹部門からなる情報科学が成立する。計算機科学や計算機工学としての情報科学、すなわち通例の意味での情報科学は、新科学論のいう情報科学の基幹部門の一つにすぎない。だが、一方、計算機科学と情報社会論に由来する、電子情報や科学技術的メディアで担われた情報の概念、また他方、「伝達されて、一回かぎりの認知的機能を果たし、個人や集団の意思決定に影響する、外シンボル記号の集合」と定義しうる自然言語、およびそれを受けた人文社会科学系の常識的な情報概念――これら二系統の通念に阻まれて、人間情報学、社会情報学、人文情報学という人文社会科学系列の情報科学は、国内的にも国際的にも、未だに認知されていない。法情報学は社会情報学の中核に位置すべき情報科学であるにもかかわらず、今のところ、判例その他のデータベース化やそれを利用する計算（computation）――「computation」自体は、きわめて拡がりのある重要な研究手法であるが――ほどの意味しか与えられていない。

つづいて、プログラムは記号的情報の一種であり、「生物科学的、人文社会科学的、さらには工学的システムの、投入や産出、構造や過程など、その内外の秩序の在り方を指定し、表現し、制御する記号集合」と定義される。指令情報を産出する指令プログラムのほか、評価情報を産出する評価プログラムと認知情報を産出する認知プログラムが含まれる。

生物科学的プログラムのすべては、遺伝記号や神経記号などのシグナル記号で担われた（書かれた）SNプログラムであり、人文社会科学的プログラムの中核は、言語（数学言語を含む）に代表されるシンボル記号で担われた（書かれた）SBプログラムである。SNプログラムは、プログラム（記号集合）とその作動結果（指示対象ないし対象的意味）とが物理・化学的に結合して、一般に違背不能であるが、SBプログラムは、プログラム（記号集合）とその作動結果（指示対象ないし対象的意味）とが意味表象ないし表象的意味に媒介され、その結果、解釈の多義性と違背・逸脱がむしろ常態である。公権的解釈（有権解釈）と学説的解釈とを区別する法的プログラムは、法的多義性に対処するためのプログラムにほかならない。因みに、太陽暦・太陰暦をはじめ、年、月、週、日、時、分などの「時間編成プログラム」は、身近すぎて気づかれにくいSBプログラムの事例である。

プログラム的秩序の基盤にあって、それを制約・支援する諸要因についての科学、たとえば分子生物学にとっての化学や物理学、脳科学にとっての分子生物学や化学や物理学、あるいは時間編成プログラムにとっての天文学を、当該プログラム科学の「関連基盤科学」と名づけたい。記号とその指示対象とが物理・化学的に結合するSN情報空間やSNプログラムは、物質・エネルギー空間と直結している。そのため、生物科学にとって物理科学という関連基盤科学の役割は決定的である。だが、記号とその指示対象とが意味表象を媒介にしてしか結合しないSB情報空間やSBプログラムは、物質・エネルギー空間やSN情報空間から一定程度自立・自律し、人文社会科学の関連基盤科学としての生物科学や物理科学の役割は、生物科学にとっての物理科学のそれに比べて、決定的ではない。

このように生物科学はプログラム科学であるという点で人文社会科学と同類であるものの、物質・エネルギー空間と直結しているという点で物理科学に隣接している。隣接していわば地続きの物理科学的・生物科学的世界から、一定限度、人文社会科学的世界を隔てるものは、前述のとおり、ヒトの脳の豊かな表象能力、とりわけその言語的な表象機能なのである。ここに、言語性情報空間の、全自然・全世界における独自の意義がある。

SN型とSB型の区別を問わず、プログラム科学はつぎの四つの基本的課題をもっている。①プログラムそれ自体(genotype はその一例)の解明、②プログラムの作動過程(genotype から phenotype へいたる全過程はその一例)の解明、③プログラムの作動結果(phenotype はその一例)の解明、④プログラムのライフ・サイクル、すなわちその生成・維持・変容・消滅(生物進化や社会進化はその代表例)の解明である。

たとえば、法解釈学は法社会学と合体ないしセットになって、四課題のすべてをカバーする「SBプログラム科学としての法学」を形成することになる。換言すれば、物質・エネルギー科学や法則科学という正統派科学論のもとでは科学の範疇に入らなかった法解釈学も、新科学論のもとでは――そこまで科学であることに拘泥する必要があるのか、という当然の疑問や反論はさておき――代表的なSB情報科学やSBプログラム科学として認知される。ゲノム科学(SNプログラム科学の代表例)と法科学(SBプログラム科学の代表例)は、物理科学的な「法則型システムの基本法則」と区別される生物科学・人文社会科学的な「プログラム型システムの基本プログラム(いわばマスター・プラン)」の研究として、一種パラレルな位置を占めるのである。同様に倫理学もまた、哲学を離れて、倫理的プログラムの認識科学と設計科学に衣更えする。社会的要請の強い環境倫理学や生命倫理学は、倫理的プログラムの設計科学にほかならない。価値研究も、SB評価プログラムとそれが産出するSB評価情報の認識／設計科学として、人文情報学の一環である。

ところで他方、理系の工学、すなわち物理工学や化学工学や生物工学は、物理法則や化学法則やゲノムほかのSNプログラム――ゲノム科学の登場以前に立論された武谷三男の著名な技術論、「人間実践（生産的実践）における客観的法則性の意識的適用」は、法則科学的技術論であって、プログラム科学的技術、すなわち生物科学的技術や人文社会科学的技術をカバーしていない――を考慮せずには成功しないが、そこで直接の研究課題とされるのは、物理工学的、化学工学的、生物工学的な設計図、つまりSBプログラムである。いい換えるなら、SBプログラムを主たる対象にするというかぎりで、工学は、じつは、文系の人文社会科学と同類の科学、すなわち（工学的な）SBプログラムの認識科学と設計科学なのである。まことに意外な結論であり、新科学論の副次的成果の一つである。両者の関連基盤科学の相違に幻惑されて、両者のSBプログラム科学としての同類性が見逃されていたのである。この知見がまた、俯瞰型研究の理解と位置づけに深くかかわってくる。

設計科学は一定の評価プログラムと不可分であるが、それは認識科学における仮説的（hypothetical）な事実命題に対応して、仮設的（provisional）な価値命題と位置づけられ、その理論的・経験的妥当性の検討は、設計科学の最大の課題ないし前提の一つである。その際、価値命題の普遍妥当性を論証・実証することはできないとするメタ価値論ないしメタ倫理学の成果に従うなら、未だ反証されていない、という認識科学におけるポパー的原理（verification原理に対するfalsification原理）の流用が、価値の恣意的な、あるいはファナティックな導入を回避するために不可欠である。

7-4　自由領域科学と人工物システム科学

新科学論を支える新たな自然哲学「設計論的自然観」によれば、全科学は非設計物科学（物理科学）と設計物科学（生物科学と人文社会科学）とに二分され、設計物科学はさらにSN設計物科学（生物科学）とSB設計物科学（人文社会科学）とに分けられる。けれども、科学のための科学ではなく、人間と社会のための科学――これが、7-1に述べたとおり、新科学論の主張の一つである――という二一世紀に期待される新たな科学像からすれば、SB設計物科学、すなわち人文社会科学の概念を拡張して、「人工物システム科学」という新たな科学形態、すなわち「人間と社会のための総合科学」を構想する必要がある。

ここで「人工物」とは広義のSB設計物であり、一応自然物（非設計物とSN設計物）の対概念であるが、狭義のSB設計物、すなわち家族、企業、都市、国家、国連などの社会的人工物と知識、価値観、神、宗教、文学、芸術などの精神的（シンボル情報的）人工物に限定されず、建物や機械などの物的人工物、栽培植物や飼育動物などの生物的人工物を含んでいる。逆にいえば、人工物システム科学にいう人工物は、人工物の通念が意味する物的・生物的人工物、つまり理系人工物に限られず、社会的・精神的人工物、つまり文系人工物を含むと捉えてもよい。昨今ならば、物質創製、分子育種、臓器再生、ゲノム創薬などの、いってみれば設計図は、前述もしたとおり、社会的人工物に関わる法や倫理、精神的人工物に関わる技法やデザインと同様、SBプログラム（の設計）なのである。

しかも、何らかのSBプログラムの作動の、間接効果、波及効果、合成効果、意図せざる効果、無自覚の効果、そして邪悪なる効果、等々をすべて含めて、人工物と呼ぶのである。個別的にいえば、土地、水、大気、食糧、エネルギー、人口と健康、医療、知識と教育（一九九九年の世界科学会議や二〇〇〇年の世界科学アカデミー会議で取り上げられた諸テーマ）、等々、枚挙に暇のない人間関連事象のすべてを包括的に表現するために、人工物システムという用語を採用するのである。ただし、より適切な代替的術語がありうるか、という検討は必要であろう。なお、これをシステムと呼ぶのは、むろん、人類社会の産業化（社会の物質・エネルギー的構成要素の産業化を意味する「工業化」、および社会の情報的構成要素の産業化を意味する「情報化」）とともにますます拡大・深化する、それら人工物の多様な相互連関を力説したいがためである。

人工物システムの秩序原理は、その材料となる非設計物およびＳＮ設計物の、法則およびＳＮプログラムによる制約と支援が不可避・不可欠であるとはいえ、ＳＢプログラムそのものである。日本学術会議の社会・産業・エネルギー研究連絡委員会は、俯瞰型研究の一つとして、人工物システム科学を構成する自由領域科学の一例ともいうべき「エネルギー学」を構想したが、それは、エネルギー生産の物理工学的、化学工学的、生物工学的プログラムのみならず、エネルギー産業の社会経済的プログラム、消費パタンを規定する消費プログラム、その背後にある物質・エネルギー指向や脱物質・エネルギー指向の評価プログラム、等々、物的、生物的、社会的、精神的な理系・文系人工物すべてのＳＢプログラムを射程に収め、その相互連関を検討する必要がある。

だが、より的確にいえば、むしろ何らかのタイプの自覚的・無自覚的なＳＢプログラムが直接・間接に関与し、また関与しうる対象をすべて網羅して、人工物システムというコンセプトが創作されたのである。すなわち、定義によって、人工物システムの秩序原理はＳＢプログラムである。そのかぎりで、つまり第一義的なその秩序原理に関するかぎり、人工物システム科学は物理科学（法則科学）でも生物科学（ＳＮプログラム科学）でもない。それは、物的・生物的人工物（理系人工物）をも扱う、文系の人文社会科学の拡大形態であり、逆にいえば、社会的・精神的人工物（文系人工物）をも扱う、理系の工学の拡大形態である。要するに、人工物システム科学は、「地球上の全ＳＢプログラム――ゲノム、すなわち生体の全遺伝的プログラムなる概念との類比――の認識／設計科学」として、人文社会科学と工学を、工学と人文社会科学を総合している。そのエッセンスは、文系の認識と理系の認識を基盤にした、文系内の設計、理系内の設計、文理にわたる設計の総合である。

人工物システム科学が、第一義的には、SBプログラム科学であって、法則科学やSNプログラム科学でないということは、分子生物学が、第一義的には、DNA性プログラムの科学であって、生体内化学（生化学）や生体内物理学でないのと同様であり、脳科学が、第一義的には、神経ネットワーク性プログラムの科学であって、脳内分子生物学や脳内（生）化学や脳内物理学ではないのと同様である。因みに、新科学論を提唱する私が、物理科学還元主義の勝利を謳う分子生物学の正統派的・定説的解釈に与しないのは、そのためである。自然の階層的秩序を無視することはできない。プログラム的秩序の場合、いわゆる「部分の総和を超える全体の特性」なるものは、外生選択と内生選択、事後選択と事前選択（自然選択は事後の外生選択であり、主体選択は事後・事前の、とりわけ事前の内生選択を意味する。吉田 1997、1999、2000 を参照）を介して実現される。全体を、間接または直接に、制御するプログラムの効果に由来している。

もちろん、分子生物学にとって生化学や生物物理学が、脳科学にとって脳内分子生物学や脳内化学や脳内物理学が、そして人工物システム科学にとって物理科学や生物科学や人文社会科学が、SN型・SB型のプログラム作動のメカニズムやその制約・支援条件とその相互連関を明らかにする、不可避・不可欠の関連基盤科学であることを否定しているわけでは決してない。

地球環境科学や安全学や女性学などの自由領域科学——日本学術会議の臨時（特別）委員会のテーマの多くが、自由領域科学の事例である——は、7-1で示唆したとおり、人工物システム科学の各論と位置づけられる。各論としての自由領域科学も総論としての人工物システム科学も、一定の評価プログラムに基づいて人工物システムの正負の、とくに負の状態特性を、できる限り未然に解明し、それに関与するSBプログラムの廃棄や新規導入、あるいは維持や改善を課題としている。そのSBプログラムに関する諸提案・諸設計が、人間的世界のSBプログラム的秩序のみならず、その目的または結果として、生物的世界のSNプログラム的秩序や物理・化学的世界の法則的秩序にも影響を及ぼして、事態の改善をもたらすのである。その際、SB・SNプログラム的秩序への影響は、プログラムそれ自体および／またはその境界／初期条件の操作を通じて、法則的秩序への影響は、その境界／初期条件の操作を通じて、それぞれ実現される。

人工物システム科学の方法としてのシステム論は、従来のシステム論が、物理科学に由来する自己組織システムや生物科学に由来するオートポイエーシスなどの最新理論を含めて、ことごとく、正統派科学論の自明視されて疑われることもない唯一の秩序原理、すなわち「法則」を明示的または暗黙裡に採用する一元的システム理論であったのに対抗し、「三層システム理論」と名づけられた。むろん、物理・化学法則とSNプログラムとSBプログラムをそれぞれの秩序原理とする、全自然の三層システムという含意である。

7-5　人工物システム科学とディシプリン科学との相互連関

新科学論が提唱する俯瞰的・総合的・学際的な人工物システム科学と個別的な正統派ディシプリン科学との関係、すなわち、一方で、人工物システム科学における個別科学・ディシプリン科学の役割、他方で、個別科学・ディシプリン科学にとっての人工物システム科学の意義、これら二つのテーマを取り上げる必要がある。

人工物システムの一定の状態特性を克服・改善するための総合設計は、第一に、問題の正負の状態特性をもたらした諸要因とその法則科学的な因果連関やプログラム科学的な対象的・表象的意味連関の的確な認識を必要とする。第二に、正負の状態特性に対処すべきSBプログラム集合の設計に当たって、その制約・支援条件についての的確な認識を欠かすことはできない。設計の制約・支援条件には、目下のところ改変させる必要がない、あるいは改変させるべきではない、と評価された既存のSB・SNプログラムや目下のところ改変させるのが困難ないし不可能である、と認知された既存のSB・SNプログラムが含まれる点にも注目したい。これら既存プログラム——敢えて本章の課題に例をとれば「科学論の正統派パラダイム」という既存プログラム(SB認知プログラム集合の一例)——の認知と評価は、周知のとおり、変革志向の設計プログラムと保守志向のそれとでは、大きく異なるのが通例である。

第三に、設計されたSBプログラム集合の直接・間接の単独・合成・波及効果の予測に当たって、これまた、プログラム科学的な表象的・対象的意味連関や法則科学的な因果連関の的確な認識が不可欠である。第四に、状態特性の解析とSBプログラム集合の設計およびその効果の予測に当たって、異なるプログラムの間の整合・不整合、異なるディシプリンによる解析の間の整合・不整合、要するに、プログラム間のトレード・オフや正負の相乗効果や好循環・悪循環など、各種の相互連関を的確に認識する必要がある。これら四つの分析は、まさに認識科学としての正統派ディシプリンに全面的に依存するほかはない。

これを一言で表現すれば、人工物システムの過去、現在、未来にわたる状態特性に関する「的確な認識」と設計されるSBプログラム集合の「実効性・有効性」を保証するのが、他ならぬディシプリン科学の役割なのである。ここで実効性とはSBプログラムそれ自体の実行可能性——SBプログラムは、SNプログラムと異なり、常に違背・逸脱の可能性にさらされている——であり、有効性とはその期待される効果の実現可能性である。「生体内化学」や「生体内物理学」が分子生物学の必須の関連基盤科学であるのと同様、すべてのディシプリン科学は、「人工物システム内科学」として、人工物システム科学の不可欠の関連基盤科学を成している。

ひるがえって他方、認識科学としての正統派ディシプリンは、人工物システム科学から期待ないし要請される前述の四タイプの分析課題を処理するプロセスで、期待・要請に応えられないという事態に直面しうる。そのことを通じて、当該ディシプリン内部で新たな課題を発見することになるのである。換言すれば、人工物システム科学はその総合設計を通じて、どの個別ディシプリンにも取り上げられていない、いわば認識の「隙間」を顕在化ないし可視化する。人工物システム科学の対象となる現実そのものの複雑性は、一般に、現行の個別ディシプリンの総体が与えうる複雑性を超えているからである。この点にこそ、個別ディシプリン科学にとっての人工物システム科学の意義がある。

以上の相互連関の反復・循環が、新たな総合的認識／設計科学としての人工物システム科学と伝統ある個別的認識科学としてのディシプリン科学の双方を豊かにし、両者相まって、二一世紀科学の新たな二極構造を構成する、と新科学論は主張するのである。

7-6　俯瞰型研究の対象と方法

すでに実質的には俯瞰型研究に言及してきたが、ここで最後に、大文字の第二次科学革命が提起する新科学論の立場から、第一七期日本学術会議が提唱した俯瞰型研究の対象と方法について、できるだけ包括的・体系的・明示的に考察してみたい。論点は、つぎの六項目である。

第一に、俯瞰型研究の最終目標は、工学的設計、制度、慣行、法規範、教育カリキュラム、倫理、価値観、等々、その対象に関与する何らかのＳＢプログラムについての提案である。他方、人工物システムは、定義によって、すべてのＳＢプログラムを包括している。つまり地球上の全ＳＢプログラムを網羅している。したがって、俯瞰型研究のいかなる対象も、人工物システムの何らかの領域に属している。すなわち、人工物システムは俯瞰型研究の対象を余すところなくカバーする。ただし、逆は真ならず、後述のように、俯瞰性＝システム度の不十分ないし不適切な人工物システム科学は存在しうる。

第二に、研究プログラムの俯瞰性とは、人工物システム科学の視点からすれば、ひとまず第一次近似として、つぎのように分析することができる。まず、空間的な俯瞰性は、物的人工物、生物的人工物、社会的人工物、精神的人工物という人工物の四つの基本タイプを行とし、ＳＢプログラム的秩序、ＳＮプログラム的秩序、物理・化学法則的秩序という秩序の三つの基本レベルを列とするマトリックス、の各セルの相互連関において、研究対象として取り上げられる人工物タイプとその秩序レベルの、タイプ間多様性とタイプ内多様性、レベル間多様性とレベル内多様性が大きいほど、かつまた取り上げられるその相互連関が多様なほど、研究プログラムの俯瞰性は広い。ついで時間的な俯瞰性については、過去から現在をへて未来にわたる時間的パースペクティヴが長いほど、また取り上げられる時点間の相互連関が多様なほど、俯瞰性は広い、と規定することができる。

第三に、人工物システム科学の前述したような空間的・時間的な俯瞰性をシステム度と表現するなら、俯瞰型研究とは、システム度の高い人工物システム科学である、という定義に到達する。だが、一般には、自由領域科学と人工物システム科学は、課題の性格に適合して過不足のない、適切なシステム度＝俯瞰性を要請されるというべきであろう。

第四に、俯瞰型研究の対象が、このように、新科学論が提唱する「人工物システム」であるとすれば、その方法は、やはり新科学論が提出する「四タイプの人工物というモデル」および「三層システム理論」、加えてその関連基盤科学の位置を占めるすべてのディシプリン科学だということになる。

第五に、俯瞰型研究は、その動機と目的が、対象の負の状態特性を可能なかぎり事前に予測し、排除して、正の状態特性を確保することにあるという点でも、また、その俯瞰性が、設計行為の部分的な最適化（cptimization）や部分的な許容化（Ｈ・Ａ・サイモンの satisficing）を克服して、全体的な最適化・許容化を実現するための手段であるという点でも、人工物システム科学と同型である。

最後に、新科学論が提唱する「人工物システム科学」は「人間と社会のための総合科学」であったが、それは俯瞰型研究の特性でもあり、その正確な意味を確認しておきたい。(1)人工物は、定義によって、人間と社会にかかわるすべての事象——自覚的・無自覚的なＳＢプログラムが直接・間接に関与し、また関与しうる対象——を網羅している。すなわち、すべての人工物をカバーしうる総合性。(2)ＳＢプログラムを中核にして、世界の三層の秩序原理を網羅している。すなわち、すべての秩序原理をカバーしうる総合性。(3)認識科学的接近と設計科学的接近を統合する認識／設計科学である。すなわち認識行為と設計行為をカバーする総合性。(4)物質／エネルギー科学の視点と情報科学の視点を兼備する。すなわち世界の二大構成要素をカバーする総合性。(5)正統派的なディシプリン科学の成果を継承し、それを、的確な状態認識と社会問題解決のためのプログラム集合の実効性・有効性を保証するために活用する、自由領域科学の集合である。すなわち、関連基盤科学をなすすべてのディシプリンを、総合設計に媒介されて、カバーしうる総合性。以上の特性は、まさに俯瞰型研究に期待される特性なのである。見られるとおり、正統派科学論をもってしては不可能な、新科学論ならではの構想である。

７-７　結語

「大文字の第二次科学革命」は、一方で、科学（自然物の認識科学、すなわち自然科学）と工学（理系人工物の認識／設計科学）との伝統的区別を脱構築し、他方で、自然科学（自然物すなわち非設計物およびＳＮ設計物、の認識科学）と人文社会科学（文系人工物すなわち狭義のＳＢ設計物、の認識／設計科学）との、これまた伝統的な区別を脱構築して、全科学を、(1)法則原理で統合される物理科学、(2)ＳＮプログラム原理で統合される生物科学、(3)ＳＢプログラム原理で統合される人文社会科学、という認識科学の三つの「拡大ディシプリン」に区分し、それぞれに、(4)ＳＢプログラム原理を共有する設計科学部門を設ける、という新たな科学編成を提案することになる。

この新提案に即していえば、新科学論が、その一つの集約形態として提唱する「人工物システム科学」のありたい姿とあるべき姿は、「人工物システムの一定領域の状態特性をめぐり、適切（必要にして十分）な俯瞰性ないしシステム度をもって、物理科学、生物科学、人文社会科学の設計部門を総合し、それぞれの認識部門（人工物システム科学の関連基盤科学としてのディシプリン）を活用しながら、状態認識の的確性と設計の実効性・有効性を保証することにより、当該領域の負の特性を克服して正の特性を確保する、地球上の全ＳＢプログラムを対象にした科学史上初めての総合科学」ということになる。正統派の科学像、その典型として物理学の科学像とは、およそ異質の科学像ではなかろうか。

一七世紀の物理学が「大文字の科学革命」の象徴であるとすれば、「大文字の第二次科学革命」の象徴は、まさしくこの、二一世紀に期待される人工物システム科学なのである。「科学のための科学」の三〇〇年の成熟と成果を基盤にした「人間と社会のための科学」の登板である。一般設計学から人工物工学をへて俯瞰型プロジェクトへと展開した吉川による時代と科学の洞察は、われわれを、そこへと導くのである。

いささか誇大な妄想との評価もあろうが、第一八期日本学術会議は、吉川の歴史的（historical & historic）洞察に発するこの「人工物システム科学」の構想を、つまりは俯瞰型研究プログラムの構想を、世界の科学界にアピールしたいものである。

Ⅲ　「自由領域科学」の試み

第8章　比較幸福学の一つの研究プログラム

8-1　方法をめぐる四つの問題——前提的考察

8-1-1　使用言語の問題：当事者言語と研究者言語、または資料言語と理論言語

近代科学の成果に従うなら、物理・化学的世界の秩序は物理・化学法則によって支配され、生物科学的世界の秩序は、その先所与的な物理・化学法則を利用しかつそれに拘束されながらも、DNA記号で担われた遺伝情報や遺伝的プログラムによって支えられている。それに対して、人文社会科学的世界は、その前提をなす先所与的な物理・化学法則ならびに各種の遺伝的な情報やプログラムを利用し、かつそれらに拘束されながらも、それぞれの自然言語で担われた言語情報や言語的プログラム——厳密には、シンボル記号で担われた情報やプログラム——、および各種の習得的な感覚運動性の情報やプログラムによって維持されている。慣習や道徳、制度や法、規則や規範、作法やエチケット、あるいは自他分節の文化的プログラムやここで扱う「幸福観」は、そのシンボル性プログラムの具体的事例にほかならない。

換言すれば、私が構想する比較幸福学は、物的世界の秩序が物理・化学法則によって決定されるとすれば、生物的世界と人間的世界にそれぞれ固有の秩序は、「法則」によってではなく、それぞれの進化段階の記号――ＤＮＡ記号や神経記号や言語記号――で担われた「情報」や「プログラム」によって確保される、という分子生物学に触発された新たな存在論に立脚している。

かくて「言語」は、物理・化学と生物科学の場合、認識主体の側にのみかかわる問題であるが、人文社会科学の場合、それは認識主体のみならず、認識対象それ自体の構造や過程を規定する決定的な要因でもある。もちろんこの点は、解釈学や理解社会学の主張として人文社会科学では周知のものであるが、その際とりわけ、私が「言語による世界認識」と区別して「言語による世界制作」、あるいは「言語による世界の認知的構成」と区別して「言語による世界の指令的（または実践的）構成」と名づけた営みが特別の位置を占めることについては、格別の言及があったとはいえない。

人間的世界の与件となる先所与的秩序（物理・化学的秩序や遺伝的秩序や既存の文化的秩序）を記述・理解するための言語使用を第一タイプ（近代科学など）、その先所与的秩序を制御・支配するための言語使用を第二タイプ（科学的技術など）、そして先所与的秩序にはない人間的世界独自の秩序を構想・実現するための言語使用を第三タイプ（倫理や慣習、法律や制度、意図や計画など）、と命名するとすれば、「言語による世界制作」ないし「言語による世界の指令的（実践的）構成」とは第三タイプの言語使用にほかならず、これが人間的世界において生物的世界におけるＤＮＡと比肩しうる役割、すなわち「設計・制作機能」を担っている。

ちなみに、文学という言語使用法は三タイプのすべてにかかわっているし、天地創造という宗教的言説の事例は、第一タイプの言語使用と誤認・誤解された、あるいは第一タイプの言語使用を装った第三タイプの言語使用法だということになる。ＳＥＸとＧＥＮＤＥＲは、それぞれ、遺伝情報的な性秩序と文化情報的な性秩序を記述するための第一タイプの言語であるが、GENDERはSEXと異なり、文化情報的な性秩序を記述する第一タイプの言語であると同時に、いやむしろそれに先だって、文化情報的な性秩序それ自体を設計・制作する第三タイプの言語なのである。むろん遺伝情報的な性秩序それ自体はDNAの指令機能に由来するのであって、SEXという言語の認知機能に由来するわけではない。ソシュール系のいわゆる言語帝国主義者に見られるこの「認知機能と指令機能との混同」を、私は、フレーゲが指摘した言語の「指示対象と表象内容（記号内容）との混同」、ラッセルが解決した「対象言語とメタ言語との混同」に匹敵する言語使用の第三の Fallacy と位置づけている。本章が扱う幸福観ないし幸福プログラムでは、第三タイプの言語使用が核になる。

したがって、人文社会科学の基礎データは、研究対象となる人びと（以下、当事者という）が使用する言語――その中核に当事者の自然言語がある――によって与えられたものでなければならない。もちろん第三タイプのみならず、三つの使用法のすべてを含む言語である。この基礎データを担う言語を当事者言語ないし資料言語と呼ぶことにしよう。けれども認識主体が、この、当事者たる認識対象に内在してその秩序を規定する言語、すなわち当事者言語ないし資料言語のみを用いて自らの認識を語るとすれば、第一に、資料言語を使用する人びとによっては成就されていない抽象化や一般化や普遍化、第二に、異なる言語を有する人びととの間の比較、などは不可能になるであろう。

こうして、個別化的（idiographic）認識にとどまらず何らかの一般理論や異文化比較を志すかぎり、当事者言語ないし資料言語とは区別された、一定の認識主体に独自の研究者言語ないし理論言語が、人文社会科学の場合にも、物理・化学や生物科学の場合と同様、要請されることになる。だがここで再び、その理論言語自体が、一定の自然言語、たとえばラテン語や英語やフランス語や日本語の記号表現（signifiant）に依存するという問題を避けられない。

ここで、認識主体が人文社会科学における一般理論や異文化比較の成立を不可能なこととして断念するならともかく、その可能性に賭けるのだとすれば、その可能性は、理論言語の記号表現の異同はともかく、その記号内容

（signifié）と指示対象、とりわけ記号内容の「異言語間同一性」すなわち「異言語間の間主観性ないし共同主観性」をどのように保証・確保するかという問題に帰着するだろう。それは異文化理解一般や異文化比較一般にともなう難問の一例であって、比較幸福学に固有の難問ではない。少なくとも物理学や化学の理論言語の場合、その記号表現はともかく、その記号内容と指示対象については、異言語間の間主観性が確保されていると見てよいだろう。

私の研究プログラムでは、「幸福」という主題は、極めて一般的に「一定の当事者が受容する人間存在の望ましい在り方」と定義されている。この「人間存在の望ましい在り方」（well-being of human being）が、まず、それに対応する「人間存在の望ましい在り方についての一定の無自覚的＝前言語的ないし自覚的＝言語的な観念」、すなわち一定の幸福観によって支えられ――これもシンボルの世界制作機能の一例である――、ついで、その「一定の幸福観」は、マクロ的には、それぞれの当事者が帰属する社会や文化や時代や地域、あるいは階層や職業などの特性によってその大枠を与えられ、ミクロ的には、それらのマクロ要因によって規定されたそれぞれの当事者の生活史と生活構造、あるいは個人的な能力や資質などによって特殊化・具体化・個別化されている、という命題が、私の比較幸福学の基本テーゼであるといってよい。もっとも、ここでいう「幸福観」は、当事者によって自覚され言語化されているとはかぎらず、無自覚のまま言語化されていないことも少なくない。後述する対自的な幸福様式と即自的なそれとの別である。

8-1-2　記述的接近と規範的接近：「あるがままの幸福」と「あるべき幸福」

比較幸福学の課題は、次の意味において二重である。すなわち、一方で、当事者の一定の幸福観とそれにもとづく幸福状態の在り方を、研究者サイドの、幸福観に関するいかなる価値評価とも無縁に、ただ記述・理解・説明するという課題、すなわち「記述的幸福学」の展開である。だが他方、比較幸福学は、当事者の幸福観とは独立に、あるべき幸福状態の姿、あるべき幸福観を研究者サイドから提唱するという、規範的課題をも背負っている。けれども、メタ倫理学ないしメタ価値論の学史的成果に学ぶかぎり、普遍的に妥当する規範的幸福観を論証ないし実証するという作業は、ほぼ絶望的であるといってよい。

記述的幸福学に対置される「規範的幸福学」は、一定の個人または社会が選択・受容する幸福観の妥当性の有無を解明する営みであるが、その妥当性は、私見によれば、次のような条件によってしか保証されないと思われる。すなわち、第一に、個人または社会による一定の幸福観の選択・受容は「合理的コミュニケーション」に貫徹されるべきこと。ここで「合理的コミュニケーション」とは、ハバーマス流のそれであり、権力や貨幣、権威や威信、さらには愛や信頼など言説に外在するいかなる影響力にも左右されず、ただ言説自体に内在する影響力によってのみ成立するコミュニケーションを意味している。第二に、その、内在的影響力を発揮すべき「合理的コミュニケーション」の内実は、まず、各種の幸福観の内容およびその存在被拘束性（生産力水準被拘束性や社会構造被拘束性や文化被拘束性、等々）の解明、すなわち前述した「記述的幸福学」の成果であるべきこと、ついで、一定の個人や社会が置かれたミクロ的・マクロ的な状況の把握が的確であるべきこと、という条件である。

この第二の論点を換言すれば、第一に、あるべき幸福状態とそれを支える幸福観――「幸福観」と「幸福状態」とを合わせて「幸福」と称することにしたい――は、「人びとの置かれたミクロ的・マクロ的な状況」に相関してしか論定できないということ、そして第二に、「規範的幸福学」がかりに成立可能であるとしても、それは「記述的幸福学」の成果を踏まえたものでなければならないということ、この二点である。

たとえば、低生産力段階の社会の下層に位置する人びとにとって、現世の幸福、とりわけ物的生物的領域における享受型の幸福はその実現が困難であり、それゆえ「来世の幸福」という現実解釈型かつ未来志向型の幸福様式はそのかぎりで適合的である、という論定を通じて、これを規範的に肯定するといった立論である。

ところで「あるべき幸福」には、次の二つのものを区別する必要がある。一つは規範的幸福学の立場から主張される研究者視点の「あるべき幸福」であり、いま一つは研究者ではなく当事者自身がコミットする「あるべき幸福」、すなわち当事者視点からする「あるべき幸福」である。この両者を混同しないために、ここでは便宜上、研究者視点のそれを「規範的幸福観」、当事者視点のそれを「規範主義的幸福観」と表記仕分けることにしたい。ただしこの区別はあくまで相対的・便宜的なものであり、決して絶対視・実体化されてはならない。なぜなら、研究者Xの規範的幸福観は研究者Yにとっては一つの規範主義的幸福観であり、反対に研究者Yの規範的幸福観は研究者Xによって規範主義的幸福観の一例と見なされるからである。

要するに、当事者の幸福観を即自的（無自覚的＝前言語的）なものと対自的（自覚的＝言語的）なものとに二分するとすれば、この後者がさらに規範主義的な色彩の弱いタイプと強いタイプとに二分されるということである。これらの知見は、後述する（8-3-3）幸福様式論の一環にほかならない。

このように記述的な幸福学が規範的な幸福学に先行すべきだとする立場からすれば、哲学者や思想家が提起するもろもろの規範的幸福観（研究者視点からする、幸福のあるべき姿）もまた、ひとまず幸福観のもろもろの事例の一つ、すなわち規範主義的幸福観として記述され、その知識社会学的解明を通じて、それぞれの規範主義的幸福観の「存在被拘束性」が吟味され、あらわにされるということになる。

ところで、規範的幸福学が一定の規範的幸福観の定式化の過程で記述的幸福学の成果を十二分に取り入れるということは、当該の規範的幸福観それ自体を一つの規範主義的幸福観と見なして記述的幸福学の対象にする、という前述の研究プログラムを規範的幸福学がみずからの研究プログラムの不可欠の一環として内包・包含している、ということにほかならない。すなわち、当事者あるいは思想家や哲学者がコミットする「規範主義的幸福観」の「記述的幸福学」の立場からする解明という研究プログラムは、ひるがえって「規範的幸福学」それ自体が提起する「規範的幸福観」についても適用され、規範的幸福学の成果としての「一定の規範的幸福観」は、それがまさに定式化される過程の中で、「一つの規範主義的幸福観」として記述的幸福学の対象とされる、という一種の自己言及性が見られるのである。記述的幸福学と規範的幸福学との間のこのループないし循環が、すなわち研究プログラムの前記の意味での自己言及性が、比較幸福学において記述的接近と規範的接近を統合することになる。

8-1-3　当事者視点と研究者視点：当事者視点と研究者言語とのクロス状態

冒頭に述べた「当事者言語　対　研究者言語」のダイコトミーとしばしば混同されるのが「当事者視点　対　研究者視点」というダイコトミーである。ここで当事者視点とは一定の当事者自身に内在する視点に開かれた意味世界であり、研究者視点とは、その当事者視点とは独立の、一定の研究者に独自の視点に支えられた意味世界をいう。もちろん両者が、結果において、一致することを妨げるものではない。とすると、研究者による当事者言語の使用がかならず当事者視点を意味するとはかぎらず、反対に、研究者による研究者言語の使用がかならずしも研究者視点と結びつくともかぎらない。記述的な比較幸福学も規範的な比較幸福学も、前述のとおり、当事者言語で語られる基礎データにもとづく個別化的認識を超えようとするかぎり、研究者言語の使用に踏み込まざるをえない。しかしながら、記述的幸福学は徹底して当事者視点に立脚しなければならない。それに対して規範的幸福学は、定義によって、第一義的には研究者視点であるしかない。

このことを換言すれば、規範的な比較幸福学も記述的な比較幸福学も、幸福の一般理論や幸福の異文化比較を志すなら、一定の研究者言語を開発するしかないが、規範的幸福学にとって研究者視点が不可避・不可欠であるとするなら、記述的幸福学の一般理論や異文化比較は、「研究者言語」を使用しながらも、あくまで「当事者視点」に内在し、そこに留まる必要がある、ということである。普遍化認識をめざす記述的幸福学が、この「当事者視点と研究者言語とのクロス状態ないし一種のねじれ」を特徴とすることは、十二分に力説されなければならない。なぜなら、当事者言語の使用と当事者視点とが、また研究者言語の使用と研究者視点とが、それぞれ、安易に同一視されることが少なくないからである。

人文社会科学の記述的・規範的な研究成果は、一般に、第一フェーズ：当事者言語による当事者視点の表現、第二フェーズ：研究者言語による研究者視点の表現、第三フェーズ：研究者言語による当事者視点の表現、第四フェーズ：当事者言語による研究者視点の表現、という四つのフェーズを含んでいる。第一フェーズは基礎データの収集、第二フェーズは理論的命題の構築、第三フェーズは当事者から研究者へと向かう交流、そして第四フェーズは研究者から当事者へと向かう交流、をそれぞれ意味している。先に「当事者視点と研究者言語とのクロス状態ないし一種のねじれ」といったのは、この第二フェーズを踏まえた第三・第四、とりわけ第三フェーズの重要性を指摘したものにほかならない。

この論考が構築しようとする「比較幸福学の理論枠組み」とは、研究者言語による研究者視点の表現という第二フェーズの作業であり、インタビューで収集される第一フェーズの生活史・生活構造的な基礎データを、第三フェーズ・第四フェーズで処理するための知的用具の構築にほかならない。

8-1-4　比較の二形態：個別的比較と比較の一般的枠組みの可能性

人文社会科学における比較という方法は、一般に二つの形態をもっている。第一は、事象Xと事象Yとを一般的枠組みなしに直接比較対照するという形のものであり、第二は、まずもって事象Xと事象Yとをともに包摂しうるような枠組みZを構成し、枠組みZの内部で事象Xと事象Yとを比較対照するというものである。すべての比較は、論理的に見て、何らかの比較基準を必要としており、第一の個別的比較ともいうべき形態においても、じつはアドホックで非体系的な比較の枠組みが、その都度ピースミールに自覚的というより無自覚的に導入されている。また導入されざるをえない。

しかしながら、比較すべき事象XおよびYを一般的・体系的にともに包摂して位置づけうるような上位の枠組が存在しうるかどうかは、アプリオリには、肯定も否定もできない。普遍的・包括的な比較枠組の存否は、経験的に確認するしかないのである。

比較幸福学の私の研究プログラムでは、人びとの幸福、すなわち人びとの幸福状態とそれを支える幸福観が、生物種としてのヒトという人間存在が有する通文化的（cross-cultural）で歴史貫通的（transhistorical）な何らかの特性に由来して、何らかの普遍的枠組のもとに位置づけられうる、という仮説的前提を受け入れている。具体的にいえば、たとえば、次の三命題を私は通文化的かつ歴史貫通的に妥当すると仮定している。

第一に、人間の行動類型として以下の四つの基本タイプが存在する。すなわち、(1)一定の欲求充足それ自体が意味を有する「完結的（consummatory）行動」、(2)一定の目標達成のための手段的行動の連鎖が意味を有する「目的的（purposive）行動」、(3)一定の当為ないし規律への志向が意味を有する「規範的（normative）行動」、(4)以上の三タイプの行動のすべてとクロスする、現実的ないし仮想的な他者との相互関与とそれに媒介される自己への関与、すなわち自他への関与が決定的な意味を有するような「自他関与的（self-other concerned）行動」、の四タイプである。

第二に、以上の四つの基本タイプをもって人間のすべての行動類型を網羅することができる。

第三に、これら四タイプの行動の動機づけと過程と結果こそが、人間存在の幸福に直結している。

私が以下に提起する「幸福の基盤・領域・様式・満足域」という四要因によって構成される幸福観・幸福状態の分析枠組みは、アドホックな個別的比較を乗り越えるために、一般的・普遍的、かつ包括的・体系的な比較の枠組みを意図したものにほかならない。むろんそれは、一つの仮説にすぎないが、その背後には、人間存在の通文化的で歴史貫通的な普遍的特性ともいうべきものが前提されているわけである。

普遍的と見られる前記の四つの行動類型が後述する四つの幸福基盤を基礎づけるのであるが、後述の三つの幸福領域を基礎づける、物的生物的、社会的、精神的という生活領域の三分割も、通文化的かつ歴史貫通的に妥当する人間存在の特性であると仮定されている。

8-2 比較幸福学の二テーマと三ステージ――研究プログラムの概要

人間の「幸福状態」は、一方で、当事者の置かれた「生の状態」、他方で、当事者がコミットする無自覚的=前言語的、自覚的=言語的な「幸福観」、という二系統の要因によって決定されるというのが、ここでの根本仮説である。となると、「幸福観」と「幸福状態」をどのような枠組みで記述・理解するかが、比較幸福学の第一の課題となる。この記述的・規範的な比較幸福学の共通課題を次のようにブレイク・ダウンすることができるだろう。

なお、前述のとおり「幸福観」と「幸福状態」とを合わせて「幸福」と称するが、以下に示す幸福の分析枠組みは、前述した（第二フェーズ）「研究者言語による研究者視点の表現」にほかならない。また、当事者の一定の幸福観で評価された生の状態が「不幸状態」と見なされる場合も、用語の便宜上、「負の幸福状態」としてここでいう「幸福状態」に含ませることにしたい。「負の幸福」であることを特に明示したい場合は、「不幸」や「不幸状態」と表記することにする。

さて、まず第一は、人びとの幸福状態およびそれを支える幸福観が、人間の「存在者」と区別された「存在」のどのような特質ないし在り方、いいかえるなら、人間の「生」(life) の全体、すなわち人間の生命・生活・人生の総体、あるいは物的生物的・社会的・精神的な人間的生の全体像の中の、どのような特質ないし在り方に求められているかという視点である。この視点を「幸福の基盤」(Basis of happiness) 視点と名づけることにしたい。「Quality of life」や「生き甲斐」といわれるものがしばしばそれに近い。たとえば、健康であること、物質的に豊かであること、趣味の楽しみ、事業の成功、ノーベル賞の授賞、政治的信念、宗教的戒律、良き家族、友情と恋愛、神との出会い、等々は「幸福基盤」のいくつかの事例である。ここでは、前述の前提に従って、幸福の四大基盤に関する仮説が提出されることになる。

第二は、前述の「幸福基盤」が人間存在の、物的生物的・社会的・精神的という三つの層ないし領域のどこに位置するかという視点であり、これを「幸福の領域」(Domain of happiness) 視点と呼ぶことにしよう。物質的な幸福とか精神的な幸福とかいわれるような問題関心にほかならない。

第三は、第一・第二の視点とクロスして、幸福がどのような手段や手続きや方法、あるいはプロセスやスタイルで求められるか、という視点であり、これを「幸福の様式」(Mode of happiness) 視点と名づけることにしたい。現実それ自体を変えて幸福を求めるか、それとも現実それ自体ではなく、その解釈を変えて幸福を求めるか。幸福の追求における自己決定・自己選択を重視するか、逆に、幸福観や幸福状態の没我的・無我的受容を尊重するか。これらは、ここでいう「幸福様式」の相違の事例である。各種の幸福基盤や幸福領域や幸福様式自体の間のシフトないしスウィッチングの柔軟性、あるいは後述する幸福の満足域の上方・下方調整も、「幸福様式」の事例としてふさわしいものといえるだろう。私見によれば「無常」と「無相の自己」は、「仏教的幸福様式」を支える二大特性である。

基盤視点と領域視点と様式視点は、あくまでも分析的な視点であり、一定の具体的な幸福事例の記述・理解は、一般には、この三つの視点のすべてがかかわってくる。基盤と領域を「What の視点」、様式を「How の視点」といいかえることもできるだろう。たとえば、現世ではなく来世にこそ真の幸福があるとする、しばしば宗教的な幸福観は、私の枠組みでは、まずもって解釈志向型の「幸福様式」や未来志向型の「幸福様式」の一例と位置づけられるが、これを幸福基盤の視点からすれば、すなわち「来世」で何がえられるのかと問えば、その大半は、おそらく後述する「享受」や「自他受容」に収斂すると判定されることになるだろう。

幸福観と幸福状態に関する第四の要因は、「幸福の満足域」(Satisfaction range of happiness) である。人びとが同一の生の状態を同一の幸福基盤視点、同一の幸福領域視点、同一の幸福様式視点から評価するにしても、幸福状態は、幸福の満足域の如何によって大きく左右される。

記述的および規範的な比較幸福学の双方にかかわる、幸福の基盤・領域・様式・満足域という以上の一般枠組みは、幸福観と幸福状態を記述・理解するためのものであり、ここに比較幸福学の第一のテーマがある。ついで、比較幸福学の第二のテーマとして、これら四要因からなる幸福観・幸福状態それ自体が、マクロ的・ミクロ的にどのような社会的・文化的、歴史的・地域的、さらには生活史的・生活構造的な諸要因、あるいは個人的な資質や能力によって規定されているかを解明する「知識社会学的視点」が必要であろう。たとえば、来世の幸福という観念は、マクロ的に見れば、人類の低生産力段階および強度の階層社会に適合的な幸福観であるという視点や、人との出会いを重んじる幸福観は、ミクロ的に見れば、一定の家庭内教育の影響のもとで採択された、といった視点にほかならない。幸福観の存在被拘束性は、この知識社会学的課題の核心である。

他方、所与の幸福観による幸福状態の実現が、どのような社会的諸条件によって促進され、あるいは阻止されるかを解明するのも、一つの知識社会学的な課題といえるだろう。

やや観点を変えてこれらの二テーマを位置づけ直すなら、記述的・規範的な比較幸福学という問題設定は、第一に、「幸福の基盤と領域と様式と満足域という四要因」からなる人間存在にとっての「幸福の普遍的・潜在的構造」を「幸福の可能態」として仮説し、第二に、それらの幸福の可能態が人間存在の多様なマクロ・ミクロの諸条件に規定されてどのように具現化されているかを解明する、そして第三に、その具現化の個別的実態を通じて、最初に仮説された「幸福の普遍的・潜在的構造」の妥当性を検証する、という三ステージの段取りに分割することができるといってもよい。冒頭で触れたポスト分子生物学の新存在論からすれば、人間存在を制御する「幸福プログラム」の探究と解明にほかならない。

以上の二テーマと三ステージが、この小論で提案される比較幸福学の研究プログラムの概要である。

8-3　幸福観と幸福状態の分析枠組み——比較幸福学の第一テーマ

8-3-1　幸福の基盤（Basis of happiness）

私が仮説する「幸福の普遍的・潜在的構造」ないし「幸福の可能態」の第一要因は、先に述べたとおり「幸福の基盤」であり、以下の四つのものを指摘したい。それは、私が人間存在の普遍的特性の一例として8-1-4で仮説したもの、すなわち「完結的行動」と「目的的行動」と「規範的行動」、そしてこれらの行動類型とクロスする「自他関与的行動」という四つの行動類型にかかわらせた幸福基盤分析である。

ちなみに、完結的・目的的・規範的行動の三分法に対応する人間理解として、S・フロイトのイド・自我・超自我の三分法、あるいはM・ウェーバーによる感情的・目的合理的・価値合理的行為の三類型を挙げることができるだろう。また「原因—結果」、「目的—手段」、「前提—結論」という人間的世界を特徴づける三タイプの「事象連関原理」が、それぞれ、完結的行動、目的的行動、規範的行動を基礎づけるといってもよい。それに対して私は、自他関与的行動を、すべての人間行動に通底する基底的な行動類型と捉えている。

まず最初に、完結的行動という行動類型に対応して、「楽しむ喜び」、簡潔には「享受」（Enjoyment）と表現されるような幸福基盤がある。それは他の幸福基盤と同様、物的生物的・社会的・精神的な人間的生の全体、あるいは生命・

生活・人生の総体にかかわっている。たとえば、健康という生命それ自体の享受にはじまり、物的な豊かさや社交のたのしみをへて、精神的な享受にいたるまで、多様な形で具現化されている。

第二に、目的的行動という行動類型に対応して、「成し遂げる喜び」、簡潔には「達成」(Achievement) と表現されるような幸福基盤がある。これまた他の幸福基盤と同様、物的生物的・社会的・精神的な人間的生の全体、あるいは生命・生活・人生の総体に及んでいる。たとえば、病の克服、ベンチャー企業の成功、権力や名誉の獲得、作品や研究の完成などは、その典型例であろう。

第三に、規範的行動という行動類型に対応して、「自らを律する喜び」、簡潔には「規律」(Discipline) と表現されるような幸福基盤がある。他の幸福基盤とこれまた同様、物的生物的・社会的・精神的な、生命・生活・人生のすべてにかかわっている。衣食住のルーティンに体現された日常的な生活規律にはじまり、政治的使命や天職意識などをへて、宗教的戒律にいたるまで、多様な事例を指摘することができるだろう。

そして最後に、以上のすべての行動類型とクロスする自他関与的行動に対応して、「愛し愛される喜び」、精確には「相互の他者受容とそれを通じての相互の自己受容」、簡潔には「自他受容」(Self-other acceptance) と表現されるような幸福基盤がある。それはより詳細にみるなら、次の三つの視点を必要としている。

第一に、「受容の対象」に着目すれば、(1)具体的な現実的・仮想的な個的主体（これには特殊なケースとしてペット動物も含まれる）との現実的・仮想的な自他受容（友情や恋愛など）、(2)具体的な現実的・仮想的な集合的主体との現実的・仮想的な自他受容（共同体を受容し共同体から受容される、など）、および(3)神や仏など人格的・非人格的な絶対者・超越者との自他受容（帰依や救済）、という三つの形態を含んでいる。(1)と(2)を世俗的（secular）受容、(3)を宗教的な自他受容と名づけよう。

第二に、「受容の自他的性格」という視点からすれば、(1)他者を受容すること、(2)他者に受容されること、および

(3)他者を受容し他者に受容されることを通じて、自己が自己を受容し自己が自己に受容されること、という三つの形態を含んでいる。すなわち相互受容とそれに媒介される自己受容である。自他受容のこの関係論的特性は、いわゆるアイデンティティ問題を構成することになる。

アイデンティティ、たとえば男性（女性）の性的アイデンティティは、他者を女性（男性）として受容し、他者から男性（女性）として受容され、それらを通じて自らを男性（女性）として受容し自らに男性（女性）として受容される、というメカニズムによって成立する。アイデンティティの核となるすべての社会的カテゴリーは、女性と男性、生徒と教師、セールスマンと購買者、帰依者と絶対者、等々、「何らかの他者との何らかの差異」を前提にしてしか成立しない。

こうして「他者」と「他者ならざるもの」、ひるがえって「自己」と「自己ならざるもの」という根源的な相補的カテゴリーが、自他の分節をその根底において支えている。他者の存在なしには自己の存在もない、という情報論的視点からする相補的・相関的構造にほかならない。私が「自他関与的行動」を人間行動の基底に据える根拠は、社会的分業や協働連関、あるいは世話や扶助や介護という「資源論」的視点からのみでなく、ここに示した自他分節という「情報論」的視点にもよっている。

第三に、「受容の根拠」は、次の二つの極に分かれる。(1)存在するということそれ自体にもとづく受容、いわば「Existentia」としての受容、あるいは「存在論的受容」(Ontological acceptance)と、(2)存在することそれ自体ではなく、存在者が有する一定の価値ゆえの受容、いわば「Essentia」としての受容、あるいは「価値論的受容」(Valuational acceptance)との二極である。たとえば、多くの恋愛は「価値論的受容」であるが、神や仏など人格的・非人格的な絶対者・超越者による受容の特質は、一般には、その「存在論的受容」にある。罪びとを救済する神のアガペーや仏に救済される悪人正機などの「反価値論的受容」は、宗教的逆説として、究極の存在論的受容へといたる通路ないし誘いなのである。

なお、後述するような「無自己」と「自在の仮自己」とを往還する禅仏教者の自他分節も、自他受容の自在な形態として、幸福基盤の一つに加えることができる。

8-3-2 幸福の領域（Domain of happiness）

「幸福の普遍的・潜在的構造」ないし「幸福の可能態」の第二要因は、すでに述べたように、前記の幸福基盤が人間存在のどのような層ないし領域に位置するかという視点である。この「幸福領域」は、第一に、物的生物的な生活領域、第二に、社会的な生活領域、そして第三に、精神的な生活領域、と三分することができる。これを享受・達成・規律という幸福の三基盤と組み合せるなら、少なくとも分析的には、①物的生物的享受（健康や長寿や富など）、②物的生物的達成（身体的能力の開発など）、③物的生物的規律（衣食住にかかわる生活規律など）、④社会的享受（家庭の団らんや社交の楽しみなど）、⑤社会的達成（事業の成功や立身出世など）、⑥社会的規律（政治的イデオロギーへの忠誠など）、⑦精神的享受（音楽や絵画の鑑賞など）、⑧精神的達成（芸術作品や学問的業績など）、⑨精神的規律（宗教的戒律など）、等々と、さらに幸福観・幸福状態を細分することができる。

他方、自他受容という幸福基盤が社会的な生活領域にかかわることはいうまでもないが、間接的および仮想的な自他関与を通じて、物的生物的または精神的な生活領域にもかかわってくることを指摘しておきたい。たとえば、グルメであるという趣味の物的生物的な享受は、同時に、「他者からの、また自らによるグルメという評価」なるアイデンティティ、すなわち自他受容にかかわる事柄として、社会的・精神的な生活領域にも関連しうるのである。

幸福の基盤と領域と様式の区別が分析的であったのと同様、幸福基盤や幸福領域それ自体も分析的な視点によるものであり、一定の具体的な幸福事例が複数の幸福基盤や幸福領域を同時に包含することを妨げるものではない。いやむしろ、有力な幸福様式の一つとして、後述のように、幸福基盤や幸福領域の多角化・重層化を指摘することができる。たとえば「趣味」という単一の行動においてすら、享受の喜びと達成の喜びとが共存することは少なくないのである。

ここで「幸福学」はむしろ「不幸学」として展開されるべきだという意見に言及しておきたい。その論拠は多様でありうるが、たとえば、幸福状態は多様な幸福観に相即して多様であり、したがって、科学的研究に馴染みにくいが、不幸状態は共有されやすい価値判断によってむしろ一様であり、それゆえ、科学の対象として馴染みやすい。あるいはまた、科学の社会的使命を考慮するなら、不幸の克服のほうが、幸福の実現より切実な課題ではないのか、といった意見である。おそらくそれは、それぞれの自然言語で「不幸」と観念される生の状態が、老いや死や病気や貧困に代表される「享受」型の幸福基盤と、孤独や別離や不和や憎悪や争いに代表される「世俗的な自他受容」型の幸福基盤とに集中するからではないのか。

ということは、ミニマムの「享受」すなわち物的生物的な「健康と暮し」、およびミニマムの「世俗的自他受容」すなわち「家族愛その他の友愛」が、人間存在の幸福状態のミニマムの条件をなすという仮説を提出できるかもしれない。良い意味での「平凡な幸福」である。それは、しかしまた、「不幸論」が「幸福論」の射程を著しく限定するということでもある。ともあれ、人間存在のミニマムの幸福状態の内実に文化的変異ないし文化的多様性が認められるか否かは、比較幸福学の興味あるテーマの一つである。

8-3-3　幸福の様式（Mode of happiness）

幸福様式は、四つに大別される幸福基盤や三つに大別される幸福領域とは異なり、じつに多様なものを指摘することができる。幸福基盤や幸福領域を規定する文化が、結局のところ、各種の幸福基盤や幸福領域に対する評価ないし重みづけの相違に帰着するのに対して、幸福の様式（Mode）を規定する文化は、三つのタイプの言語使用法にたけた人間存在に独自の創造能力を多彩に発揮しているからであろう。幸福追求のための、各文化のいわば腕の見せ処であるといってよい。

まず第一に、変革志向と解釈志向との対比がある。変革志向の幸福観とは、人間存在の所与性を克服して幸福を追求するというタイプの、いわば「企投的な幸福様式」であり、近代の科学技術が可能にした幸福の大半、すなわち享受型の幸福領域の拡大深化、すなわち主として物的生物的な豊かさの実現は、この「現実変革」型の幸福様式がもたらしたものである。工業化と情報化の二局面からなる人類社会の産業化は、幸福論の立場からすれば、間主観化された現実変革型の幸福様式の浸透と不可分なのである。

他方、解釈志向の幸福観とは、人間存在の所与性を受容し、その意味を解釈し直して幸福になるというタイプの、いわば「被投的な幸福様式」である。宗教的幸福観にしばしば特徴的な幸福様式の一つが、この「現実解釈」型の幸福様式にほかならない。前述もしたが、来世の幸福という観念は、「現実解釈」型の幸福様式の典型例ということができるだろう。いわゆる「価値転倒」も現実解釈型の幸福様式の好例である。

このように「現実変革型」と「現実解釈型」という二つの幸福様式は、人間存在をとりまく幸福阻害的な所与性に対処する二つの対照的な方法として、人類に普遍的な、永遠に支持者を失うことのない二大幸福観（この場合、幸福様式）と評価すべきものであろう。

第二に、無自覚的＝前言語的な幸福観・幸福状態と自覚的＝言語的な幸福観・幸福状態との対比がある。幸福の基盤にせよ、領域にせよ、様式にせよ、その満足域にせよ、自らの幸福観・幸福状態に自覚的であり、それを言語で表現することの多い「対自的な幸福様式」ないし「対自的様式」と自らの幸福観・幸福状態に無自覚的であり、一定の幸福観・幸福状態に前言語的にコミットする「即自的な幸福様式」ないし「即自的様式」との相違である。後述する幸福の規範主義的様式は「対自的な幸福様式」の典型例である。逆に、「幸福」――またはそれに関連する自然言語――など考えたこともないという人びとは、即自的な幸福様式を採用しているわけである。この場合にも、その当人にとっての幸福または不幸の、何らかの基盤、領域、様式、満足域などを指摘することができるだろう。だがそれは、すぐれて第四フェーズの研究に媒介されなければならない。

第三は、幸福問題における自己決定・自己選択と自己無化・自己放下との対比である。たとえば、一方、幸福の基盤と領域と様式、およびその満足域において当事者の自己決定・自己選択を徹底的に重視する欧米個人主義的な、あるいは近代主義的な幸福様式と、他方、「一切の計らい」を捨てることを通じて涅槃を見出す仏教的な幸福様式との相違は、その好例であろう。その背後には、人間の主体的選択の内実を「自己決定（自律性）と相対所与性の克服（解放）」に求める近代主義的な理念とそれを「共同決定（共律性）と絶対所与性の受容（解脱）」に求める非近代主義的な理念との対立という、「主体性観」ないし「主体性意識」の文化的異和が控えている。

「主体性」を「人間存在にとって望ましい選択様式」と定義するなら、いわゆる通例の意味での主体性は、主体性の「（欧米）近代主義的な形態」と規定すべきものである。「人間存在にとって望ましい選択様式」、したがってまた「幸福観・幸福状態の望ましい選択様式」は、一定の価値観に準拠して、さまざまの形態をとりうるのである。自己決定と自律をすべての幸福の原点とする文化が存在する一方、すべての幸福の原点に自己の無化と放下を据える文化も存在するのである。

第四に、過去志向・現在志向・未来志向という三つの幸福様式を指摘しなければならない。過去志向型の幸福様式とは、幸福の基盤や領域や様式や満足域を記憶心像で構成される想い出の中に見出すタイプであり、未来志向型とは、それを想像心像で構成される予期や期待の中に見出すタイプである。老年期の幸福観は、しばしば過去志向型に転じるし、典型的な未来志向型の幸福様式として、来世の幸福という観念を挙げることができるだろう。それに対して、現在志向型の幸福様式とは、その幸福の実現に記憶心像や想像心像がかかわるとはいえ、あくまで現時点での生の状態に幸福の基盤や領域や様式や満足域を見出すという幸福様式にほかならず、近代産業社会では、もっとも一般的なタイプである。

未来志向型ならびに過去志向型の幸福様式は、現在志向型の幸福状態の欠乏を代償・補完する機能を担うことが少なくない。来世の幸福という観念は、一つには、その意味での代償機能を期待されているといえるだろう。

第五は、貨幣で購入できる幸福基盤・幸福領域への志向と貨幣で購入できない幸福基盤・幸福領域への志向との対比である。金で買える幸福と金で買えない幸福であり、貨幣志向と非貨幣志向という二つの幸福様式である。貨幣様式が不可避・不可欠であるような幸福基盤・幸福領域とそれが不可避・不可欠ではない基盤・領域とを識別するという視点は、貨幣経済が深く浸透する現代社会の幸福観・幸福状態の規範的解明にとって、欠かすことのできないアプローチである。

貨幣の獲得を達成型の幸福基盤として人生の中核に位置づけ、獲得された貨幣で自余の幸福基盤――とりわけ享受型――を入手するという幸福観・幸福状態は、資本主義社会に特徴的な幸福様式として周知のものであり、非貨幣志向の幸福様式の在り方が現代社会の一つの課題であることはいうまでもない。

第六は、幸福観の多角性・重層性と一徹性・単層性との対比である。多角的・重層的な幸福様式とは、ドミナントな基盤や領域や様式があるにせよないにせよ、幸福の複数の基盤や領域や様式が同時に志向されているような幸福様式であり、一徹的・単層的な幸福様式とは、一つの明白で顕著な幸福基盤や幸福領域や幸福様式へのコミットメントを指摘できるような幸福様式である。

たとえば、仕事（一般には達成型の幸福基盤）と趣味（一般には享受型の幸福基盤）との両立は多角的幸福様式の事例であり、ドンファンの幸福は、もしそれが愛の獲得のプロセス（享受型の幸福基盤）と愛の獲得の成功（達成型の幸福基盤）と愛の関係そのもの（自他受容型の幸福基盤）とを分かち難く結びつけているとすれば、重層的な幸福様式の事例となる。ドンファンの場合、これらの三つの幸福基盤へのコミットメントないしこだわりが一つの規律と受け止められていることすらありうる。また、前述した変革志向と解釈志向なる二大幸福様式を、生の状態に応じて使い分ける、あるいは統合するといった生き方は、後述のように現代幸福論の一つの課題であるが、多角的・重層的な幸福様式の事例といってよいだろう。

一般に、多角化・重層化された幸福基盤や幸福領域や幸福様式の構造分析は、比較幸福学の興味あるテーマの一つであるが、マルティ・アイデンティティというプログラムが登場し始めた現代的状況のもとで、多角的・重層的な幸福様式の意義は増大しつつあるといってよい。

第七に、幸福観の柔軟性と一貫性との対比がある。柔軟な幸福観とは、生の現状に対応して、まず、異なる幸福基盤や異なる幸福領域の間の、あるいは異なる幸福様式の間のシフトやスウィッチングが、ついで、幸福の満足域の上方調整や下方調整が柔軟であるような幸福様式を意味している。他方、一貫した幸福観とは、幸福の基盤や領域や様式、そして幸福の満足域が生の状態に左右されずに一貫しているような幸福様式である。

たとえば、「成功を鼓舞する満足域の上方調整」と「失敗を癒すその下方調整」との間のスウィッチングは、柔軟な幸福様式の好例であるし、定年後や引退後の人生への適応は、多くの場合、幸福の基盤や領域の柔軟なシフトを必要とする。一般に人類先進社会における社会変動の加速化と平均寿命の延長に伴って、幸福観の柔軟なシフトやスウィッチングを要する状況が増大しているといえるかもしれない。

第八は、外在性＝不安定性と内在性＝安定性との対比である。外在的＝不安定的な幸福とは、幸福の実現が当事者にとって制御困難な外在的要因に依存することの多い幸福様式であり、享受型、達成型および世俗的な自他受容型の幸福基盤は、一般に不安定である。それは、しばしば外因に左右されて不幸に転じやすい。たとえば、物的生物的な豊かさ（享受型の幸福基盤の一例）やベンチャー企業（達成型の幸福基盤の一例）や恋愛（世俗的な自他受容型の幸福基盤の一例）は、この意味では、常に不安定である。もちろん、ここで外因の影響とは、不運や不慮の災難・災害を含んでいる。

他方、内在的＝安定的な幸福とは、幸福の実現が、享受や達成や世俗的な自他受容に比べれば当事者にとって制御しやすい内在的要因に依存する幸福様式であり、規律型と宗教的自他受容型の幸福基盤は、一般に安定しうるといってよい。それは、享受・達成・世俗的自他受容型の幸福基盤に比較して、外因に左右されることが少ないからである。たとえば、信仰の安定性は、戒律の順守や神による救済（律法主義と恩寵主義）など、富や事業や恋愛に比べれば、主として内在的な要因に支えられている。それは不運や不慮の災難・災害という形の影響を蒙りにくいのである。宗教的な幸福が後述する幸福の規範主義的様式の一つとして称揚される根拠の一つにほかならない。

第九は、前記の外在性＝不安定性 対 内在性＝安定性にもかかわるものとして、躍動性と静寂性との対比がある。一定の幸福観（基盤と領域と様式と満足域）で評価された生の状態が「幸福状態」と名づけられたが、躍動的な幸福とは「幸福状態」の変動が著しいという幸福の在り方であり、他方、静寂な幸福とは「幸福状態」が定常的であるような幸福の在り方を意味している。たとえば、波瀾万丈の人生と平穏無事な人生との対比であり、どちらのケースでも、それを肯定・是認する幸福観（この場合なら、幸福様式）が存在しうるのである。

第一〇に、幸運と不運、とりわけ不運は、享受型・達成型・世俗的な自他受容型など、外的要因に依存するタイプの幸福基盤には付きものであり、幸運・不運などの偶然的要因、とりわけ不条理なそれを位置づけ、かつそれに対処するための信念体系の存在が、幸福様式において大きな役割を演じている。「宿業」や「背後霊」などの信念体系はその例であるが（それは現実解釈型の幸福様式の事例でもある）、仏教思想の一つの根幹をなす「無常」や「無常観・無常感」は、幸福状態の不安定性や偶然的要因への対処という意味でも、人類文化が生み出したもっとも代表的な幸福様式の一つと評価することができるだろう。

第一一に、私は先に仏教的な自他分節を一つの幸福基盤、すなわち自他受容型の幸福基盤の事例と位置づけたが、仏教的な、とりわけ禅仏教的な自他関与の在り様は、前記の「無常」と並んで、人類の宗教思想が到達したきわめてユニークな幸福様式と解することができる。

仏教思想にいう「空」をめぐる言説の——たとえば現象学的記述と区別された——「論理的構造」は、仏教用語ではなく私自身の表現を用いて抽出するなら、およそ次のような骨格をもっている。仏教思想によれば、「迷い」の世界の中核には、それぞれの文化に固有の自他分節プログラム——たとえば欧米的な個人主義や日本的な間人主義（浜口恵俊）——に制約・拘束された日常的な、つまり生活世界（フッサール）の自他分節、すなわち「執着の常自己」があるが、禅仏教が教える自他分節プログラムの第一ステップは、この「執着の常自己」を脱却して、自他分節のない、いかなる自他の区別もない「無自己」（無我）へと移行することである。この「無自己」（無我）が「空」であり「仏の悟り（長尾雅人）」の世界である。

ついで第二ステップで、この「無自己」が、再び自他分節して、「自在の仮自己」へと移行する。「自在の仮自己」は「執着の常自己」と対称的な位置にあり、それは、いかなる存在者をも自在に自己と見なし、かつそれを仮設的・仮構的な自己だと意識している。これが「菩薩の悟り（長尾雅人）」の世界である。

そして第三ステップでは、この「自在の仮自己」が新たな「執着の常自己」へと変質・転落しないように、たえず「無自己」へと回帰する。

つまり「空」や「絶対無」とは、(1)それ自体としては「無自己」の謂いであるが、同時に、(2)「執着の常自己」からすれば「脱自己」であり、(3)「自在の仮自己」からすれば「未自己」である。すなわち、「空」は「脱自己＝無自己＝未自己」の三位一体にほかならない。

こうして禅仏教的な自他分節プログラムの核心をなす「無相の自己」とは、「脱＝無＝未自己」と「自在の仮自己」との間を往還するような自己意識にほかならない。というよりむしろ「脱＝無＝未自己」と「自在の仮自己」とを往還する自己意識の二肢を、「無相の自己」として統一し一体化するのである。「執着の常自己」に対置される「自在の仮自己」の本質をなす自己意識の自在性と仮構性が、「無自己」（無我）へのたえざる回帰によって保証されるわけである。「迷い」の世界が生活世界の「執着の常自己」を生きる世界であるとするなら、「悟り」の世界とは、この「無相の自己」を生きる世界にほかならない。

以上と同型の禅仏教理解が井筒俊彦にもあるが、井筒は私のいう「執着の常自己」を「分節Ⅰ」、「無自己」を「無分節」、そして「自在の仮自己」を「分節Ⅱ」と表現し、分節Ⅱを無分節を通り抜けた分節と位置づけている。ちなみに仏教思想では、宇宙との同一化や絶対者との一体化などは「小我」と区別される「大我」として、「無我」や「無自己」や「無相の自己」とは峻別されることになる。

ともあれ不遜の誹りを恐れず敢えていえば、私が「自在の仮自己」と定式化する「菩薩の悟り」ないし「後得智」を支える自他分節の理論的解明が、従来の仏教研究において、「仏の悟り」や「根本智」の解明に比べればいささか未整備だといえるかもしれない。

なお、こうした「禅仏教の自他分節プログラム」という私の解釈の背後には、ポスト分子生物学の新存在論にもとづく私の自己理論が控えている。すなわち、第一に、抗原抗体反応という遺伝情報レベルの自他分節プログラムによる自己現象、または「有機的身体＝有機体的自己」、第二に、身体図式（Body schema）という感覚運動情報レベルの自他分節プログラムによる自己現象、または「感覚運動的身体＝現象学的自己」、そして第三に、自他分節の文化という言語情報レベルのプログラムによる自己現象、または「言語的身体＝制度的自己」、という三層の身体ないし自他分節を識別し、欧米的個人主義や日本的間人主義、あるいは禅仏教の教義を「自他分節を制御する文化的プログラム」と解釈するのである。個人主義的自己や間人主義的自己や「無相の自己」は、「制度としての自己」の、それぞれヴァリエーションなのである。これまた第三タイプの言語使用法の賜物にほかならない。

ところで、「無自己」（仏の悟り）と「自在の仮自己」（菩薩の悟り）とを往還する「無相の自己」は、幸福の基盤や領域や様式を一定の主体のそれに限定しない。それは、いかなる存在者にも自己包絡せず（無自己）、同時に、いかなる存在者にも自在かつ仮設的・仮構的に自己包絡しうる（自在の仮自己）ことを通じて、いかなる幸福状態・不幸状態をもわがものとし、かつ、いかなる幸福状態・不幸状態にも執着しないという独特の幸福様式を実現することになる。私が「無相の自己」を、前述の「無常」と並んで、宗教思想が編み出した独自の幸福様式と評価する所以である。

第一二に、「慣れ」による幸福状態の無化ないしマンネリズム化は、幸福状態を規定する満足域の恒常的上昇を促す、または余儀なくするものとして、幸福様式論の重要な関心事である。当初の満足域のたえざる再確認を称揚する幸福様式はその処方箋であるし、「知足」と呼ばれる幸福様式にもここで言及すべきであろう。この種の問題は以下で再論されることになる。

そして最後に、一定の幸福基盤や一定の幸福領域や一定の幸福様式を、「真の幸福」と「偽りの幸福」、「至福」と「低俗ないし俗物的な幸福」、あるいは「実存的幸福」や「理想の幸福」や「幸福の本質」等々として肯定的・否定的に評価し差異化する「幸福の規範主義的様式」がある。幸福の一定の基盤や領域や様式を倫理的に称揚する「倫理的様式」とそれを宗教的に称揚する「宗教的様式」とは、幸福の規範主義的様式の二つの代表的な事例であろう。

あらゆる幸福の基底に「自他の存在論的受容」を据えるというあるタイプの実存主義的主張や哲学者ミスライによる「自己選択型の幸福様式」の称揚は、幸福の倫理的様式の好事例であり、ユダヤ教やイスラム教の律法（規律型の幸福とそれと一体の絶対者との自他受容）、キリスト教の恩寵（絶対者との恩寵にもとづく自他受容）、仏教の「無常」（現実解釈型の幸福様式の一例）や「無我」（「自他関与的行動の無化と自在化」という自他受容の一形態とそれにもとづく幸福様式）の称揚は、幸福の宗教的様式の代表例であろう。

幸福様式は、本節の冒頭で述べたとおり、各文化の創発力がすぐれて発揮される課題であり、人類文化を広く渉猟すれば、さらに多くの興味深いケースが発見されるのではないかと思われる。

8-3-4 幸福の満足域（Satisfaction range of happiness）

すでに述べたように、幸福状態は、一定の生の状態とそれを評価する一定の幸福観とによって規定される。そして、幸福観は幸福の基盤と領域と様式以外にも、幸福についての一定の「満足域」（Satisfaction range）を含んでいた。「満足域」は下限と上限がともに設定されるような形態と、下限または上限のみが設定されるような形態とに二分することもできる。後者が心理学者レヴィン＝ホッペ以来のいわゆる要求水準（Aspiration level）であり、この論考では、要求水準を満足域の特殊事例として扱うということになる。

幸福の満足域とかぎらず一般に満足域には、次のようなタイプのものを指摘することができる。第一は、実現可能性に制約されて決まる現実主義的な満足域であり、これにはさらに、その実現をそれぞれ予期しうる、(1)最低水準の満足域、(2)平均的な満足域、(3)最高水準の満足域などが含まれている。

第二は、実現可能性と無関係に決定される脱現実主義的な満足域であり、(1)理念的に設定された最高水準の満足域ないし飽和水準の満足域、(2)何らかの根拠で要請される必要最低限の満足域、(3)当該社会において慣行化・制度化・規範化された満足域（たとえば、身分相応）、(4)準拠集団や準拠個人によって規定される満足域（いわゆるデモンストレーション効果）、(5)当事者の過去の実績に規定された満足域（たとえば、ラチェット（ratchet）効果）などが含まれている。

幸福をめぐる満足域についても、これらの諸形態がそのまま妥当する。

とりわけ、慣行化・制度化・規範化された満足域（高卒で当たり前、大卒で当たり前といった間主観的な了解）は、比較幸福論の興味あるテーマである。それは「幸福の一定の領域・基盤における一定の満足域」を社会的地位相関的（分相応）に、あるいは社会的地位無相関的（時としてデュルケーム的なアノミーの根源）に定めたものだからである。

このあと取り上げる幸福観の知識社会学的解明の一例である。

幸福観の柔軟性・一貫性の項で言及したが、さまざまの要因で決定される満足域は、生の現状に対応して、上方または下方へと無自覚に調整されることが少なくない。柔軟な幸福様式では、この調整がとりわけ自覚的・意図的なのである。同一の生の状態であっても、その状態を評価する幸福基盤や幸福領域や幸福様式が変化すれば、不幸状態も幸福状態へ、幸福状態も不幸状態へと転化しうる。同様にして、生の状態ならびに幸福の基盤・領域・様式が同一であったとしても、その満足域が変化すれば、不幸状態も幸福状態へ、幸福状態も不幸状態へと転化しうる。

幸福観の、こうした意図的・無意図的な操作は、現実解釈型の幸福様式のもっとも分かりやすい一例でもあるが、満足域の下方調整が主に不幸状態の幸福状態への主観的転化、あるいは「知足」のために利用されるのに対して（上を見れば切りがない、下を見よ。あるいは、六道輪廻、人間界に生まれただけでも幸せではないか）、満足域の恒常的な上方調整が、生の現状への自足と甘えを克服させ、さらなる飛躍、さらなる現実変革へと駆り立てるという、達成型の幸福基盤に見られるその積極的な機能も忘れるべきではない。たとえば、オリンピック選手の記録更新は、まさにこのメカニズムによるものであろうし、経済成長も、満足域の恒常的な上方調整に媒介されている。前述した成功を鼓舞する上方調整と失敗を癒すその下方調整との組み合せも、達成型の幸福基盤に広く見られる幸福様式であるが、日本の学歴社会における事前の加熱（warming up）と事後の冷却（cooling out）は、その調整が長期間にわたる事例として興味深い。

データとして与えられる人びとの幸福観と幸福状態の具体的事例は、四つの幸福基盤、三つの幸福領域、多様な幸福様式、幸福の一定の満足域という四系統の幸福要因をさまざまに編成したものにほかならない、というのが私の仮説であった。こうして、代表的な幸福観・幸福状態として、第一に幸福基盤に焦点を合わせるタイプ、たとえば、享受型と規律型との、達成型と自他受容型との、あるいは享受プラス達成型と規律プラス自他受容型との対比、第二に、幸福領域に焦点を合わせるタイプ、たとえば、物質的幸福と精神的幸福との対比、第三に、幸福様式に焦点を合わせるタイプ、たとえば、現実変革型と現実解釈型との対比やミスライ幸福論、という三つの類型を挙げることができるだろう。同様にして規範主義的幸福観にも、基盤志向タイプと領域志向タイプと様式志向タイプの三類型を区別できるが、一定の「幸福様式」を称揚するというタイプのものに、文化的個性の見られる場合が多い。

提示された私の幸福分析枠組みが、インタビュー・データに登場する多種多様な幸福観・幸福状態の具体的事例を体系的に整序・理論化する知的用具として有効であるかどうかは、まさに経験的に確認する以外にないことを、改めて強調しておきたい。8-1-3に示した第二フェーズの研究、すなわち「研究者言語（枠組み）による当事者視点（データ）の表現」が体系的かつ一貫して成功するかどうかということにほかならない。

8-4 幸福をめぐる知識社会学的課題——比較幸福学の第二テーマ

以上、私は幸福観・幸福状態を構成する四要因、すなわち幸福基盤と幸福領域と幸福様式と幸福の満足域についての仮説的命題をできるだけ包括的・体系的に述べてきたが、記述的・規範的な比較幸福学の、幸福観・幸福状態それ自体の解明と並ぶもう一つのテーマは、幸福をめぐる知識社会学的解明である。それはさらに、次の二つのテーマに区分される。一つは、一定の幸福観の個人的な選択・受容を促進または阻止する社会的な諸条件の解明、および一定の間主観的な幸福観の成立を促進または阻止する社会的な諸条件の解明である。いま一つは、所与の幸福観のもとでの幸福状態の実現を促進または阻止する社会的な諸条件の解明である。この順序にそって、幸福をめぐる知識社会学的な研究プログラムの大要を検討してみたい。

8-4-1　幸福観をめぐるミクロ・メゾ・マクロの知識社会学的課題

まず、一定の個人が自覚的・無自覚的に選択・受容する幸福観（幸福の基盤・領域・様式・満足域）は、当該個人の生活史および生活構造と密接に関連している。ここで「生活構造」とは、一定の生活周期にもとづいて括られた、一定の個人の完結的・目的的・規範的、さらには自他関与的な行動の総体と、それにかかわる諸条件の総体とを合わせた概念であり、「生活史」とは、この生活構造の個人史的な累積を意味している。

生活史・生活構造の幸福観への影響は、次のような形で二重である。第一は、生活史・生活構造を構成する完結的・目的的・規範的行動、そしてそれらとクロスする自他関与の在り方それ自体——そこには当事者の能力や欲求や資質もかかわっている——が、一定の幸福観の自然的（spontaneous）形成を促すという形での影響である。第二に、生活史・生活構造に登場する他者が、意図的・無意図的に、一定の幸福観を教示するという形での影響である。この二重の影響を解明するのが、幸福観をめぐるミクロの知識社会学的課題にほかならない。その影響は、当人が成人する以前と以後とを区別する必要があるだろう。成人以前では、いうまでもなく、家庭環境を含む私的・公的な教育環境が人びとの幸福観の形成に一律に大きな役割を果しているが、成人以後は、各人のかかわる産業や職業や階層などに応じて、生活史・生活構造の影響はきわめて多様なものにならざるをえない。もちろん成人以前と以後との幸福観の一貫性の有無ということ自体が、柔軟性 対 一貫性という幸福様式の問題であることも見逃すべきではない。

ところで生活史・生活構造の幸福観への影響は、じつは、生活史・生活構造を規定するよりマクロ的な要因群、たとえば人びとがかかわる産業や職業や階層や各種の下位文化と結びついた幸福観が、生活史・生活構造を媒介にして人びとの幸福観を規定する、と見るべき側面が少なくない。前述した幸福観の自然的形成においても、このことは妥当する。この視点を、幸福観をめぐるメゾ（mezzo）の知識社会学的課題と名づけておこう。

そして最後が、幸福観をめぐるマクロの知識社会学的な課題である。社会の生産力段階と階層構造、当該社会の形態や文化的伝統、そして一定の時代思潮や世代感覚などが、一定の幸福観とどのように関連するかという課題にほかならない。歴史貫通的で通文化的な享受型の幸福基盤の普遍性、社会の産業化とともに促進される達成型の幸福基盤、イスラム文化と規律型の幸福基盤、キリスト教文化と自他関与型の幸福基盤、そして近代科学的テクノロジーに対抗する、幸福の精神的領域の復権要求、他方、幸福様式へと視点を移せば、人類の低生産力段階と来世型の幸福様式、市民社会と自己選択型の幸福様式、社会的流動性の増大と柔軟な幸福様式、近代科学の発展とともに顕在化する、変革志向の幸福様式と解釈志向のそれとの軋轢、世俗化（secularization）とともに衰退すると誤認された解釈志向の幸福様式、そして無常や無相の自己を特色とする仏教的幸福様式、等々は、マクロ的課題の代表的なものであろう。幸福観の存在被拘束性（生産力水準被拘束性や社会構造被拘束性や文化被拘束性、等々）は、とりわけこのマクロ的課題に関連している。

社会学者ブルデューのハビトゥス理論は、人びとの行動を規定するプログラム集合、とりわけ疑似シグナル性および習得的シグナル性のプログラム集合、すなわちブルデューが「プラティーク」と名づけたプログラム集合が、階級別に差異化されていることを力説するが、比較幸福学の視点からすれば、このハビトゥスの一部をなすであろう幸福観と階級との関連の解明は、ここでいうマクロの知識社会学的研究にほかならない。

8-4-2 幸福を阻害する抑圧からの解放、という視点：臨床的課題と政策論的課題

すでに8-3-2で言及された「不幸学」の項で述べたように、幸福の増進よりは不幸の克服のほうが、確かにより

切実な社会的課題である。この課題は、生活史・生活構造のレベルで解決すべきミクロの臨床的課題と、より広い社会的視野で解決すべきマクロの政策論的課題とに二分されるが、ここでは、両者を通じて妥当する「抑圧からの解放」という現実変革型の幸福様式を前提にした課題を、常識を出るものではないが、一応指摘しておこう。

私は人間存在に加えられる「抑圧」を、次の三つに分節して扱うことにしたい。第一が「資源的抑圧」、第二が「社会的抑圧」、そして第三が「文化的抑圧」である。なお、ここで「資源」とは、物質・エネルギー的資源、生物的資源、人的資源、情報的資源、関係的資源などのすべてを包摂する用語として用いられている。

まず、「資源的抑圧」からの解放をめざす努力として、人口問題、食料問題、医療問題、地球環境問題などがある。ついで、「社会的抑圧」からの解放をめざす努力として、権力問題、公正問題、差別問題、人種問題などがある。そして最後に、「文化的抑圧」からの解放をめざす努力として、自明化された文化やインプリシットな文化（たとえば同性愛への偏見）の見直し、異文化共生、一部の欧米文化中心主義の再考などがある。相互に密接に関連するこれらすべての課題は、現代の物理・化学的諸科学と生物諸科学と人文社会諸科学が挑戦する学際的・総合的なテーマであり、そのこと自体が近代科学の発展によって強化された「変革志向の幸福様式」の地球規模での浸透を如実に物語るものであろう。

だが、この科学主義的な変革志向型幸福様式の、人類先進社会のマクロ・レベルでの制度化は、他方で、「解釈志向の幸福様式」の再検討と再評価を要請している。そして「解釈志向の幸福様式」の復権は、一方、「変革志向の幸福様式」と同様の、地球規模での間主観性を目標にするのか、それとも他方、徹底して個別化と個人化の途を歩むのか、という両極の間を揺らぐことになるだろう。前者は、英国の宗教哲学者J・ヒックの宗教的多元主義（religious pluralism）――キリスト教、仏教、イスラム教、ヒンドゥ教など人類の伝統的宗教は、すべて同一の神的実在に対する人間の応答であり、人類はこうした古来の名称ではもはや自らの宗教的体験や信仰の姿を正しく記述したことにはならないような、そういう「一つの世界」を迎えることになるだろうという構造主義的な主張——が意図する方向であり、後者は、簇生する新宗教・新々宗教の意図せざる結果が向かう方向であろう。

こうして第一に、両者を橋渡ししうる「解釈志向の幸福様式の一般的な構造分析」が、そして第二に、その構造分析にもとづく「変革志向の幸福様式と解釈志向のそれとの共存ないし統合」——医療の現場で例示するなら、治癒の可能性すなわち「相対所与性の克服」を前提にしたCureと、治癒の不能性すなわち「絶対所与性の受容」を前提にしたCareとの関連——が、比較幸福学の一つの現代的課題であるように私には思われる。「変容可能な相対所与性」と「受容するしかない絶対所与性」との相克にみちた人間的世界それ自体の構造が、被投的に投企する人間存在に、変革志向型にも解釈志向型にも過度に偏しないバランスのとれた幸福観を要請しているというべきであろう。

その際、第一に、近代科学との激突のない「世俗主義的・非宗教的な解釈志向の幸福様式」を追求する必要があるかもしれない。あるいは第二に、既成宗教の教義の、近代科学との激突を回避しうるような読み替えが進行するかもしれない。ヴァティカンによるダーウィン進化論の承認はその一例である。さらには第三に、近代科学と激突するような現実解釈があくまで「仮構」のものと知りつつ信じられるという新たな信仰形態のもとで、科学と宗教との共存関係が実現するかもしれない。この第三の立場については、「神」や「仏」の存在を「国家」その他の「制度的構成物」と同様、本章冒頭でふれた第三タイプの言語使用法の産物、すなわち「言語的構成物」の一つと捉える私の別稿「主体と主体性、自己とアイデンティティ、そして〈神〉——情報学とプログラム科学の視点」を読してほしい。

最後に、この「解釈志向の幸福様式」への傾斜とともに宗教的生を特徴づける、もう二つの特性、すなわち「自他受容」型と「規律」型の幸福基盤への傾斜もまた、現代社会の諸問題と深く結びついている。

したがって宗教的幸福観は、この二重の意味、すなわちその「自他受容」と「規律」なる幸福基盤および「解釈志向」の幸福様式への傾斜によって、人類先進社会の寵児ともいうべき科学主義的幸福観の独走に、一定の歯止めをかけることを期待されているといわなければならない。なぜなら、近代の科学技術の発達というマクロ的条件によって促された幸福観は、宗教的幸福観とは逆に、「享受」と「達成」なる幸福基盤および「変革志向」の幸福様式へと傾斜しているからにほかならない。

【追記】私にとって本章は、この種の問題についての二度目の挑戦である。最初の挑戦は以下にあげる関連文献の一つ、私が三〇代の前半、一九六四年に発表した「生活空間の構造－機能分析――人間的生の行動学的理論」（作田啓一編『人間形成の社会学』（現代社会学講座V）有斐閣、一九六四年、所収。吉田民人『主体性と所有構造の理論』東京大学出版会、一九九一年に再録。）であり、その間を隔てる三三年という長くもあり短くもある歳月がどのような変化をもたらしたか、またもたらさなかったかは、読み手の判断を待つほかない。

第9章　安全学事始

——〈自由領域科学〉としての安全科学

9-1　「安全」価値の歴史的意義

二〇世紀は、未曾有の科学技術の進歩に支えられて、「工業化」(物質・エネルギー現象の産業化)と「情報化」(情報現象の産業化)という二重の意味での高度産業社会を実現した。マクロの文明史的観点からすれば、それは「開発と発展の世紀」であったといえるだろう。二〇世紀科学もまた、総体としては、いわば開発学・発展学の基調の上にあった。けれども、その結果として、新たな歴史的状況が生み出されることにもなった。

第一に、地球環境問題に示されるとおり、高度産業化は、産業化に先立って存在した人類社会の貴重な、とりわけ再生産不可能または困難な自然資源に枯渇や絶滅や汚染その他、大きな負の効果を及ぼすことが明らかになった。第二に、原子力技術や遺伝子技術に示されるとおり、高度産業化は、克服すべき負の効果をそれ自体が内蔵する多くの両価的(ambivalent)な新技術によって支えられている。第三に、大都市災害に示されるとおり、高度産業化は文明的資源の蓄積と集積をもたらし、かつてない規模の巨大な災害を引き起こす可能性を増大させた。

以上で念頭に置かれているのは、主に高度産業化に伴う自然科学系の科学技術の負の直接効果であるが、そのマイナスの間接的波及効果、さらには人工的感覚運動情報空間（virtual reality）の熟成やインターネット電子マネーの登場など、将来の展開が予想される人文社会科学系の科学技術の未知のマイナス効果を含めるなら、高度産業社会の負の遺産は、多くの論者の認めるように、決して無視できるものではない。

こうして「安全」（危険が存在しないことを意味するsafetyとそれが一連のプログラムで保障されていることを意味するsecurityとを包括する日本語）という価値は、二〇世紀を象徴する「開発や発展」価値と並行して、あるいはそれに代わって、二一世紀を代表する価値の一つという歴史的意義を担うものへと変貌しつつある。「安全」は人類の普遍的価値であるに留まらず、二一世紀に独自の特殊歴史的な価値でもある。二〇世紀の開発学・発展学なる科学技術の趨勢は、必ずしも人類レヴェルの自覚的な目的意識をもって形成されたわけではない。けれども、その歴史的学習効果として、二一世紀における安全学への要請は、十二分に人類レヴェルの自覚的営為たりうるだろう。「sustainability」（持続可能性）という国際的標語は、すでに、そのことをよく物語っている。

ここでは「安全」価値に関する前述のような思想的論議と「経験科学としての安全科学」とを合わせて「安全学」と名づけることにしよう。その「安全」価値をめぐる思想的論議の一つとして、安全問題それ自体にも「効率」視点が不可欠であることを指摘しておきたい。経済効率と安全という問題設定が、しばしば、安全確保それ自体に必要なコストとその効率的配分を軽視させるからである。

9-2 「安全科学」の基本枠組み

「安全科学」を簡潔に定義すれば、「安全に関する一連のプログラム集合を記述・説明・評価・改善・開発する科学」

となるだろう。安全に関するプログラム（以下、安全プログラム）は、⑴事前のリスク認知プログラム、⑵事前の安全確保プログラム、⑶事後の安全確保プログラム、⑷事前・事後の安全支援プログラム、という四つのタイプに分けることができる。

⑴事前のリスク認知プログラム

これは二つの基本的要素から構成される。第一に、加害要因、第二に、被害対象である。第一の加害要因については、⑴一定の加害要因、すなわち、①物的・生物的な加害要因（新幹線のコンクリート崩落やウラン臨界事故や汚染食品）、②社会的な加害要因（不況・リストラ）、③精神的な加害要因（一部のカルト宗教）などが選定され、つぎに、⑵それぞれの加害要因について、①発生条件、②発生確率、③加害の規模と程度、などが検討され、どのような条件の下で、どのような確率で、どのような規模と程度の加害が発生しうるか、という加害要因についての認知プログラムが形成される。

事前のリスク認知プログラムの第二の基本的要素、被害対象については、⑴被害システム、すなわち一定の時間スパンで捉えられた、個人、機能集団、地域社会、国家、人類社会、およびそれらを取り巻く環境など、それへの被害を検討すべき一定のシステムが選定され、次いで、⑵被害領域、すなわち、①物的・生物的領域（地球環境や生物多様性）、②社会的領域（生活や治安）、③精神的領域（文化的伝統）など、それへの被害を検討すべき一定のシステム領域が選定される。そして、⑶それぞれのシステムのそれぞれの被害領域について、その保障・確保すべき被害の許容域が設定される。

被害許容域の設定は、①一定の合理性、例えば科学的根拠にもとづく必要水準、②社会的比較を根拠にする水準（準拠集団や準拠個人が支持する水準、あるいは業界標準や国際標準などの社会的慣行）、③実現可能な水準（実現可能の最高水準、最低水準、平均水準など)、④過去の実績水準、⑤合理性や社会的比較や実現可能性や過去の実績に規定されない理念的・理想的な水準、などを区別することができる。こうして、どのような被害システムの、どのような被害領域が、どのような被害許容域をもつか、という被害対象についての認知プログラムが形成される。

最後に、加害要因の認知プログラムと被害対象の認知プログラムが相互に調整されて――例えば、被害許容域にリンクする加害許容域が設定されて――、一定の事前のリスク認知プログラムが形成されるわけである。それは一般に、加害Xなら被害Y、という形式をもつ複数のプログラムである。

この事前のリスク認知プログラムが的確であり、それが常時存在することが、安全問題の原点であり基盤である。的確なリスク認知がなければ、事前・事後の安全確保プログラムも、それを支援するプログラムも形成されない。JCOのウラン臨界事故では、事前のリスク認知が風化していたために、臨界状態を停止するための工学的プログラムも事故発生時の情報伝達のための社会的プログラムも、事前には何ら策定されていなかった。

「絶対安全」という標語は、こうして安全問題の基盤を掘り崩すのである。だが、この加害サイドの「絶対安全」なる非合理的防衛が、被害サイドの「安全確保プログラムが存在することが、そもそも安全でないことの証左である」といった非合理的ないし感情的反応、または加害サイドが被害サイドに抱くその種の「想定」と相関していることにも留意すべきである。加えて、被害サイドの非合理的・感情的反応が「情報不足」や「情報公開の不備」に起因することも忘れるべきではない。いわゆる「原子力の安全神話」は、こうしたスパイラルの結果として形成されたものであろう。

(2) 事前・事後の安全確保プログラムと安全支援プログラム

一定の事前のリスク認知プログラムを前提にして、事前のリスク予防(prevention)と事後のリスク軽減

（mitigation）のための安全確保プログラムが形成される。いずれもリスクの発生に先立ってあらかじめ形成されるプログラムであり、「事後」の安全確保プログラムという表現を誤解してはならない。それは「事後の対策」を「事前に」策定するという意味にほかならない。これらに続いて、事前のリスク認知と事前の安全確保と事後の安全確保を支援するためのプログラムが形成される。

(3) 事前の安全確保プログラム

これは、さらに、ハード型の安全確保プログラムとソフト型の安全確保プログラムに二分される。事前のハード型安全確保のエッセンスは、安全工学が開発してきたフールプルーフ（foolproof）やフェイル・セイフ（fail-safe）のハードの設計である。このハード設計は、物理・化学的な機器や装置については、誤動作その他の人的エラーを無効化するという点で枢要の意義をもつが、これとても、その設計図（工学的プログラム）に基づく加工や施工は、監督や教育・訓練その他、ソフト型の安全支援プログラムが不可欠である。手抜き作業や手抜き工事があれば、事前のハード型安全確保プログラムの効果は期待できない。

他方、ソフト型の安全確保プログラムは、多くの場合、マニュアル（外シンボル記号化された定型的な行動プログラム）化されるが、的確なマニュアルも、その実現可能性は教育や訓練などの支援プログラムに負っている。マニュアルは臨機応変には不向きであるが、安全確保のためのルーティン・ワークには不可欠である。むしろ、それが訓練によって技能・身体技法（感覚運動プログラム）化されることが期待されている。

事前の安全確保プログラムの一つにリスク認知の常在化があるが、パイロットのシミュレータ訓練は、各飛行リスクの客観的な発生確率に応じたものではないという。リスク認知の常在は、「いかなるリスクも常に起こりうる」というメンタリティなしには実現できない。この点も「安全神話」が誤解していた論点ではないかと思われる。

(4)事後の安全確保プログラム

これもまたハード型とソフト型に二分される。原子力発電所の防護壁は事後のハード型安全確保プログラムの端的な事例である。各種の防災訓練は、主として事後のソフト型安全確保プログラムの仮想的な実施・実行であり、リスク発生時におけるその実現可能性を保障するためのものである。事後の安全確保プログラムの中核は、いわば「事中の安全確保プログラム」ともいうべきものであり、防災訓練の狙いの多くもそこにある。とりわけ、リスク発生に際しての「情報ネットワーク」のあらかじめのプログラム化は、事中の安全確保において決定的な意義をもつことが多い。

(5)事前・事後の安全支援プログラム

安全支援プログラムは、事前のリスク認知やリスク予防にも事後のリスク軽減にも関連するが、安全プログラムの全体集合の中では、事前・事後のハード型安全確保プログラム、すなわち安全工学の中心的テーマの、いわば逆の極に位置するプログラムであり、周辺的な関心しか与えられてこなかった。一つには、教育・訓練・動機づけ・倫理観・啓発など、安全支援プログラムの多くが、安全問題に特化したものとはいえず、広く「人文社会科学系の汎用技術」ともいうべきプログラムであることにもよる。

すべての安全プログラムは、その「的確性」と「実現可能性」という二項目を要求されるが、少なくともその実現可能性は、支援プログラムに依存するところが大きい。安全問題において人的要因（human factor）が惹起する課題は、一方、徹底したフールプルーフやフェイル・セイフの工学的設計を必要とするが、他方、その一〇〇パーセントの実現は技術的・コスト的に不可能であり、その分、ソフト型安全確保プログラムに依存せざるをえず、その結果、各種の安全支援プログラムの充実が要請されることになる。

安全問題の歴史的展開は、大筋としては、フェイル・セイフの工学的設計が成熟するにつれて、ソフト型の安全確保に、そして最終的には、支援プログラムの重視へと関心の焦点が移行してゆく、といえるかもしれない。安全工学は、一般に、例えば作業者の労働倫理や責任観（感）を、まして故意や悪意のリスク惹起を自らの射程の外に置くが、安全科学はこの種の問題の解決をも、安全支援プログラムやソフト型安全確保プログラムの一環として、自らの守備範囲に収めなければならない。核ジャックへの対応という発想は、その例である。

(6)加害要因指向型プログラムと被害対象指向型プログラム

事前のリスク認知プログラムは、前述のように、加害要因の認知プログラムと被害対象の認知プログラムを二つの基本的構成要素としている。同様にして、事前・事後の安全確保プログラムもその支援プログラムも、加害要因に焦点を据えるものと被害対象に焦点を据えるものとが分かれる。例えば地震災害など、被害対象指向に傾斜する必要のあるプログラムも少なくない。マルチ商法の被害も、加害者に対する法的規制プログラムと同時に、被害者のための教育プログラムを欠かせない。安全工学が一般に加害要因指向の工学的プログラムの開発からスタートしたという学史的事情はあるが、問題の特性に応じて、加害指向と被害指向をともに考慮する必要がある。

(7)安全問題の多様性

この小論は、紙幅の制約もあって、物的・生物的、社会的、精神的、等々の安全問題の具体的レヴェルでの相違を捨象しているが、加害要因と被害対象との個別的特性に応じて、事前のリスク認知プログラム、事前のハード型・ソフト型の安全確保プログラム、事後のハード型・ソフト型の安全確保プログラム、事前・事後の安全支援プログラム、という四タイプの安全プログラムそれぞれのウエイトは、前述の加害要因指向と被害対象指向の場合と同様、さまざまでである。

(8)再び、事前のリスク認知プログラム

前述したとおり、事前のリスク認知プログラムが的確であれば、事前・事後の安全確保もその支援も、安全科学の理論的・経験的実績の成熟によって、その的確性と実現可能性を保障することができる。だが、問題は初発のリスク認知である。ほとんどの人災的大事故に「まったく予想外である、まったく想定されていなかった」という当事者のコメントが付きものであるように、事前のリスク認知は「人間の情報処理能力の限界」という根源的制約条件によって限界をもたざるをえない。こうして「二重、三重の複数系列の、相互に完全に独立したリスク認知のシステム」の確立は、安全科学の最も重要なプログラムの一つ、すなわち的確な事前のリスク認知プログラムの形成のための支援プログラムであるといわなければならない。

9-3 「安全科学」をめぐる科学論

(1)正統派の科学論と安全科学

一七世紀のニュートン力学が触発した近代科学の正統派パラダイムは、二〇世紀末のこの時点で厳密に解釈するとすれば、第一に、世界の唯一の根源的要素として物質・エネルギーを措定し、世界の唯一の根源的秩序原理として法則を措定する。第二に、科学とは対象をあるがままに記述・説明・予測する認識の営みである。第三に、研究テーマは主に科学内在的に決定され、それに対応してディシプリンと呼ばれる科学の領域形態が成立する。物理学も化学も、この三つの要請をすべて充足している。

しかしながら、「安全に関する一連のプログラム集合を記述・説明・評価・改善・開発する科学」と定義された本章の「安全科学」を、このような要請に照らしてみると、それは、正統的な科学であるとは到底いえない。なぜなら、第一に、研究対象の要は物質・エネルギーでも法則でもなく、リスク認知や安全確保や安全支援のためのハード型・ソフト型のプログラムである。安全プログラムは、フェイル・セイフの設計図を含めて、言語を中核とするシンボル記号で構成されている。第二に、それらの工学的・行動的・心理的・社会的・精神的、等々の安全プログラムは、単に記述・説明・予測されるだけではなく、評価され、改善され、廃棄され、新たに開発される。第三に、研究テーマは科学内在的ではなく、安全保障や安全確保という社会的要請によって決定される。第四に、それは一つのディシプリンではありえず、inter/multi/trans/disciplinarity を特徴としている。

(2)大文字の第二次科学革命

ところで、過去四、五年、私は「近代科学の情報論的転回」ないし「大文字の第二次科学革命」と名づけられる提唱をしてきた。そこでは、「物質＝エネルギーと法則」を物理・化学的自然に限定し、生物的・人間的世界は、物質・エネルギーを素材として、その物理・化学法則を拘束・支援条件とする遺伝的設計（生物多様性）ならびに文化的設計（多文化主義）の産物である、と解釈した。

その結果、生物科学・人文社会科学に固有の要因として「記号的情報」（遺伝情報や文化情報）、その固有の秩序原理として「プログラム」（DNA性プログラムや言語性プログラム）という二つの新たな基礎範疇が導入され、法則科学としての物理科学に対置して、生物科学は「シグナル性プログラム」（DNA性プログラム、他）を対象にする「シグナル性情報科学」、また人文社会科学は「シンボル性プログラム」（言語性プログラム、他）を対象にする「シンボル性情報科学」と規定された。

こうして「法則科学」は、「非設計物の科学」として物理科学に局限され、生物科学と人文社会科学は、「設計物の科学」（設計図はプログラム）として「プログラム科学」と名づけられた。また、正統派の科学を「認識科学」と規定し直して、「対象のありたい姿やあるべき姿を計画・説明・評価する」、すでに実績豊かな「理系の工学」や「文系の政策科学」を「設計科学」として一括公認しようと提案した。

そして最後に、①認識科学的アプローチと設計科学的アプローチを統合し、②ケース・バイ・ケースで法則科学（物理科学）とシグナル性プログラム科学（生物科学）とシンボル性プログラム科学（人文社会科学）を適宜総合しながら、③社会的要請に基づいて設定された課題の解決をめざす、という科学の新たな領域形態を、正統派の「ディシプリン科学」に並置して、「自由領域科学」（free-domain sciences）と命名したのである。現在曖昧なままに据え置かれた inter/multi/trans/disciplinarity の行方を、明確に「自由領域科学」と規定したわけである。

(3)「自由領域科学」としての安全科学

こうしてみると、「安全に関する一連のプログラム集合を記述・説明・評価・改善・開発する科学」と定義された安全科学は、まさに一つの「自由領域科学」だということになる。その際、「モデル」構築が考慮すべき要因として、第一に、安全プログラムそれ自体、すなわち、事前のリスク認知と事前・事後の安全確保と安全支援のためのプログラム集合があげられるのは当然である。

けれども第二に、安全プログラムの「的確性」と「実現可能性」を規定する要因、すなわち、①物理科学法則、②変容不能／変容不可と認知・評価された既成のシグナル性プログラム（例えば、一定の免疫プログラムや一定の技能・身体技法）、③変容不能／変容不可と認知・評価された既成のシンボル性プログラム（例えば、一定の慣習や制度、倫理や法）、などが、通例の意味での境界／初期条件とともに、安全科学の「認識モデル」においても「設計モデル」においても、枢要の役割を演じることを指摘する必要がある。物理科学、生物科学、人文社会科学にわたるtrans-disciplinarity にほかならない。

このように安全科学は、「安全」という社会的目標の達成のために法則科学とプログラム科学、認識科学と設計科学の諸アプローチを融合し、かつ trans-disciplinarity を特性とするという意味で、科学の新たな領域形態、すなわち「自由領域科学」の一つの事例なのである。したがって「安全科学」は、大文字の第二次科学革命の成果の一つであるといってよい。それは〈「物質・エネルギーと法則」を二大前提とする「ディシプリン」型の「認識科学」〉という正統派科学論の枠の中では成立不可能な科学形態であるからである。というより正確には、多くの例外事例によって事実上すでに破綻している正統派科学論の、適切な代替提案がなかったということであろう。

座談会

吉田理論の意義と残された課題

正村俊之・新睦人・遠藤薫・伊藤守

正村俊之　ご存じのように、吉田先生の業績は社会学と社会情報学の両方にまたがっています。それらの業績は密接に関連していますが、この座談会では、特に社会情報学の側面に焦点をあてて吉田理論の意義を検証してみたいと思います。吉田理論が社会情報学に関してどのような貢献をし、残された課題がどこにあるのかを考えることがこの座談会の目的です。

まず、私のほうから吉田理論の内容をざっと紹介してみたいと思います。吉田先生は、学部・大学院とも社会学を専攻されましたので、社会学者としてスタートしました。二〇代終わりから三〇代初めにかけて発表された論文は、全て社会学プロパーの論文でした。しかし一九六七年に「情報科学の構想」という論文が発表されます。この論文は、吉田先生ご自身が自分の原点であるとおっしゃっていたように、吉田理論にとって画期的な意味を持っています。この論文で吉田情報学が誕生したといっても過言ではないからです。

まず、吉田情報学を構成する基本的なカテゴリーが提示されました。「情報と情報処理」、「シグナル記号とシンボル記号」、「認知情報・評価情報・指令情報」、こういった基本概念が登場します。そして、ウィーナー的自然観が提起されました。吉田先生の言うウィーナー的自然観とは、自然の構成要素として物質・エネルギーの他に、第三の構成要素としてパタンを位置づけ、パタンとしての情報に関連づけて世界を捉える見方のことです。

この論文では、情報概念は広義と狭義に分けられています。広義の情報というのは「物質・エネルギーの時間的、空間的、定性的、定量的パタン」、そして狭義の情報というのは「有意味の記号集合」を意味します。狭義の情報の誕生は、自然の歴史において決定的な意味を持ちます。というのも、その誕生によって情報的自然と物質的自然の間にフィードバック・ループが形成されるからです。これを示しているのが図1(次頁)です。「情報科学の構想」のなかに出てくる図です。

この考え方こそ、その後の吉田理論の全展開を貫く基本認識になります。論文では、この考え方を基礎にして社会の情

物質的自然の発展	←	情報的自然の発展
↓		↑
物質的自然の構造	→	情報的自然の選択

図1　物質的自然と狭義の情報的自然との
フィードバック・ループ

――生命以上の発展段階の自然における唯物論と観念論の統合図

（吉田民人（1990）『自己組織性の情報科学』新曜社，p. 193 より）

報科学を構想することが自分の課題であることが述べられています。ただこの段階では、その課題は果たされず、ウィーナー的自然観が宣言されたところで終わっています。吉田情報学と吉田社会学は、まだバラバラな状態にありました。

ところが、その七年後の一九七四年に「社会科学における情報論的視座」「社会システム論における情報―資源処理パラダイムの構想」「社会体系の一般変動理論」という三つの論文が立て続けに発表されます。これらの論文を通して、吉田情報学の理論的な定式化が進んだだけでなく、吉田情報学と吉田社会学が統合されるようになりました。

まず、吉田情報学がどういうふうに定式化されたかというと、ウィーナー的自然観の進化論的な展開がはかられました。この段階で情報の定義の仕方が若干変更され、最広義・広義・狭義・最狭義という四つのタイプに分類されます。ただ、基本的な考え方は変わっていません。一九六七年の時点で広義、狭義として位置づけられた情報がそれぞれ最広義、広義の情報に変更されたうえで、狭義と最狭義の情報が追加されました。そして、自然が三つのタイプに分類され、それぞれの自然に対応するかたちで情報が位置づけられます。

生命が登場する以前の自然は「無機的自然」で、そこでは物質・エネルギーに担われたパタンとしての「最広義の情報」

しか存在していません。しかし、生命的自然の段階になると、「広義の情報」すなわち「有意味な記号集合」としての情報が誕生します。「広義の情報」のなかには「シグナル性情報」と「シンボル性情報」の両方が含まれますが、人間が登場する以前の情報はすべて「シグナル性情報」です。

人間が登場し、「人間的自然」が成立すると、「シンボル性情報」が出現します。これが「狭義の情報」となります。そして「シンボル性情報」のなかでも、私達が日常生活のなかで使っている情報、すなわちニュースとか天気予報等に代表される情報が「最狭義の情報」です。

こうやって自然の進化過程に対応づけるかたちで情報が位置づけられました。そして、自然の進化というのは、吉田先生から見れば、情報の進化であり、情報進化に媒介されて自然の進化が起こることになります。

三つの論文が発表された時点で、生命以降の自然、すなわち生物、人間、社会は自己制御システムとして捉えられ、社会システムに関しては「情報資源パラダイム」が提唱されました。吉田情報学に立脚して吉田社会学が展開されるようになったわけです。

「情報資源処理パラダイム」では、社会システムが二つの側面から捉えられています。一つは情報と情報処理、もう一つは資源と資源処理です。その際、情報概念と同様に、資源概念も拡張され、資源概念には物的資源だけでなく、情報的資源、人的資源、関係的資源が含まれます。そして、情報処理と資源処理の間にはフィードバック・ループが想定されています。これは、先に見た「狭義の情報的自然と物質的自然の相互規定」と重なります。つまり、社会システムにおいては、情報処理に制御されるかたちで資源処理が行われるとともに、資源処理に条件づけられながら情報処理に対して選択淘汰のメカニズムが働くことになります。

こうして、社会システムを情報処理と資源処理の相互規定的な関係において捉える社会システム論が誕生しました。そのとき社会システムの変動を説明するのに援用されたのが構造・機能主義の理論です。パーソンズの構造・機能主義をアレンジしつつ、機能要件の充足・不充足によってシステムの維持・変動が説明されました。

この考え方をさらに発展させたのが自己組織化論で、一九七八年に発表された論文「ある社会学徒の原認識」以降、「自己組織性」という概念が使われます。ただそこでも、これまでに確立された考え方が貫かれています。図2（次頁）は、「ある社会学徒の原認識」という論文に出てきた図ですけれども、資源空間と情報空間の間にフィードバックが作用

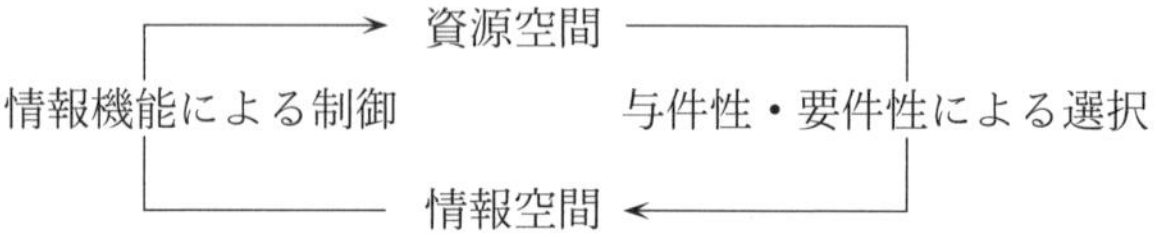

図2　自己組織系の自己形成

（吉田民人編著（1978）『社会科学への招待/社会学』日本評論社，p. 15 より）

する。情報によって資源空間が制御されると同時に、情報空間も資源空間に条件づけられながら選択されていく。この考え方は以前の考え方を引き継いだものです。

吉田先生は生前、物理的秩序を対象にしたプリゴジンの自己組織化論が情報抜きの自己組織化論であるのに対して、自分の自己組織化論は情報に媒介された自己組織化論であるということをおっしゃっていました。吉田理論では、自己組織化は二つの段階に分けられています。情報空間によって資源空間が制御されるのが「一次の自己組織性」、そして情報空間そのものが変容していくのが「相対二次の自己組織性」になります。

こうして吉田理論は、情報学と社会学を合体させた理論として一応の完成をみますが、一九九五年以後、再び新たな展開を遂げることになります。それがプログラム科学論です。

プログラム科学論は「近代科学の情報論的転回」を主張したものですが、私が思うに、近代科学の情報論的転回は吉田情報学の科学論的転回でもありました。ここで吉田情報学というのは、もちろん吉田社会学と一体化したものを指していますが、プログラム科学論は、吉田情報学の意味や意義を科学論の文脈のなかで明らかにした理論といえます。

近代的世界観は機械論的自然観であり、物理学によって確立されましたが、その機械論的世界観に代わって設計論的自然観を樹立することがプログラム科学論の狙いです。吉田理論は、今まで物理的自然を含む全自然を扱ってきたわけですが、その歴史的過程において肝心なのは、生命の出現とともに有意味な記号集合としての情報が誕生し、広義の情報に制御されるかたちで生命的自然や人間的自然が創り出されてきたという主張にあります。生命以降の秩序は広義の情報によって創られてきたわけで、吉田先生は、それをプログラム科学論において秩序原理の変化として捉えました。

恐らく、こういう科学論を提唱したきっかけは、一九九五年の少し前、確か一年ぐらい前に、吉田先生が日本学術会議に入られたことにあるように思います。それまでは社会学者を相手に対話してきたわけですが、学術会議に入って社会学者だけでなく、自然科学者を含む全ての科学者と対話するようになった。その時、これまで自分が考えてきた理論が近代的世界観としての機械論的自然観――吉田先生の言葉でいえば「唯物論的自然観」――に代わる新しい世界観になることを痛感した。そこで構想されたのがプログラム科学論ではないか、私はこんなふうに解釈しています。

プログラム科学論は二つの側面を持っています。一つはまず、事実の客観的認識を目指す認識科学という側面、それからもう一つは、規範科学や政策科学のような、認識科学とは異なる科学としての側面です。

まず認識科学に関して言えば、今話したように、自然の進化のなかで起こった秩序原理の変化を定式化した。吉田先生の考えでは、物理的自然の秩序原理は物理法則です。物理法則を見つけることが、従来の科学の究極の目的でした。しかし、生命的自然や人間的自然は、有意味な記号としての情報によって作り出された自然であり、プログラムによって設計されている。

もちろん、生命的自然も人間的自然も物理的自然の上に重層的に構築されているわけですから、物理法則の制約を受けています。とはいえ、プログラムによって創り出された世界、特に記号と意味が規約的に結びついた「シンボル性プログラム」によって創り出された世界は、文化的に設計された世界です。このような秩序原理の変化に対する理解が認識科学における科学革命をもたらすというわけです。

次に、プログラム科学論のもう一つの狙いは、社会工学や政策科学や規範科学のような現代科学を基礎づけることにありました。現代社会では、社会のあるべき姿を模索し、それを実現するための科学が発達しましたが、こういう科学を積極的に認める必要がある。そういう科学を、吉田先生は「設計科学」や「自由領域科学」と呼びました。

設計科学は、認識科学とは違うけれども、一定のディシプリンに基づいた科学のことです。さらに現代においては、複数のディシプリンにまたがるかたちであるべき姿を追究する科学も増えています。それが「自由領域科学」です。例えば、安全学がこれにあたります。そして、設計科学や自由領域科学の総体を「人工物システム科学」と呼んでいます。

要するに、生命的自然や人間的自然の設計性を主張してきたプログラム科学論は、設計科学や自由領域科学のような、設計を目的とした現代科学を基礎づけることになります。このようなかたちで科学の再編を目指すのがプログラム科学論の基本的な構想でした。

最後に付言すると、プログラムによって情報処理が行われるという考え方は、すでに一九六七年の「情報科学の構想」のなかに出てきます。ですから、吉田先生は、「情報科学の構想」のなかで提示した考え方を生涯にわたって貫き、その展開をはかってきたと言っても過言ではありません。その意味でも、あの論文は大きな意味を持っていたように思います。

ということで、ざっと吉田理論の軌跡を追ってみました。これを踏まえて議論に入りたいと思います。まず社会情報学に対して、吉田先生がどのような貢献をしたか。このへんから議論していきたいと思います。新さんから口火を切っていただけますか。

新睦人　そうですか。どこらへんから話していいのでしょうか。実は社会情報学に関しては、吉田さんは二つの系列があると考えていますよね。その一つは情報社会学。もう一つは吉田の社会情報学であると。特有な意味での社会情報学であるという規定の仕方。

情報社会論というのは、私自身も八〇年代の初めに書いて、それは明らかに吉田さんの影響を受けていますけれども、情報が持っている社会的なファンクションにポイントを置いて捉えていました。情報化が社会の構造にどう影響しているかとか、あるいは人々の考え方にどういう影響を与えるかと、そういうところから見ている。

それはそれなりに自分としてはおもしろがって書いたつもりだったのですが。それからしばらく、十何年たって『社会情報学』という本が出て、その書評を頼まれた。ところがそれは社会情報論ではなくて、実質は情報社会論だったのです。それは吉田さんが考えていた、マスコミ、メディア系の社会情報論でした。吉田さんとしては、自分が考えている社会情報学ではないとはっきり言ったらしいのです。もういないから言ってもいいと思うけど。吉田さんとしては、そういう書物の刊行自体が心外だったと思います。

私も、バックにいた、北川隆吉さんに、何を書いてもいいかと言ったら、いいよと言うから、じゃあ言いますよというわけで辛口の書評をしたのです。十何年たって社会学が情報社会論から全然進展していないというのは、なんということだと。つまり情報の社会学的な意味づけを、もっと根底からやらなきゃダメじゃないかと批判したのです。

それが今ようやく、社会情報論として少しずつ自覚され始めているという気がいたします。今朝私は早めに来たので、紀伊国屋に寄りましたが、社会学のコーナーに社会情報学ってずいぶんあります。遠藤さんが書かれたものなんかもあったりしてね。おもしろがって見ていたのですが。吉田流の社会情報学に、ちょっとずつ近づいてきたかな。そんな気がしております。

正村　そうですね。遠藤さん、どうですか。

遠藤薫　はい。そうですね。どこから話を始めたらいいのか、まだ迷っています。先ほど正村先生から、吉田先生の理論的展開についてはご紹介がありました。そこで私は、アカデミックな世界での吉田先生の立ち位置を考えてみたいと思います。そこから、吉田理論の栄光と孤独も見えてくるように思います。新先生が今おっしゃいましたように、一九七〇年代から八〇年代頃から、「情報」という概念が社会の中で重要になってきて、いろいろな立場の人がいろいろな方向から「社会情報学」というコンセプトを模索し始めました。吉田先生はそうした動向に対して、非常に批判的でいらっしゃったと思います。吉田先生からみれば、それら増殖していく様々な「社会情報学」は、「社会情報学」の理論的本質を考えることなく、皮相的なレベルで、現象を追いかけているようなものと映っていたのではないでしょうか。そのお気持ちは、私如きが僭越な言い方になりますが、とてもよくわかる気がいたします。

ただその一方で、そのような「社会情報学」の氾濫は、それだけ多くの領域が「社会情報学」という新たなコンセプトを求めている、その表れとも理解できるのではないかとも思っておりました。そうした社会の要請は、学問的な探求から、きわめて現実的な目的追求まで、スペクトル幅の広いものでした。

一九九〇年代頃から、「情報」と「社会」をキーワードとする学会が数多く創設されました。なかでも、まさに「日本社会情報学会」を名乗る学会が、同時期に二つ、発足しました（二〇一二年二月、二つの学会を統合した新生「社会情報学会」が誕生しました）。私は発足当初のことは余り存じませんが、外側からみれば、二つの学会で議論されていることに大きな隔たりがあるようには思えませんでした。その一方で、微妙な色合いの違いも感じられました。

そして、注目すべきことは、当初から二つの学会とも、吉田先生に大変期待していた。つまり、両学会とも、吉田先生が学会に入って下さることを望んでおり、また、両学会方をつなぐ役割を、吉田先生がしてくださったらと、早い時期から期待していたのではないかと思うのです。

両学会の創設間もないころ、東京工業大学で、二つの社会情報学会が合同シンポジウムを開催したことがありました。両学会の創設に貢献なさった先生方が吉田先生を囲むような形で登壇しました。そして議論の流れは、(今となっては、私個人の曖昧な印象としかいえないのですが)、吉田理論を媒介にして両学会を架橋することはできないか、という方向に向かったと記憶しています。

けれども、吉田先生はやはり、「自分の方向性は両学会とも違う。だから、どちらの学会にも入らない。自分は自分の道を進みたい」というようなご意向でした。確かに、学会には人間くさい面も多々あって、吉田先生のように「学問」だけに渾身の力を傾ける先生には、やや煩わしいと思われることもあったのかもしれない。だから、どちらの学会からも距離をとろうとしたお気持ちはわかるような気もします。しかし、同時にそれはとても残念なことでした。本当は吉田先生が積極的に参加してくださったら良かったのにと、今も残念に思っています。

その後も二つの社会情報学会は統合の努力をつづけていました。とくに二〇〇五年に京都大学で合同大会を開いて後は、学習院、名古屋大学と、毎年、合同で大会を開催することが慣例となりました。この流れのなかで、二〇〇七年の合同大会では、吉田先生に基調講演をお願いしました。吉田先生ももう晩年になっておられて、健康状態も優れないとのことでしたが、それでも講演を引き受けて下さいました。

恐らくこのときのご講演が、吉田先生の最後のものであったかもしれない。その意味では、当時、私は、社会情報学会の会長を務めており、基調講演を吉田先生にお願いした提案者でもあったことは、少し自慢に思っています。

その時の講演タイトルは「社会情報学の時代超越性と時代拘束性」というもので、吉田先生にとっての社会情報学を改めて明晰に語ってくださり、聴衆に大きな感銘を与えたと記憶しています。

時間的に少しさかのぼりますが、第17期日本学術会議（一九九七〜二〇〇〇）は、「俯瞰型プロジェクト」を提唱しました。「俯瞰型プロジェクト」とは、「人文・社会・自然の諸科学間での分業関係にこだわらず、俯瞰的な立場からの協力関係を強めることができるような、学術研究の理念を確立すること」と活動計画には書かれています。「俯瞰型プロジェクト」は、元東大総長の吉川弘之先生の発想だと思います。そして第18期日本学術会議の会長を務めたのが吉川先生で、副会長が吉田先生でした。

日本学術会議の機関誌である『学術の動向』二〇〇〇年一〇月号に吉川先生が「俯瞰型研究プロジェクトへのアプローチ」を寄稿しておられ、同年一一月号には、吉川先生へのリプライとして、吉田先生が「俯瞰型研究の対象と方法——「大文字の第二次科学革命」の立場から」を寄稿しています。この論文のテーマは、「大文字の第二次科学革命」の概要と「人工物システム科学」の構想を述べた上で、俯瞰型研究を人工物システム科学と同定するというものでした。

このときの論文の応酬はとても興味深いものでした。吉田先生が科学を意識する社会科学者だったとすると、吉川先生は社会を意識する自然科学者でした。そういう意味では非常にいいコンビであったと思います。

吉川先生はその後、この俯瞰型研究プロジェクトを具体化するために、横断型基幹科学技術研究団体連合（略称：横幹連合）を創設なさいました。吉川先生が中心になって発足した組織ですので、工学系の学会が多いのですけれども、社会情報学会も参加し、全体で47学会（当時）の学会連合が動き出しました。なぜか私、それに最初からご招待頂いていたのです。で、二〇〇二年でしたか、その立ち上げのような感じで、大磯プリンスホテルで「横断型基幹科学技術——新技術の新しい基礎を求めて」というフォーラムが開催されました。このときも吉田先生は「〈新科学論〉の立場から——文理融合の設計科学」というタイトルで基調講演をなさいました。聴衆は自然科学系の研究者が主だったのですけれども、非常に感銘を受けていました。多くの方が、ここで従来、溝が入っていた自然科学と社会科学をちゃんと手を結んだ俯瞰型の学問がいよいよできるのではないかというふうに、とても期待したと思います。

吉田先生という方は、いつもそういうところで皆の期待を集める方でした。私もそのフォーラムで招待講演をさせていただいたので、吉田先生のご講演は聞いていたのですけれども、本当に力のこもったご講演でした。

吉田先生の構想は、社会学の中で、社会学と情報学を結ぶという功績だけではなくて、もっと広く社会科学と自然科学とを結ぶ、その蝶番みたいな役割をしてくださる可能性があったというふうに思うのですね。

ただ、その横幹連合に関しても、吉田先生は講演するけれども、組織的な活動からはちょっと距離は置きたい、という構えでした。それもやはり吉田先生の学問的な純粋さというものから来るというのは、とてもよくわかるのですけれども。そしてそれは、もしかすると正しいのかもしれません。しかし、社会情報学もそこに含まれるだろう「俯瞰型研究」の全体の流れというか、そういうものを拡張していって、より芳醇なものにしていくという視点から見た時には、少し残念だったという気持ちが私のなかには今も残っています。

正村　では次に、伊藤さん、どうぞ。

伊藤守　吉田先生の社会情報学を、どう評価できるか、そして今後どう社会情報学を発展させていくのか、そのことを考えたいと思いますが、その前にかなり私的なことがらからお話しさせてください。

私が大学に入学したのは一九七五年で、吉田先生に直接お会いしてお話を聞く機会を得たのは九〇年でした。ですから、正村さんや遠藤さんが吉田先生と出会われてからの年月で見るとはるかに短く、それも学会でお会いする時くらいしか、吉田先生とお話しする機会はなかった。そのこともあって、実は、この座談会は辞退した方がよいかなとも思いました。

ただ、学部の時から指導教員が「この本は絶対に読め」と勧めてくれたこともあり、『情報科学の構想』はその頃から精読していましたし、強いインパクトを受けました。また吉田先生と直接お話をした時にも、「伊藤さん、社会学者の中で、社会学以外の分野の学問的な成果を学びたいタイプの人と、そうじゃないタイプがいる。僕は社会学にはもちろん関心があるけれど、社会科学以外の知的成果というのを常に気にしてきた、吸収してきた」と語られ、この言葉からもとても大きな刺激を受けました。ウィーナー的自然観や当時は画期的な発見であった遺伝情報ＤＮＡの研究成果など、五〇年代、六〇年代、七〇年代の自然科学の知的なバックボーンをきちんと踏まえられ、自らのものにしておられた吉田先生ならではの発言でした。吉田先生は、社会学者であるとともに、社会学者を越えた非常に幅広い視点に立って物事を考えておられた、その一つの成果が「情報科学の構想」の中に結実しているということがよくわかって、とても感銘を受けました。

そうしたこともあり、吉田理論からかなり距離がある地点から私は仕事を始めましたが、つねに吉田理論を意識してきた者の一人として、「外野の野球選手」からの発言があってもよいのかな、と思って参加させていただいたわけです。

さて、本題に入りたいと思いますが、吉田先生が「情報科学の構想」を書かれた時期の学問的状況を振り返ってみると、気になるのは、自然科学の動向も無視できないわけですが、もう一つ、人文科学の変化あるいは動向です。端的に言えば、六〇年代から七〇年代に人文社会科学全体に影響を及ぼした構造主義や記号論です。社会学の専門書も読みましたが、ソシュールやレヴィ・ストロースなどの著作を私も随分読みました。構造主義や記号論のブームだった時期ですから。この時期に学生・院生時代を過ごした私から見ると、吉田先生の情報の定義に対して、私は、理論の厳密性に対する驚嘆ともいえる感情を抱いたわけですが、それとは別に、ある種の「違和感」を抱いたことも確かです。吉田先生が札幌で講演をされた後のバスの中で、二時間以上もずっとその点を議論したことを覚えています。ソシュールの言語の恣意性やアナグラムへの関心と吉田先生の「パタン」という発想の差異について、しつこくお聞きした。吉田先生はいつものように「伊藤さん、それは私の図式ではその問題は……」といった語り口で答えていただきました。しかし、その「違和感」は解消されることなく、ずっといまに至っているわけですが、ようやく最近その「違和感」を自分の言葉で説明できるかもしれないという感じになりました。それはまた後で話ができるかもしれません。

もちろん、こうした吉田先生の情報概念の定義にかんする「違和感」とは別に、先程、新先生からのお話にあったように、吉田先生が繰り返し指摘された問題、「現在の社会学で情報問題を論じているが、その多くは情報社会論であって、私がやりたいのは、自然・物質・エネルギーの系列とは別に、物質・エネルギーのパタン・生命情報・人間の知的情報・社会情報という系列で、情報過程の進化を考える学問としての社会情報学である」という壮大な構想に圧倒されたことも確かでした。

そして、二一世紀に入ってからの情報技術の目覚ましい発展を見ていると、情報過程の歴史的変化を視野に入れた社会情報学が、いままさにきわめて重要な学問領域として立ち上がっている（立ち上げねばならない）と思えるわけです。吉田先生が構想された社会情報学という領域を、現代社会論の一つとしての情報社会論としてではなくて、構想することが大事だなと。この数十年の間の情報技術の進展は、マスコミュニケーション研究やメディア研究がベースにしてきた理論的前提を掘り崩してしまい、既存のパラダイムの多くが理論的な限界に突き当たっているようにすら思えます。その時に、情報過程の変化とそこから生まれる情報現象それ自身に着目する社会情報学は、いま本当に再評価されてよいし、発展させていくことが非常に重要ではないか、そのように思っているわけです。

正村　そうですね。私も、社会情報学は情報社会論と同じではないと思います。社会情報学はすべての社会を研究対象にしており、現代社会だけでなく、社会一般の存在を情報学的な視点から解明する学問です。情報化が進んだ現代社会を考えるだけならば、情報社会論でもいいわけです。というよりも、現代社会の特質を深く解明するためには、さまざまな社会を射程に入れた幅広い枠組みが必要だと思います。「情報」を広い意味で理解するならば、全ての人間社会が情報社会です。そういう人間社会のなかで現代の情報社会を考えてこそ、その特質を明らかにすることができると思うのです。

さらに言えば、後で取り上げるプログラム科学論の話と関連してきますが、かつてデュルケームは、社会のあり方とその社会のなかで確立された世界観の間に一定の相関関係があることを、アルカイックな社会を対象にして言いました。恐らく、いつの時代にも、社会構造と世界観の間には一定の相関関係があるように思います。

たしかに、社会が発展するほど、その相関関係は見えにくくなります。でも、その相関関係が完全に消えたわけではない。例えば、近代的世界観の原子論的な性格は近代社会の特徴でもあります。近代社会は、個人を主体にまで高めた社会で、原子論的な性格を持っています。また、近代的世界観のモデルを提供したのは物理学で、物理学が対象にしていた物質的世界では、外にあるものが同時に内にあることはありえません。明確に内と外が分離できます。同様に、近代社会も、近代国家のように、内と外が明確に分割されるような構造を持っています。

そういうふうに考えてみると、現代社会を理解するためには、現代にふさわしい新しい世界観を模索する必要があるし、逆に、新しい世界観に立脚して現代社会を分析する必要があると思います。吉田先生のプログラム科学論が新しい世界観としてどれだけ有効であるかは議論の分かれるところですが、ともかく新しい世界観を築こうとした。その点で、吉田理論は現代社会を考えるための基礎的な理論枠組みを提示しました。ただ残念ながら、吉田先生は、情報社会について詳しい議論はしませんでした。吉田理論は、社会情報学の大きな可能性を示したという点で大きな意義を持っていたように思います。

新　それはそうでしょうね。吉田さんの言葉を借りれば、時代被拘束的な特徴としては、まさに二進電子空間という言葉を使ってらっしゃいますよね。それはまさに彼が見ている現代社会。情報的な特徴、あるいは情報論的な特徴のつかみ方ですよね。今、正村さんがおっしゃったことは、伊藤さんの話ともつながるのですが、伊藤さんの指摘の中で言えば、やはり社会情報だけではなくて、あるいは社会レベルの話ではなくて、実は物理的な、物質的な、そこからだんだん段階を経ながら、人間の情報処理能力が変わってきた、情報の捉え方が変わってきた。そこのところを含めて考えなければ、やはり今の社会の姿が捉えられないのだということが大事なことですよね。

だから吉田さんの理論は情報社会論ではなくて、社会情報論。つまり社会情報に極限的な形を見ているような、そういう情報のあり方。それを訴えたかったのだと私は思うのですよ。

その点で、正村さんと僕が共有しているなと思えるのは、入れ子の発想です。

正村　ああ、入れ子の話。そうですね。

新　あなたの入れ子。それから、遠藤さんが三層で捉えている発想です。あれは一種の入れ子ですよね。

遠藤　三層モラルコンフリクト・モデルですね。はい、ダイナミックで多重構造の入れ子です。

新　そうですよね。入れ子の構造を捉えるのは、社会レベルの話です。だからそこまできた状況として、その時に物質的なレベルの話も見えてくる。生物的なレベルの話も見えてくる。人間レベルの話も、社会レベルの話も見えてくる。そういう捉え方が必要だから、吉田さんは、社会情報学ができあがらないといけないよと。そう考えたのだと思います。

ある時期ね、情報社会の話を彼はよくしたのです。研究会でも。喜んで話してくれました。だがそれはあくまでもイラストとしての話。理論として正面きって話をするわけじゃなかったのですが。

あの人は、お茶飲んでいても、僕らがおもしろい話のヒントを出すと、「ちょっと新君、それもらう」とか言ってね。「いいか?」とか言ってね、頭の中に書き込んでいました。あの人はそういう人だった。それを自分のネタにして、消化し直して出してくるでしょう。

やはり現代の社会を捉えているという自覚が強かったと思うのです。ただその時期には社会情報論は見えなかった。彼はまだ具体化しきっていなかったから見えなかった。

で、遠藤さん、さっきあなたがおっしゃったことですが。吉田さんが、今までの、社会情報論と称されながら実は社会情報論ではないぞと思うようなものを、何か自分と同化できるようなところまで導いてみようという気がなぜしなかったのか、なぜそうさせたのだろうかなというのが、ちょっとね、私にはわからない。何が遮っちゃったのかな。健康の問題だけではないのですね。

遠藤　私はちょっと人と違うキャリアで、学部は自然科学系でした。で、いったん社会に出て、それから社会科学系の大学院に入ったのです。ですから、吉田先生とも直接の師弟関係ではないのです。一時、吉田先生のゼミに勝手にお邪魔していたというだけなのです。そんな私があまりわかったようなことを言うのはどうかと思うのですけれども……。

吉田先生のゼミに出席させていただいて、驚いたのは、演習ですから学生たちが縷々報告をする。最初は先生もそれをじっと聞いていらっしゃるのだけれど、途中から我慢しきれなくなって、吉田先生ご自身が、仁王立ちになって延々と吉田先生の切り口を非常に多面的にシャープに力強く語ってくださるのです。あのお姿が一番私には、吉田先生そのものという感じがします。

遮ってしまった部分というのは何か。私は理系から来たので、ある意味、吉田先生とは反対側から見ている。吉川先生は工学なので、やはり反対側なのですけれど。私は理学系なので吉川先生ともまたちょっと違うのですが。いずれにせよ、反対側から見た場合、社会学にポンと入って来ちゃった私にとって、吉田先生のお話というのは、すごくわかりやすい。吉田理論は難解だと言う人も多いのですが、私にとってはむしろわかりやすい。他の先生方のお話よりも。多分、理系的な視点から見ると、他の社会学者よりも吉田理論の方がわかりやすい面はあったと思うのです。

なぜそういうことが起こるかといえば、吉田理論が、社会科学と自然科学との間にある溝を超えようとする志向性を持っていたからだと思うのです。歴史的に、近代アカデミズムが形成されていく過程で、いつのまにか、自然科学と社会科学が分断されてしまった。科学が発達するなかで、ある時点まではそれが当然だと思われてきた。しかし、科学の発展は、その分断が自明のものではないことを、改めて明らかにしようとしつつある。

つまり、現在はさまざまに分岐して、それぞれ個別のディシプリンになっているような領域も、改めて統一的な視点から見直せば、統合的に考察することができるのではないか、というのが現代科学の潮流だと思うのですね。そしてその統一的な視点というのが〈情報学〉であり、その社会学への応用が吉田理論の根本ではないかと、私は勝手に考えているのですね。

でも私が大学院に戻ったのは、けっこうもう遅いですから、

『情報科学の構想』が書かれた六七年から三〇年以上経った後だと思うのですけれども、それでも社会学の中で、そういうことを理解しようとする人っていうのは、けっこう少なかったのですよね。

吉田理論にはいろいろな批判があって。まあ、全部が全部外れているっていうことはないのでしょうけれども。ただ吉田先生が何を言いたかったのかということに関しては、すごく外れた議論が、あまりにもいっぱいあった気がします。それがすごくお辛かったのではないか、とちょっと思いますね。私は少し違う視点から見ていたので、なんでこんなに吉田先生がおっしゃっていることが、皆に伝わらないのだろうと、すごく不思議に思えることが多々ありました。

正村　吉田先生の議論に対しては、もちろん共鳴する人もいましたが、批判的な人達もかなりいたことは確かですね。ですから、まあ吉田先生としては一定の距離を置きたかったのでしょうね。

遠藤　特に吉田先生の機能・構造主義に対して反発みたいなのが、一時すごく高まっていました。それでかなり先生は傷ついておられたようにみえました。そのあたりでいろいろおありになったと思うのですけれども、さらに社会情報学という新しい分野では社会学の内部の議論とはまた違う形で、やはりズレたり、部分的にはかすったりする、いろいろな軋轢があったのだろうと拝察します。

そうなると、やはりそういうものにかかずらうよりは、自分の進むべき道を突き進んだほうが結局は有効ではないかとお考えになったのかもしれません。

正村　吉田先生は、社会学会の会長や日本学術会議の副会長を務められましたが、社会学、社会情報学、他の学問分野のいずれにおいても吉田理論に対しては多くの批判者がいました。プログラム科学論に関しても、吉川さんは非常に理解があったわけですけれども、そうでない人たちもいた。それは、遠藤さんがおっしゃったように、吉田先生にとって辛かったでしょうが、同時に自分がそれだけ創造的な仕事をしているという自負心もあったのではないでしょうか。

新　吉田さんの名誉のために言っておきますが、彼の六七年の論文ですね。あれがちょうど大学紛争の頃でしてね。私も京大の中の大きな教室で吉田さんが講演しているのをお聞きしたことがあるのですが。それは理科系の学生たちに、すごくウケていたのですよ。

遠藤　はい。吉田先生の論理展開はすごくわかりやすいです。

新　わかりやすいのです。あれはね。むしろ文系で社会学の中の偉い人達がわからんと。吉田の言うことは難しくてわからんとかね。難しいというのは批判にならないのですが。理解しにくいと。あいつは同じことばかり話すとか言う人もたしかにいました。けれども、多くの支持者は、つまり科学全般の中で言えば、自然科学系の人達に、けっこうウケていたと思います。

正村　プログラム科学論は、特に工学系の人達に支持されましたね。

遠藤　はい。それは、一つには、吉田理論が、経験則に則るよりは、抽象度の高い概念の自立的構成をめざすものであるために、自然科学との親和性が高かった。また二つには、自然科学分野でもパラダイムシフトが起こっていて、そのパラダイムシフトに共振するように社会科学の再構築をはかったのが吉田理論だった、という理由によると考えられます。その意味からすると、それを理解しなかった日本の社会科学は、自然科学だけでなく、まさに今起きつつあるパラダイムシフトにも目を閉ざしたままだったともいえます。あの時点でそれを理解していれば、日本の社会科学は、今より二〇年は進んでいたのではないかとさえ思えます。もったいない。

新　世界をリードしていましたからね。

遠藤　そうなのです。にもかかわらず、社会学は、既存のディシプリンの殻に閉じこもったまま、吉田先生の新しさを理解しようとしなかった。それが、非常に残念だったと思うのです。「遅れてきた社会学者」の私が、勝手なことを言っているみたいなことで、ごめんなさい。

新　九五年に吉田さんがプログラム科学論を発表した時、私は関西学会にいたのですが、ちょっと元気がなさそうな学会だったのですが。ただ吉田さんは、その学会で一生懸命自分の考えを訴えていました。それは、よく考えてみたら、社会学者が、特にウェーバーに依拠しながらずっと見てきたポイントです。社会学は法則科学ではないよと。確かに経験的な法則も使うけれども。しかしウェーバーの社会学観はそうじゃないですよね。だからあのウェーバーの「理解」論の、あれにちゃんと乗っかって、あれにちゃんと学問上の位置づけをしてくれるのがプログラム科学だったのに、社会学者はどうもそれを、なんかどこかで切り捨てちゃったという気がするのです。もったいないことをしたと思いますね。

遠藤　もったいない。すごくもったいないです。

新　私などは、同じ研究会ですから、難しい話だなとぼやきながら聞いていましたけどね。確かに、もういいや、もうわからん人はわからんでもいいやという気持ちが吉田さんにあったのかな。ひょっとしたら。まったく憶測ですけれども。

遠藤　さっき正村さんがおっしゃった、内部と外部を截然と分かつような世界観。ニュートン以来の古典力学はまさにそのような世界観に則ることによって、近代科学を切り拓いてきた。けれども、二〇世紀に入ると間もなく、シュレーディンガーらによって量子力学が確立されました。これによって、古典力学的な決定論は否定され、存在は確率論的なものであると考えられるようになったのです。そして、確率論的世界においては、「シュレーディンガーの猫」の思考実験が示すように、内部と外部は截然と分割されない。内部であり、かつ外部である、という様態が当然と考えられるようになっています。さらに、ワトソン・クリックによってDNAの二重らせん構造が明らかになる。それは、客体としての物質の性質を極めようとしてきた自然科学分野で、まさにその物質が、必ずしも客体として扱えない〈情報〉を基盤としていることが明らかにされたということであります。こうしたパラダイムシフトの過程で、ウィーナーのサイバネティクス論などが登場してきたわけです。そして、それに共鳴し、そのパラダイムを社会学領域に適用しようとしたのが吉田理論の出発点だったといえると思います。

だから、我々は少なくとも、遅くなっても、とにかくこれからその方向をもうちょっと追究していく必要があるというふうに考えています。

正村　ええ。そこで我々はどういうふうに進んだらいいかという話に移りたいと思います。吉田先生が大きな道筋をつけてくれたわけですが、どこにまだ問題が残されていて、どういうふうに議論を発展させたらいいのか。この点については、どうでしょう。

新　たぶん皮切りに申し上げたほうがいいと思いますが。吉田理論は確かに抽象度が高い。それはしょうがないと思いますが。ただ、その抽象度の高い理論を、幾つかの相当な数のレベルでサブモデルを作っていかないと、理解してもらうのは難しいとは思います。それは吉田さんに要求する話ではない。だからその周辺から、あるいは吉田さんを支持している人たちが、ある部分を自分のサブモデルとして適用したりというようなことが行われていかないと、たぶん古い、「昔そうでしたな、七〇年代に、こんな吉田理論がありました」っていう話になっちゃうといけないわけですよね。

そういう作業をする時には、たとえばジンメルが『貨幣論』でやった作業が参考になると思う。ジンメルの貨幣論は、このごろはよく解説本もありますけれども。あれは社会情報の特論的な形態の一つじゃないですか。それが社会を作り上げていったり、人間の考え方を作り上げていったりし、さらに社会として社会情報のシステムを作りなおしたりするという、そういうモデル、それぐらいまでわかりやすいサブ・モデルに変換していけば、たとえば近代化のモデルにすることにもできるし、コミュニティ形成のモデルにすることもできるし、今日のネットワークのモデルにすることもできる。

だからそういうことを意識的にやらないと、吉田社会情報論は立ち消えになっちゃう可能性がある。私はちょっと危機感を感じています。私は学史の研究を中心にやっている人間ですけれども、学史の中で、それを鍛え直してみるかなという気はしますね。自分たちの議論に合わせてみるという。重ね合わせてみるということですね。

正村　伊藤さん、どうですか。

伊藤　そうですね。吉田先生の理論をどう発達させていくか。その点で、私がずっと考えているのは、先ほども少し触れましたが、吉田先生の情報に関するもっともシンプルな定義、「物質・エネルギーとのパタン」という規定ですが、そこで指摘された「パタン」をどう考えるかということにかかわっていると考えています。それがいまの私の思考の立脚点ですし、もっとも肝心な問題です。

吉田先生がもっとも影響を受けた理論の一つは、やはりDNAの二重のらせん構造モデルであり、それが情報概念の基底にあります。大雑把に言えば、四つの塩基が組み合わされて、タンパク質を生成させていくモデルです。このモデルは、僕の視点から言えば、最初からパタンが存在することが前提されている、四つの塩基がまず在って、その組み合わせが「パタン」として存在する。そこから吉田理論は出発しているわけですね。

しかし、人文科学、特に冒頭でお話しした構造主義や記号論あるいはポスト構造主義の視点からみれば、シンボル・記号はあらかじめ存在しているパタンから成立しているわけではないことを明確に指摘した。物質・エネルギーのレベルで言えば、音の強弱、色の濃淡など、強度の違いはあるでしょう。その連続したグラデーションに恣意的に境界が設定され、項と項の間に差異が生まれ、記号が編成される。こうしたプロセスは生命体のアクションを通じてはじめて可能になる。生成の問題です。あるいは関係性の位相の問題です。あらかじめパタンが存在するのではなく、情報としてパタン化されていくプロセスが問題なわけです。吉田先生が見ていた古典的な記号論や意味論では捉えきれない問題です。

それは、吉田先生が立脚されていた知的文脈とはまったく違いますし、情報が主題化されていたとは言えませんが、一九六〇～七〇年代にドゥルーズが『差異と反復』などの著作で考えていたこととともつながっている。

新　脳科学的なものが入ってくる。

伊藤　脳科学の問題ももちろん入ると思います。もう少し言うと、吉田先生が考えてこられたＤＮＡに関しても、吉田先生が見ておられた時のＤＮＡ研究からはるかに進展している。吉田先生がベースにした考え方で、今日の遺伝情報を考えていけるかどうかという課題もある。

ですから、吉田理論を継承し発展させるという課題に立つなら、情報概念の定義、「物質・エネルギーのパタン」という基本的な定義を真剣にもう一度考えることが重要だと僕は思っているわけです。

今日、正村さんが本当にうまく整理されて、吉田先生の長い知的営みをきちんとまとめられた。すごいなと思いましたが、吉田理論の継承・発展という場合に、もう一つ指摘しておかねばならないポイントがある。

今日のレジュメで、八〇年代の吉田先生の基本的な考え方は自己制御というか、オートポイエーシスの自己組織系の考え方だ、と正村さんは位置づけられた。私もそう思います。正村さんは、制御システムと書かれている。

ここで、少し横道に逸れるかもしれませんし、変な事例と思われるかもしれませんけれども、今回の「3・11の原発事故」を吉田先生が体験されたら、吉田先生はどう考えるかということを、本当に今日のレジュメを見て、すごく想起してしまったわけです。「3・11の原発事故」は、いわば原子力発電所の制御システム全体を自己制御できなかったわけですよね。物質世界の自然に人工の手が加わった、その意味で「物質・エネルギー系」とでも言うべきレベルで生じた過酷事故を回避するような自己制御システム、つまり情報システムが機能しなかったわけです。

吉田先生は、自然・物質の世界に情報が関与して物質世界を改変し、その改変に応じて情報システムないし情報世界も変化する、という循環モデルを作っておられるわけです。たぶん吉田先生は、今回の過酷事故についても、「失敗したら、その失敗を教訓に設計情報や評価情報を作り変えることで、次に備えることができる」と指摘されるのではないでしょうか。もちろん、それは対処法として絶対に間違っていない。

しかし、自己制御システム、あるいは自己組織系として、自己や社会を、本当に考えることができるかという基本問題があるのではないでしょうか。自然、そして生命の誕生、生命の誕生と同時に生まれたシグナル情報、そして人間の知的活動と対になったシンボル情報という階層構造で考えた時に、情報処理、情報パタンの高次化の過程で、制御できない領域がむしろ拡大していくことを、吉田理論は十分に扱えきれていないのではないでしょうか。シグナルもシンボルも意識的に処理できる、解釈できる、という発想が吉田理論に紛れこんでいないのか、という問題です。言い換えると、吉田理論は、意識的な制御、情報の認知的な働きにのみ傾斜している「近代主義的」な枠組みの中にある。そう思えるのですね。

遠藤　まさにおっしゃる通りだと思います。やはりそこのところが、ちょっと問題だと思うのですね。どうしても設計科学、あるべき姿というのを、こちらからコントロールして作っていくことが科学なのだっていうふうな。それが信念でらっしゃると思うのですけれども。現代の科学的認識では、そういうふうに設計するっていう考え方よりも、いかに生成され、自律的に変容していくかということを問題にしないと、現実が捉えられないっていうのが、共通認識になりつつあると思うのですね。

そのあたりにどうも認識の違いがあったと思うのです。吉川先生も設計科学のお立場から、「人工物工学」を提唱なさってておられました。私は「人工物システム」というのは興味深い着眼だと思っていたのですが、ただし、「人工物システム」といえど、人間がすべて意識的にコントロールできるわけではない。むしろ、人間がつくり出す「人工物」もまた、オートポイエーシスの性格を発現するところに、重要な問題があると考えており、吉川先生ともずいぶん議論させていただいたのですが、そこらへんはどうしてもわかっていただけませんでした。言い換えれば、設計科学、あるいはこれまでの近代科学は、明確に定義された課題を設定して、その課題をクリアすることを目的としてきた。そして、今日では、課題が設定されさえすれば、それはヨーイドンで解決できるところまで、科学は進歩している。

このような近代科学が発展した一つの契機は、一七五五年に起きたポルトガルのリスボン大地震だと言われています。一七世紀から航海技術の発展によって世界の覇権を握っていたポルトガルの繁栄は、一八世紀に入ってややかげりを見せ始めていました。そこに大地震が襲いかかったのです。

カソリック的世界観のなかで生きていたポルトガルは、この地震を前になすすべを持ちませんでした。中世的世界観では、神が間違ったことをするわけはない。まさにここにある、ただ一つの世界が我々にとっての唯一最善の世界であると考える。とするならば、地震もまた神の思し召しであり、それは甘受する以外ないものです。

これに対して、部外者としてこの大地震の惨状を観察していたフランスやイギリスなど西欧諸国では、神が災害からこの世界を守ってくれないなら、まさに人間達が知恵を絞って、問題を解決する方法、すなわち近代科学を発展させる以外ないと考えた。こうして、ポルトガルは次第に衰微し、それと交差するように、近代合理主義を標榜する国々が力をつけていったわけです。

もし神の設計が間違っているのであれば、人間が設計しなければならない。そこに設計科学の原点があるのです。

しかし、先にも言いましたように、二〇世紀以降、自然科学、社会科学を問わずに、情報論的転回というパラダイムシフトが起こってきた。情報論的世界というのは、「人間が最善の世界を設計できる」という信念や信憑がゆらぎ始めた世界です。「リスクのない世界」を設計するためには、リスクが明確に定義されなければならない。しかし、「リスク」は確率論的な事象なので、明確に定義することはできない。必ず「想定外」が起きうる。ベックのリスク社会論の世界ですね。こうした世界では、設計科学が対処できる範囲は非常に限定的なものとならざるを得ない。

現代では、想定外の事態が起こったとしても、我々はそれにどのように臨機応変に対応し、その中で、我々がどういうふうに動き、最悪の事態、カタストロフを避けえるかということに、問題の設定が変わってきている。まさにこのような問題への対応こそ、社会情報学がやるべき仕事であると思うのです。それが、社会情報学を今後展開させていく重要なポイントだろうというのが、私の考えです。とくに、3・11を経験した後では。

正村　そうですね。今までの皆さんの指摘と重なりますが、私は、吉田理論において検討すべき点が二つあるような気がしています。

一つは実体主義的な性格を持っているという点です。これは、パタンがそれ自体として存在しているわけではないという、先ほどの伊藤さんの話につながってきます。また、吉田先生自身もこの点を自覚されていたようです。吉田先生は、もっと早くソシュールの理論を知りたかったということをおっしゃっていました。ソシュールの考え方は、差異論的・非実体主義的な考え方です。後年になって、自分が「パタン」と言っているものは「パタン間の差異」であるという説明をしています。

ただ、問題はそうした言い換えでは済まないように思うのです。情報は他のパタンとの示差的な関係を持っているだけでなくて、それ自体が変換のプロセスのなかで成立している。そうした情報の生成や情報間の動態的な関係を明らかにする必要があります。情報に対する実体主義的な把握をどう乗り越えるか、それは、私達に課せられた課題だといえます。

それからもう一つは、今指摘した実体主義とも関連するのですが、個体主義的な面があるように思います。私からみると、吉田先生は二重の意味で実存主義者でした。

第一に、吉田先生のなかでは、自らの実存と学問が表裏一体をなしていた。自らの実存をかけて学問を行っただけでなく、自らの実存、さらには人間の実存を理論的に説明しようとした。こうした学問的スタイルに対しては、私は共感を覚えます。ただ、その解明の仕方というか、理論の内容に対して若干の違和感を覚えるわけです。

吉田先生は、ソシュールの構造主義以前に自らの学問的アイデンティティを確立したこともあって、吉田理論には、人間の主体性を強調する実存主義的な発想が強いように思われます。これが、吉田先生が実存主義者であるという第二の意味です。吉田先生は、社会学のなかで構造・機能主義者として知られており、およそ実存主義からかけ離れているようにみえますが、数年前、吉田理論の紹介論文を書くために『情報と自己組織性の理論』を読み直した時、吉田理論は、人間の主体性を説明するために考え出された理論ではないかという気さえしました。もちろん、吉田先生は、一九六〇年代のサルトル的な実存主義の影響を直接受けたわけではありませんが、主体的な選択をされた御自分の行き方と当時の時代状況が重なって、あのような理論が生まれたのではないかと、私は勝手に想像しています。

やや誇張して言えば、吉田理論においては主体的な人間像が思考の土台に据えられ、それを説明するために全自然の理論が組み立てられているような印象を受けるのです。この点に違和感を覚えるわけです。吉田理論は、全自然を網羅する壮大なマクロ理論ですが、方法論的には人間個体から考えていくミクロ的な面を持っています。実際、初期の論文をみると、動機に関する論文を書いており、「情報科学の構想」のなかでも、個人の情報科学に関する記述が圧倒的な割合を占めています。「認知・評価・指令」という概念も、個体の情報処理をモデル化したものです。

社会情報学を構想していく際には、もう少し関係論的発想が必要になると思うのです。コミュニケーション論は、社会情報学基礎論としての位置を占めますが、「情報科学の構想」のサブタイトルが「コミュニケーション科学から情報科学へ」であったように、吉田理論は、コミュニケーション理論に関して課題を残しているように思います。

伊藤　ちょっと逆の発想になるのですけれども、正村さんが指摘された二点ですが、私もまったく同感です。ただ、僕はコミュニケーション論から研究に入ったので、情報と言われると非常にやはり違和感があった。先ほど皆さんが話されたように、多くの社会学者が吉田先生の理論を難しいと言われたのも、たぶんそういう文脈があったと思う。コミュニケーションをベースにしてきた社会学にとって、情報というのは異質だった。

遠藤　そういう面はありますね。

伊藤　そういう立場から見ると、正村さんが指摘されたように、コミュニケーションが重要ですけれども、現在の社会的コミュニケーションを考えるならば、情報過程の変化を視野に入れずにコミュニケーションの問題は論じられないと思うのです。情報の量、情報の生産と移動のスピード、情報回路の多元化、情報の拡散性、そして情報の散逸性、情報を伝えるメディアの特性と結びついた情報の形式、そのどれをとっても情報過程の動態を精緻に理論化し分析することなく、社会的コミュニケーションは考えられない。正村さんの情報からコミュニケーションへという指摘に対しては、あえてやはりコミュニケーションから情報へ、と述べたいなぁ〜。

ある意味で、コミュニケーションを考えることは必要だということと同時に、そこで対になって情報、情報過程の変化を一緒に考えないと、今のコミュニケーションは解けないと考えています。

遠藤　ですからね、不思議なのは、吉田先生はウィーナーの立場に立つのだということをしきりにおっしゃるじゃないですか。私もウィーナーを高く評価しています。でも、吉田先生が「エヴォルーショニストのウィーナー的自然観」というような名乗りをなさることには、やや違和感があります。

というのも、ウィーナーの一番重要なポイントはコミュニケーション。つまり情報をそれだけで完結した実体とは捉えず、コミュニケーションとセットで考え、「情報」を動的なプロセスとして理解しようとしたというのが、ウィーナーのすごいところです。ウィーナーは、そのことによって、自分はフォン・ノイマンみたいなやつとは違うのだというふうに議論をしている。なのに、なぜ吉田先生はそこを無視しているのかというのが、ずっと不思議でした。

だから、たぶん吉田先生は、ウィーナーに惹かれた時点で、そのことがわかっていたのだけれども、それをうまく言語化することが、うまくできなかったというところがあるのかなというふうに思うのですね。吉田先生の理論というのは、壮大なゴシック建築のようにがっちりと組み立てられていました。だから二〇〇七年の基調講演の時にも、皆さんご存じだと思いますけれども、もう完全に手ぶらの状態で、ほぼ一時間の間、理路整然とぶれることなくお話しを続けられていました。

新　それはいつもそうでしたね。

遠藤　ええ。あまり吉田先生のお話を聞いたことのない人達は、それだけでビックリしていました。ただ、そういうガシッとした体系化への志向性が、ある意味、コミュニケーションみたいな柔らかい対象を扱うには、ちょっと方法論的に齟齬が生じたのかもしれないとは思うのですね。

そこのところが、吉田理論は本当は異なるディシプリンをつなぐ絆にもなれたはずなのに、という私の悔しさにもつながるのです。吉田先生は、ご自分の信念に従って孤高を貫かれた。それは素晴らしいことでもあるのですが、一方では、やはり、懐広く柔軟な理論構築によって多様なディシプリンのプラットフォームをつくっていただけたらよかったのに、とも思ってしまうのです。とはいえ、なにもかも吉田先生に頼ろうとするのは、我々の怠慢でしかないでしょう。むしろ、先生のやり残された仕事、つまり、〈情報〉とはそれのみで孤立した実体として存在するものではなく、あくまでも、コミュニケーションの中で発現する動的なプロセスなのだという考え方を基盤にしつつ、社会情報学を作っていくことが我々の仕事なのだろうと思いますね。

正村　情報の話がでましたので、一つだけ付け加えさせて下さい。アリストテレスの形而上学的な世界観の基礎をなしていたのは、「形相／質料」の概念ですが、近年、哲学の分野で形而上学を再評価する動きがあるようです。吉田先生の情報概念は、吉田先生自身がおっしゃっていたように、アリストテレスの形相概念の現代版といえます。「形相」は、今風にいえば、「パタン」に相当します。先ほど、情報に対する吉田先生の捉え方が実体的であると言いましたが、パタン概念を使って情報を定義するという発想はきわめて画期的で、その点はきちんと評価しなければならないと思います。「情報科学の構想」が発表された一九六〇年代に情報社会論が登場してきますが、当時の情報社会論のなかで情報概念を「形相」概念に結びつけて理解していた人は、少なくとも日本ではいなかったでしょう。「形相」概念は、アリストテレス形而上学の根本概念ですから、その現代版である情報概念を基礎にした新しい世界観を築こうという試みは、非常に壮大な意図を持っていたわけです。

ただ、近代の機械論的世界観に代わる新しい世界観がどのような意味でアリストテレスの目的論的世界から区別されるのかが重要なポイントになります。アリストテレスの目的論的世界観は、いわば神による設計を基調にした世界観で、今日求められているのはそうした決定論的な世界観ではないはずです。情報の動態的理解が必要になるのもこの点に関連しています。今、遠藤さんがおっしゃったように、情報の理解とコミュニケーションの理解はリンクしていて、社会情報学を構想するにあたっては、この両方が車の両輪として働かなければならないと思います。

というところで、プログラム科学論のほうに話を進めましょう。まずプログラム科学論をどう評価するか。このへんから話を始めましょう。

新　さっき遠藤さんがおっしゃっていた問題にかかわることだけちょっと触れておきますね。私どもが吉田さんとお付き合いした最初の頃は、この正村さんのまとめにありますように、やはり個体発想なのですよ。典型的な論文は「集団系のモデル構成」。あそこで行為論を展開していますよね。社会システム論の出発点は行為者なのです。だからその後のルーマン流の、コミュニケーションから社会システムを説明していくということはしなかった。

そのへんから、つまりコミュニケーション論というのが、吉田理論の中ではポケットになっちゃったと私は思います。その後、七年ぐらいで例のウィーナー的自然観になりますから。やはりちょっとそこが開いた部分なのかなという気がします。

非常に理論的に詰めて、初期の論文は行為の理論、動機の理論、正村さんのおっしゃったように、それを一生懸命やっていたから、あそこを詰めすぎたのじゃないのかなという気もしないでもないですよね。失礼しました。それでどうぞ、遠藤さん。

遠藤　そうですね。そうなのですよね。だから「プログラム科学」という言い方を吉田先生がなさるとき、社会情報学が本来目指すべき方向性と、「プログラム」という言葉に内在する設計論的な志向性との間に、どうしてもズレが生じてしまったように思います。

確かにこの正村先生が作ってくださった吉田理論のレジュメにも、相対一次の自己組織性と、相対二次の自己組織性の入れ子構造を考えていらっしゃったのだとは思います。ただプログラムという言葉が、すでに設計論を含意している言葉ですね。だからプログラムを変容させる、そのプラットフォームみたいなものを考えなくてはいけないのではないでしょうかということを、一九九三年頃中央大学で開かれていた吉田門下の研究会でもかなり申し上げた記憶があります。吉田先生は疑問を申し上げると、必ず一生懸命答えてくださろうとなさるので、繰り返し何度も議論しました。結局、結論は出ないままでお亡くなりになられてしまったのですけれども。

この、プログラム自体が変容していく仕掛けみたいなものを、どういうふうに捉えるか。理論化するか。それが、社会情報学の発展のためには、最もキーになるところだろうと考えています。

伊藤　先ほど、私が述べたことや正村さんが言及されたことでもありますが、パタンを実体化することなく、生成の過程で情報を捉え、ダイナミックな情報過程のモデルを作っていくことが重要です。

ただ一方で、吉田先生の設計情報、認知情報、評価情報という分類分けは、現代社会の情報空間をシステムとしてどう構築するかということを考える上で、大事なコンセプトだと思います。政府、行政、大学の研究機関、民間の研究機関など、社会のさまざまな機関で認知情報を正確に生産し（それはたとえば統計調査のデータである）、それを評価し、指令（たとえば政策化する）する、という情報の階層性を明確化していくこと、またデータベース化していくこと、さらに各機関のデータの共有化やネットワーク化を図っていくことなど、それらのさまざまな情報システムを構築していくことはきわめて重要な社会的課題であり、そこにプログラム科学と言われる分野が成立する基盤というのは存在するし、求められている。

ただもう一つ、これは吉田先生ではなく、見田宗介さんが言われていることですが、認知情報、評価情報、設計情報とは別に、美的情報と彼が述べたような、情報の位相があるわけです。現代社会のなかで、美的情報は、いま述べた認知情報、評価情報それから指令情報といったものとは異なるレベルの情報群ですよね。そこまでカバーして考えると、社会情報過程の中で、美的情報がどういうふるまいをしているか、その点も考えていかなくてはいけない。プログラム科学が成立する情報基盤と同時に、そこでカバーできないような情報群の問題です。

遠藤　おっしゃることは、まったくその通りだと思うのですけれども。ただそこのところで、そういった制御、認識、評価といった情報と、美的情報が違うものなのでしょうか。

つまり私は分類することにちょっと違和感があるわけですよ。安易に分類してよいのか。もうちょっと情報のダイナミズムを深く追求することによって、それらは実は一つの概念として定式化できるのではないか。異なって見えるのは、単に発現の形式の違いとして説明できないかなと。そのほうが理論的な整合性、普遍性は高くなるはずです。分類することは簡単だけれど、ご都合主義は学問的真正性を損なうのではないかと、疑問を持っています。評価とか制御、プログラムといった概念は、一見きわめて客観的に見えますが、そのような外部観察が果たして可能なのか。審美性のような観念は外部観察が困難ということで分類を考えられていると思うのですが、そもそも、完全な外部観察が存在しえず、外部観察と内部観察は常に入れ子状に作動しているとするならば、スペクトル上の差異はあるにしても、評価や制御の延長上に審美性を布置することも可能なのではないか。むしろそのようなダイナミックな理論を我々は目指すべきではないか、と、そんなことを考えています。

また同時に、さっき新先生がおっしゃったことでもあるのですけれども、その動的概念をどういうふうに操作化するか、ということも重要だと思います。つまり社会情報学を形作る情報の概念やコミュニケーションの概念を新たに組み直し、新たな動的概念を提示したとしても、それが現実とどういう関係を持っているのかということも、やはり意識する必要がある。でないと、一方では学問的な蛸壺に陥ってしまう危険もあるし、また他方では、折角の理論が社会の中に適用されることなく終わってしまうという事態に陥ることもある。

現実に対して、なんらかのインパクトを与え、政策提言などの可能性も見据えつつ新しい学問を育てていくためには、もうちょっと操作的な概念構成みたいなものも意識する必要がある。

理論を操作化することによって、特定の条件下における社会動向の予測を可能にし、その結果を現実に適用して、理論と現実が良い意味での相互作用を起こせるような、そういう学問構造を目指したいなというふうに個人的には思っています。

新　伊藤さんがおっしゃっているのは、認知、指令、評価とは別なパタンとして、美的情報の次元を位置づけていくことになるという考え方ですか。別な次元からね。

伊藤　ええ。認知情報は、物事をどう認知するかという情報ですよね。福島第一原発事故の現状がどうなっているか、まさに認知情報であり、それは隠されてはならない情報です。その情報にもとづいて、どのようにそれを評価するか。原発事故の評価情報の発信はきわめて遅かったわけですが。さらに我々は、どう対応するのか。環境問題に対して、どう対応するのか、指令情報としてあるわけです。これら一連の過程で、情報の透明性を高め、情報の共有を進めていくシステムの設計は今後の民主的社会にとって不可欠の課題です。

そういう情報群と同様に、テレビのバラエティ番組であるとか、美術館に飾ってある絵画であるとか、ポスターやコマーシャル、また野に咲く可憐な花、こうした様々な情報群がある。それらの情報を受容したときに、認知的な価値はないかもしれないけれど、感動したり、泣いたり、激しく怒ったりするわけです。吉田先生が考えておられる情報群というのは、やはり社会システムをどうやって秩序化していくのかというプログラム科学なのです。しかし、認知や指令とは違う情報、娯楽や一見すると意味のないと思われる情報が人間の情動や感情にかかわり、それがマクロな社会秩序のゆらぎにかかわることとすらある。それをどう考えていくのかということが、僕の問題関心の中にある。

遠藤さんが、それは分類分けの問題だから、もうちょっと別の形で考えたほうがいいのではないかと指摘されて、あっ、そうかなというふうにも思ったのですけれども。要するに、プログラム科学で前提にされている情報の範囲は、社会情報学、社会情報過程の分析を進めていく上ではかなり狭い、というのが一つのポイントなのです。

ここであえて美的情報という問題を指摘したのは、先ほど、吉田先生の情報観は非常に認知的な側面に焦点を絞った、主知主義的な、近代主義的な情報観だと述べたのですが、意識でつかまえられる、意識的に情報を生産し、意識的に情報を受け止め解釈する、という近代主義的な、近代的な個というものを前提にした情報観では、かなり無理があると考えているからです。

私達の身体は、私達が意識しないところでも情報を受け止め、それが我々に対してきわめて大きな意味を持っているわけですね。

新　それがさっきの問題提起ですね。

伊藤　そうです。潜在性のレベルで、意識的なレベルではないレベルで、情報はすでに働いている。ですから、無意識的な情報、あるいは情報処理という問題も、さっき申し上げた認知情報や指令情報といった情報の範囲や分類分けの軸だけでなく、意識的に行われる情報処理とそうではなく人間の身体が無意識のうちに行っている処理あるいは対応というもう一つの軸から考えていく必要がある。

大きく言うと、近代主義的な人間観に立脚したところから、ちょっとはずれた人間と情報の問題まで含めて考えていく、それは現在のデジタル社会の変化を考察する場合でもすごく大事な課題ではないかというのが私の発言の趣旨です。

新　吉田理論の中にも、美的情報論はあるのですが。

伊藤　吉田先生はいつも「ネクタイのデザインは情報だ」と指摘されていたわけで、たしかに美的情報という位相を見ておられた。

遠藤　だから私はやっぱり、美的情報も、それだけ特権化しされてしまうような理論構成は誤りだと思いますね。一括して捉えられるような理論枠組みが必要だと思います。なぜなら、ある対象を認知する時には、認知する側に既に認知されるべき対象の像が、組み込まれていなければならない。そして認知する側には、対象に対する美的な認知、美的な評価の枠組みが組み込み済みだったりするわけですよね。だからそこは、完全に再帰的自己準拠の構造になっているわけですね。ということは、評価というのも決して別個にルールがあって、そのルールによって評価できたり、認知できたりしているわけではなくて、そのルールっていうのが、こちら側に組み込まれているものと、他の社会全体とつながっているものと、組み込まれているものの中で、全体として相対的に動いている。これはジンメルがすでに指摘していることなのですけれども。

そのことを、改めて明示的に表現し、また、それを言葉だけで表現するのでは、単なるディレッタンティズムにしか見えないおそれがあるので、そういう動的構造が現実にどう適用できるのかというところまで、きっちり我々は意識しないと、学問としての承認を受けられないのかなと思います。

正村　ちょっとプログラム科学論の話を戻すと、私自身はプログラム科学論に対しては評価している部分と疑問を感じる部分の両方があります。

さっきも言いましたように、現代社会においては、新しい世界観なり科学観が求められています。吉田先生はそういう新しい世界観なり科学観を社会情報学の立場から考えようとしていた。そのことを踏まえると、基本的に生命以後の秩序原理が変わっていくというアイデアに対しては基本的に賛成なのです。

ただ、プログラムが秩序原理であるという点には疑問を感じます。物理的自然の場合には、物質・エネルギーが秩序の構成要素、法則が秩序原理ですから、秩序の構成要素と秩序原理は、存在性格が違うものとして明確に分けられます。一方、生命以後の自然においては、情報が秩序の構成要素、プログラムが秩序原理とされていますが、プログラムは記号的情報の一種として位置づけられています。秩序の構成要素と秩序原理の違いを考えると、プログラムを秩序原理と言っていいのか、そんな疑問が湧いてきます。

法則は原因と結果の間に成立する一種の必然的な関係ですから、秩序原理を解明するためには、秩序の構成要素間の関係を問題にする必要があります。情報が実体的な存在ではなく、他のパタンとの関係性において成立する非実体的な存在として捉える必要性もその点に関連しています。パタンによって、なぜ物質的過程が制御されるのか。パタンの生成・選択択・変換はどのようにして可能になるのか。こうした問題は、パタン間の関係に係わっており、それを説明してこそ秩序原理を解明したことになるのではないかと思います。そのへんは、吉田理論においても十分に明らかにされていないのではないかという気がします。

新　その通りですね。私はそう思います。吉田さんにとって、結局、プログラムっていうのは社会情報学のいわば極め付きでね。それによって自己組織系の最も高度な水準が説明できるのです。その必要があるわけですよ。そこでキー概念になっているのはプログラムでしょう。

そうしてみた時に、プログラムというコンセプトが、割にイージーに使われている。言葉は悪いけど、そう思うのです。たとえば、彼は構造の4フェイズというように捉えていますでしょ。維持している、崩壊している、それから模索をしている。もう一つありますね。変容している。それは彼の機能主義の分析の中で、機能要件を中心としながら4フェイズで語られているのですが、その対応関係がうまくつかないのですよ。

構造的なフェイズは彼の自己組織論の中で出てくる論議なのですけれども。たとえば維持していくプロセスというのは、プログラムがうまくいっているという話ですから、いいですね。ところが崩壊するプロセスが非常にわかりにくい。なぜ崩壊するの？　なぜプログラムがいらなくなっちゃうの？　あるいは無視されるの？　制御能力が弱くなっちゃうの？　という話が無ければ、フェイズがフェイズとして説明つかないのですよ。

ですからそれはまだ吉田さんの議論の中では、これから詰めていくところだったのだろうという気がしますね。だからそれは、私どもがフォローしながら、整合性のあるもの。しかもこの非常に抽象度の高い社会情報論と、それから機能分析、とくに社会システムの機能分析との間の整合性を図ったりしながら、基本モデルを作り直していかなければいけない点だと思うのです。これからやらなきゃいけない点として、たとえば、そういう問題点があります。

だから、プログラムというコンセプトの重要さと、にもかかわらず、それがまだ不明な点を残しているということだと思いますね。そう言いながら、やるかやらないか、わかりませんけどね。

遠藤　是非やってください。

新　やらなきゃいけないでしょうね。学説史の課題としてもやらなきゃならない。

正村　そうですね。現代社会のなかで、プログラムが重要になってきているのか、そうでないのは、けっこう難しい問題ですね。

以前、日本社会学会で吉田先生の理論を検討する部会があった時、私は、現代社会においてプログラムが果たす役割が低下しているという発言をしたのですが、それは、規範のような構造的プログラムを念頭において言いました。規範のようなプログラムに関しては、今でもそう思っています。プログラム概念は、現代社会のような動態的な社会を解明するには、あまりにスタティックな概念ではないかという気がします。

ただ、吉田先生が考えたプログラムには、構造を制御するプログラムだけでなく、プロセスを制御するプログラムも含まれています。そうした広い意味でのプログラム概念を考えると、プログラム概念は、現代社会においても重要な役割を担っているともいえます。例えば、現代社会は、新自由主義の影響もあって、さまざまな社会領域のなかに競争原理が導入されていますが、競争が行われるためには評価、そして評価を行うためのプログラムが必要になります。こうした現実の是非はともかくとして、現代社会は「評価社会」になっています。このことを踏まえると、吉田先生が考えたプログラム科学論は、認識科学としても、現代的な意味を持っているとも言えます。

いずれにしても、プログラム科学論は、全自然を説明するための理論として提起されたものですから、非常に射程の広い理論です。この議論の有効性は、遠い将来において歴史的に評価されるのではないかという気がします。こういう大きな理論的枠組みを提起したところに吉田先生の大きな功績がありました。私達もそうした問題意識を受け継ぎ、発展させていかなければいけないと思います。

今日は吉田先生の理論、とくに社会情報学から見て、どこに意義があり、またどこに残された問題があるのかを皆さんと議論してきました。それがかなり明確になったのではないかと思います。ありがとうございました。

あとがき

著者の吉田民人先生は、二〇〇九年一〇月二七日に永眠された。先生は、一九九〇年・九一年に、それまでの仕事をまとめて三冊の単著（『情報と自己組織性の理論』『自己組織性の情報科学』『主体性と所有構造の理論』）を刊行されているが、その後も、社会情報学の構想・プログラム科学や設計科学の提唱・新科学論など、新しい観点から多くの独創的な仕事をされた。先生は生前にそれらの仕事の刊行を、企画されており、勁草書房の編集者であった徳田慎一郎氏から引き継ぎの依頼があった。そこで大学院時代に薫陶を受けた者たちから編集作業の有志を募り、四名（正村俊之、川崎賢一、桜井洋、宮野勝）が従事することになった。

四名であらためて九十年代以降の作品を中心に拝見し、二冊に分けて刊行を進めることとした。一冊目が導入編の本書『社会情報学とその展開』で、宮野が編集作業のまとめ役になり、二冊目の専門編『近代科学の情報論的展開』（吉田理論の後期の新展開を、より専門的な論文で構成した専門書）は、正村をまとめ役に編集中で、本書に続いて刊行される予定である。

本書に収録された論文の初出情報は以下のとおりである。

第1章「学問的創造の条件――技法・主体・文化」学術の動向編集委員会編『学術の動向』七巻八号、七七、七一―一二頁、二〇〇二年
第2章「情報・情報処理・情報化社会」札幌学院大学社会情報学部紀要『社会情報』一巻一号、三一―四六頁、一九九二年
第3章「社会情報学の構想とその背景――新しいDisciplineの誕生をめざして」木下富雄・吉田民人（編）『〈応用心理学講座4〉記号と情報の行動科学』福村出版。三二五―三五〇頁、一九九四年
第4章「コミュニケーション学研究科はすごい！――その三つの理論的・実践的意義」東京経済大学コミュニケーション学会『コミュニケーション科学』一五号、二三九―二六二頁、二〇〇一年
第5章「社会情報学の時代超越性と時代被拘束性」日本社会情報学会誌『社会情報学研究』二十巻一号、五一―一〇頁、二〇〇八年
第6章「近代科学のパラダイム・シフト――進化史的「情報」概念の構築と「プログラム科学」の提唱」『平成八年度・学術研究総合調査報告書』二五五―二八二頁、一九九七年
第7章「俯瞰型研究の対象と方法――「大文字の第二次科学革命」の立場から」学術の動向編集委員会編『学術の動向』五巻十一号、五六、三六―四五頁、二〇〇〇年
第8章「比較幸福学の一つの研究プログラム――中川久定（編）『比較幸福学』国際高等研究所報告書一九九八―十三、三八―五六頁、一九九八年（冒頭の前書き部分と後続の「付論」は、紙幅の都合により採録を見合わせた。）
第9章「安全学事始――〈自由領域科学〉としての安全科学」学術の動向編集委員会編『学術の動向』五巻二号、四七、二八―三四頁、二〇〇〇年

一冊目にあたる本書は、吉田先生の社会理論（以下、吉田理論と略称）への導入の書となることを意図して編集した。吉田理論に取り組むことを多くの人に勧めたいが、一つ問題があった。それは吉田理論への入門が簡単ではないという点である。たとえば大学の一年生が一人で取り組むには、ハードルが高めなのである。ただし、吉田理論に取り組もうとした学生のごく一部からは「具体例を考えていくうちにわかる。わかると面白い」などの反応も返ってきた。また卒業間近になって「大学四年間で手にした本のうちで最も難しかった。でも最も刺激的な本だった」という学生も現れたりする。そこで今回、吉田理論の面白さを少しでも多くの学生・研究者に伝えたいと考え、遺稿集の一冊目として、学生・研究者が関心を持てそうで、かつ比較的取り組みやすそうな作品を中心に、吉田理論への導入の書の編集を試みた。

吉田理論の内容については作品それ自体が語っている。そこで、この「あとがき」では本書の構成の紹介を兼ね、1「未読者に、なぜ吉田理論を勧めるのか」、2「初読者に、どのように吉田理論に取り組むことを勧めるか」、3「その後の読み進め方」、について、一つの見方を示す。

1　未読者に、なぜ吉田理論を勧めるのか

勧める理由は、他では学びにくいものが吉田理論には多く含まれていると考えるからである。ここでは三点を指摘しておきたい。

第一に、吉田理論を通じて、学問に対する姿勢・学問におけるオリジナリティの重要性・オリジナリティを発揮するために必要な粘り強さ、などを学ぶことができる。

学問におけるオリジナリティの重要性は、しばしば強調される。しかし、それにもかかわらず往々にして「輸入学問」になりがちな分野も少なくない。これに対して吉田理論は、オリジナリティに徹底的にこだわった社会理論の一つである。自ら考え、どこにも存在しない理論を創り出そうとした試みである。オリジナリティ重視の姿勢は吉田理論全体を貫いており、本書においてもオリジナリティ発揮の実例を目にすることができる。①概念創造（たとえば第2章における情報・情報処理の概念の構築）、②新しい学問論・科学論の提起（第6章・第7章）、③新しい研究領域の創出（第3章・第4章・第6章）、④新しい研究プログラムの提示（第8章・第9章）などが、なされている。

第二に、吉田理論を通じて、「情報」とそれに関連する諸事象についての理解を深めることができる。「情報」は、人間とその社会にとって根本的な概念である。そして、いまや旧来の国語辞典における「知らせ」といった日常的な意味を越え、遺伝情報やコンピュータの情報処理をも含んで広がり、豊かな内容を包み込む使われ方をされるようになっている。広範囲の事象を包含しつつ、かつそれらのあいだの関連が明確になるような概念構成と、それに依拠した関連事象の整理が望ましい。この課題に答えようとした成果が、吉田理論の中心をなす「情報」概念や「情報処理」概念であり、本書では第2章や第3章で紹介されている。

吉田理論は、「情報」について徹底的に考え抜いた稀有な研究者の手になるものであり、「情報」について根源的に考えようとするときに思考の軸となりうる。吉田理論の情報概念の土台の上に自らの考えを構築することもできるし、あるいは、吉田理論と対話しつつ別の形での理論形成を試みることもできる。

第三に、吉田理論を通じて、思考すること・考えることそれ自体を学ぶことができ、そしてとりわけ、社会について理論的に考えることを学ぶことができる。

「情報」は「物質」（物質・エネルギー）と並んで、世界を成り立たせる二つの基本要素の一つであり、人間社会も両者から成り立っている。中でも、社会科学の研究対象は、しばしば物質よりも情報である。吉田理論の提唱する情報・

情報処理・プログラムといった視点を導入して社会を眺めることは、社会で働いている様々な要因を独特な仕方で分節化することにつながり、人間社会の新たな理解へと導く可能性を秘めている。

本書でも、具体的な社会現象として、情報化社会（第2章）、インターネットの画期的特性（第4章）、幸福（第8章）、安全（第9章）などについて論じられており、これらを読者自身の考え方と対比しつつ読むと、社会についての見方そのものの深化に役立つのではないか。

2　初読者に、どのように吉田理論に取り組むことを勧めるか

吉田理論をどのように学び始めるかは、もちろん読者次第であるが、吉田理論の初読者向けに、一つの方法をお勧めしたい。それは、まず本書の第1章・第2章・第4章の三点を熟読することである。この中に、吉田理論における基本的な要素が、比較的に読みやすい形で示されているからである。

第一に、冒頭の第1章「学問的創造の条件」を読むことを勧める。学問におけるオリジナリティそれ自身を論じた文章であり、学問的創造の楽しさと厳しさの源が示されている。1-2「学問的創造の技法」を難しいと感じる方にも、1-3「学問的創造の個人的・主体的条件」・1-4「学問的創造の文化的・社会的条件」の熟読を勧めたい。研究者・研究者志望者だけではなく、創造的な仕事に取り組もうとする人・オリジナリティを志す読者に、勇気を与え、背中を押してくれる文章ではなかろうか。

第二に、第2章「情報・情報処理・情報化社会」である。吉田理論の基本的な考え方と独自の用語法に触れることができる。特に、「情報」・「情報処理」という二つの最重要概念の解説があり、下位概念を含めてこの二概念に習熟することは、吉田理論全体に接近するための近道であろう。「情報」・「情報処理」の、①抽象的な定義を理解し、②

用語相互の関連を把握し、③それぞれの具体例を自分で思い浮かべられるまで徹底的な理解を試み、この二組の概念を頭の中で自由自在に動かせるようにしておくことを勧めたい。

第三に、第4章「コミュニケーション学研究科はすごい！」は、「情報処理」から始めて「社会情報学」を紹介し、「認識科学（その領域形態としてのディシプリン科学）」と対比された「設計科学（その領域形態として自由領域科学）」の提唱へと進む。ここで「設計科学」と関連概念の概略を頭に入れておくと、本書の第5章以降が読みやすくなると思われる。

ちなみに第2章と第4章は講演録である。ある先輩に、吉田理論の「文章を読んで理解することは難しい。しかし直接口頭で聞くとずっと理解しやすい」と言われたことがある。この点も考慮し、あえて二点の講演録を収録した。これらは「ですます調」であるが、講演のわかりやすさ・独特の雰囲気を生かすために、そのまま収録している。

3　その後の読み進め方

さて、これら三点（第1章・第2章・第4章）で基本概念になじんだ後は、読みやすい順、関心がある順に読んでいただきたい。重厚な文章が増えるが、一つ一つの抽象概念に対して具体例を考えながら読むと理解しやすくなる。それでも難しい場合は、少し時間をおいて読み直したり、先の三点（第1章・第2章・第4章）を読み返してから再読するとよい。理解が進むにつれ、少しずつ吉田理論の面白さが伝わっていくと期待している。特に第Ⅲ部（第8章・第9章）は、いわば応用編であり、二一世紀の主要課題を先取りした観のある「幸福」と「安全」という二つの重要なテーマに、吉田理論がどのように取り組もうとするかが示されている。

本書の最後に、研究者四名（正村俊之・新睦人・遠藤薫・伊藤守）による吉田理論に関する座談会を企画・収録した。

この座談会は、とくに社会情報学に焦点を当てているが、全体として、吉田理論に対して様々な理解の仕方・評価方法・応用や発展のさせ方がある、ということを示しているのではないだろうか。個々の発言に対しては賛成も反対もあるであろう。しかし読者の頭を揺さぶり、単に吉田理論を受容するだけの受け身の読み方を、吉田理論自体を再検討しつつ新たな理論を構築していこうとする能動的な読み方に変換する、そのような刺激を与える作用を持っているのではなかろうか。そして、そのような能動的な読まれ方こそが、原著者の望みではないかと推測している。

吉田理論を理解する手掛かりは、本書に限定されない。先に言及した三冊の単著があり、また近日中に遺稿集の二冊目も出版される予定である（本書を含めた五冊の単著に収録されていない作品については、個別に、単行本や学術雑誌などを探す必要がある）。これらを見渡し、学問の基本的な考え方についての再検討から入るもよし、情報・情報処理に関する理論的な考察から入るもよし、具体的テーマについての論考（所有論や女性学に関する論考など）から入ることもできる。吉田理論を時系列的に読むならば、湧き出したオリジナルな発想を粘り強く育てていく様を追体験することも可能になる。

これからの世代にも、吉田理論が読み続けられてほしい、そして理論を継承したり発展させたり、あるいは自らの理論を鍛える契機としてほしい、という思いをもって本書は編集されている。吉田理論は今なおその独自の輝きを失っていないと考えているし、少なからぬ方にとって刺激と学びの場となることを願っている。

編集委員会を代表して　宮野勝（正村俊之）

吉田民人論集編集員会

正村俊之　＊

東北大学大学院文学研究科教授

宮野勝　＊

中央大学文学部教授

川崎賢一

駒澤大学グローバル・メディア・スタディーズ学部教授

桜井洋

早稲田大学国際教養学部教授

座談会出席者

新睦人

奈良女子大学名誉教授

伊藤守

早稲田大学教育・総合科学学術院教授

遠藤薫

学習院大学法学部政治学科教授

＊は編集代表

人名索引

ラ　行

ワ　行

事項索引

あ　行

か　行

さ 行

た 行

な 行

は 行

ま 行

ら 行

参考文献

吉田民人（1990a）『自己組織性の情報科学――エヴォルーショニストのウィーナー的自然観』新曜社.

――（1990b）『情報と自己組織性の理論』東京大学出版会.

――（1991）『主体性と所有構造の理論』東京大学出版会.

――（1993＝2013）「社会情報学の構想とその背景――新しい Discipline の誕生をめざして」木下冨雄・吉田民人編『記号と情報の行動科学』（応用心理学講座第 4 巻）福村出版.（本書，第 3 章）

――（1995a＝2013）「ポスト分子生物学の社会科学――法則定立科学からプログラム解明科学へ」『社会学評論』46 巻 3 号，日本社会学会.（『近代科学の情報論的転回』第 2 章）

――（1995b）「社会情報学（Social informatics or Socio-informatics）の構想――1 つの新しい Discipline として」『社会情報学シンポジウム――その学際性と実証性を求めて』群馬大学社会情報学部.

――（1997a）「二一世紀科学のパラダイム・シフト――情報諸科学とプログラム科学，そして社会情報学」『社会・経済システム』15 号，社会・経済システム学会.

――（1997b＝2013）「近代科学のパラダイム・シフト――進化史的「情報」概念の構築と「プログラム科学」の提唱」『平成 8 年度・学術研究総合調査報告書』日本学術会議.（本書，第 6 章）

――（1999＝2013）「二一世紀の科学――大文字の第二次科学革命」『組織科学』32 巻 3 号，白桃書房.（『近代科学の情報論的転回』第 4 章）

――（2000＝2013）「近代科学の情報論的転回――大文字の第二次科学革命」『紀要』社会学科 10 号，中央大学文学部.（『近代科学の情報論的転回』第 1 章）

――（2001）「二一世紀科学の再編と社会学」『学術月報』54 巻 1 号.

――（2002）「私の青少年問題/逸脱から創造的破壊へ――ある家庭内暴力者の生涯」『青少年問題』第 49 巻 8 号: 4-9.

――（2003）「近代科学のメタパラダイム転換――1 つの試論」学術の動向編集委員会編『学術の動向』8 巻 10 号.

――（2004）「新科学論と存在論的構築主義――〈「秩序原理の進化〉と〈生物的・人間的存在の内部モデル〉」『社会学評論』55 巻 3 号.

――（2013）『近代科学の情報論的転回――プログラム科学論』吉田民人論集編集委員会編，勁草書房.

鈴木正仁・吉田民人編（1995）『自己組織性とはなにか――二一世紀の学問論にむけて』ミネルヴァ書房.
吉川弘之（1979）「一般設計学序説」『精密機械』45 巻 8 号.
――（1992）「人工物工学の提唱」『イリューム』7 号.
――（1998）「大学と学問」『岩波講座・現代の教育』10 巻.

吉田民人（よしだたみと）
1931年8月20日生まれ
2009年10月27日逝去
享年78歳
学　歴
1955年　京都大学文学部哲学科社会学専攻卒業
1957年　京都大学大学院文学研究科修士課程社会学専攻修了
職　歴
関西大学文学部助教授、大阪大学教養学部助教授、京都大学教養学部助教授、東京大学文学部助教授、東京大学文学部教授、中央大学文学部教授を歴任、東京大学名誉教授。
著　書
『情報と自己組織性の理論』（東京大学出版会、1990年）、『自己組織性の情報科学——エヴォルーショニストのウィーナー的自然観』（新曜社、1990年）、『主体性と所有構造の理論』（東京大学出版会、1991年）。

社会情報学とその展開

2013年10月20日　第1版第1刷発行

著　者　吉《よし》田《だ》民《たみ》人《と》
編　集　吉田民人論集編集委員会
発行者　井村寿人

発行所　株式会社　勁《けい》草《そう》書房
112-0005 東京都文京区水道2-1-1　振替 00150-2-175253
（編集）電話 03-3815-5277／FAX 03-3814-6968
（営業）電話 03-3814-6861／FAX 03-3814-6854
三秀舎・牧製本

ISBN978-4-326-60253-7　　Printed in Japan

西阪 仰　分散する身体　エスノメソドロジー的相互行為分析の展開　A5判　四〇〇〇円　60202-5

D・パーフィット 森村 進　理由と人格　A5判　一〇〇〇〇円　10120-7

安藤 馨　統治と功利　A5判　四〇〇〇円　10169-6

正村俊之編著　コミュニケーション理論の再構築　身体・メディア・情報空間　A5判　四〇〇〇円　60241-4

N・ルーマン 大庭・正村訳　信頼　社会的複雑性の縮減メカニズム　四六判　三五〇〇円　65120-7

＊表示価格は二〇一三年十月現在．消費税は含まれておりません．

勁草書房刊